Familienpflegezeit – Rechtsanspruch, soziale und finanzielle Absicherung

# Studien zum Arbeitsrecht und zur Arbeitsrechtsvergleichung

Herausgegeben von Manfred Weiss, Bernd Waas und Spiros Simitis(†)

Band 35

*Zur Qualitätssicherung und Peer Review der vorliegenden Publikation*

Die Qualität der in dieser Reihe erscheinenden Arbeiten wird vor der Publikation durch einen Herausgeber der Reihe geprüft.

*Notes on the quality assurance and peer review of this publication*

Prior to publication, the quality of the work published in this series is reviewed by one of the editors of the series.

Kerstin Düsch-Wehr

# Familienpflegezeit – Rechtsanspruch, soziale und finanzielle Absicherung

PETER LANG

Berlin - Bruxelles - Chennai - Lausanne - New York - Oxford

**Bibliografische Information der Deutschen Nationalbibliothek**
Die Deutsche Nationalbibliothek verzeichnet diese Publikation in der Deutschen Nationalbibliografie; detaillierte bibliografische Daten sind im Internet über http://dnb.d-nb.de abrufbar.

Zugl.: Frankfurt (Main), Univ., Diss., 2024

D 30
ISSN 1615-4606
ISBN 978-3-631-92015-2 (Print)
E-ISBN 978-3-631-92018-3 (E-PDF)
E-ISBN 978-3-631-92019-0 (E-PUB)
DOI 10.3726/b21905



Verlegt durch:

Peter Lang GmbH, Berlin, Deutschland

info@peterlang.com www.peterlang.com



Diese Publikation wurde begutachtet.

*Für Clara*

# Vorwort

Die vorliegende Arbeit wurde im Wintersemester 2023/2024 vom Fachbereich Rechtswissenschaft der Johann Wolfgang Goethe-Universität Frankfurt am Main als Dissertation angenommen. Literatur wurde bis Juni 2024 berücksichtigt.

Mein herzlicher Dank gilt in erster Linie meinem Doktorvater Herrn Prof. Dr. Bernd Waas für seine wertvolle Unterstützung bei der Erstellung dieser Arbeit. Bedanken möchte ich mich nicht minder herzlich bei Herrn Prof. em. Dr. Dres. h. c. Manfred Weiss für die rasche Erstellung der Zweitkorrektur.

Mein besonderer Dank gilt Herrn Prof. Dr. Gregor Thüsing LL.M. (Harvard), ohne seine Unterstützung wäre diese Arbeit nicht zum Abschluss gekommen.

Meinen Eltern und meinem Mann danke ich für Ihre unermüdliche Unterstützung während der Fertigstellung dieser Arbeit. Meinen Freundinnen Sabine Gerber, Dr. Sarah Eickelmann und Dr. Nadja Richter danke ich für ihr stets offenes Ohr, die Hilfe bei Literaturrecherche, die stets konstruktive Kritik und nicht zuletzt fürs Korrekturlesen.

Berlin, im Juli 2024 *Kerstin Düsch-Wehr*

# Inhaltsverzeichnis

# Einleitung

Die Frage, wie die Betreuung und Pflege pflegebedürftiger Personen sichergestellt werden kann, ist in den vergangenen Jahren verstärkt diskutiert worden. Im Fokus steht dabei neben der Betreuung der Pflegebedürftigen in stationären Einrichtungen oder ambulanten Diensten die Frage der Pflege im privaten Umfeld. Im Kern steht hierbei meist die Problematik, dass die Zahl der pflege- und betreuungsbedürftigen Personen aufgrund des demografischen Wandels weiter steigt[1] und die Zahl der potenziellen nicht erwerbsmäßig tätigen Pflegepersonen stetig – wenn auch langsam – fällt.[2]

Von den 4,96 Millionen Pflegebedürftigen, die das Statistische Bundesamt im Jahr 2021 erfasst hat, wurden 2,55 Millionen beziehungsweise 51,4 % zu Hause durch Angehörige betreut.[3] Die Pflege wird damit in mehr als der Hälfte der Fälle innerhalb der Familie erbracht, sodass die Pflegebereitschaft und die Möglichkeit naher Angehöriger, die Pflege tatsächlich zu übernehmen, auch zukünftig ein wichtiger, wenn nicht gar der wichtigste Bestandteil zur Sicherstellung der Betreuung Pflegebedürftiger sein wird. Vor diesem Hintergrund wird verstärkt auf die Gefahr hingewiesen, dass die Übernahme der Pflege durch Angehörige in Zukunft nicht in gleichem Maße wie bisher aufrechterhalten werden kann.[4] Um eine ambulante Betreuung durch Angehörige zu

---

1 Im Jahr 2021 sind 16,4 Mio der Bevölkerung älter als 67 Jahre; bis zum Ende der 2030er Jahre wird diese Altersgruppe – je nach Berechnungsvariante der 15. Koordinierten Bevölkerungsberechnung – voraussichtlich um weiter 4 bis 5 Mio anwachsen und mindestens 20,4 Mio betragen, abrufbar unter: https://www.destatis.de/DE/Themen/Gesellschaft-Umwelt/Bevoelkerung/Bevoelkerungsvorausberechnung/begleitheft.html, zuletzt abgerufen am: 26.5.2024. Gleichzeitig sind 2021 nur 16,5 % der Pflegebedürftigen jünger als 60 Jahre, abrufbar unter: https://www.destatis.de/DE/Presse/Pressemitteilungen/2022/12/PD22_554_224.html, zuletzt abgerufen am: 26.5.2024.

2 Statistisches Bundesamt, Bevölkerung nach Altersgruppen, abrufbar unter: https://www.destatis.de/DE/Themen/Gesellschaft-Umwelt/Bevoelkerung/Bevoelkerungsstand/Tabellen/liste-altersgruppen.html, zuletzt abgerufen am: 26.5.2024.

3 Abrufbar unter: https://www.destatis.de/DE/Themen/Gesellschaft-Umwclt/Gcsundheit/Pflege/Tabellen/pflegebeduerftige-pflegestufe.html, zuletzt abgerufen am: 26.5.2024.

4 Siehe etwa: Ergebnisbericht zum Forschungsvorhaben – Männer zwischen Erwerbstätigkeit und Pflege: typische Arrangements, Ressourcen und

ermöglichen, wird dabei immer häufiger auf eine notwendige Verbesserung der Vereinbarung von Berufstätigkeit und Pflege und die dabei gesehene Notwendigkeit einer finanziellen Unterstützung der pflegenden Angehörigen hingewiesen.[5]

Die Diskussion über die Vereinbarkeit von Pflege und Beruf wurde im Wesentlichen durch die Studie „Vereinbarkeit von Erwerbstätigkeit und Pflege“ angestoßen, die vom Bundesministerium für Frauen, Senioren, Familie und Jugend (BMFSFJ) bereits im Jahr 1997 veröffentlicht worden ist.[6] Hier wurden explizit auch die fehlenden Möglichkeiten, Erwerbstätigkeit und Pflege miteinander zu vereinbaren, angesprochen und angeregt, dass der Gesetzgeber der Idee eines Pflegeurlaubs analog zum Erziehungsurlaub nachgehen solle.[7] Diese Anregung wurde im Schlussbericht der Enquete-Kommission „Demographischer Wandel – Herausforderungen unserer älter werdenden Gesellschaft an den Einzelnen und die Politik“ im Jahr 2002 erneut aufgegriffen.[8]

Das erste Gesetz, das schließlich gezielt die Frage der Vereinbarkeit von Pflege und Beruf regeln sollte, war das Pflegezeitgesetz[9] (PflegeZG), das zum 1. Juli 2008 eingeführt wurde[10] und Beschäftigten unter anderem einen Anspruch auf sechsmonatige Freistellung zur Pflege eines nahen Angehörigen gewährt. Während die Regelungen einigen nicht weit genug gingen,[11] waren insbesondere Arbeitgeberverbände der Ansicht, dass die Vereinbarkeit von Beruf und Pflege[12] bereits mit den bestehenden Regelungen[13] gewährleistet würde. An den Regelungen des Pflegezeitgesetzes sind vor allem die fehlende finanzielle

---

Unterstützungsbedarfe, abrufbar unter: http://www.boeckler.de/11145.htm?projekt=2012-611-4, zuletzt abgerufen am: 26.5.2024.

5 Siehe nur Antrag des Landes Berlin, BR-Drs. 104/20.

6 *Beck/Naegle/Reichert/Dallinger*, Vereinbarkeit von Berufstätigkeit und Pflege [Hrsg. Bundesministerium für Familie, Senioren, Frauen und Jugend].

7 *Beck/Naegle/Reichert/Dallinger*, Vereinbarkeit von Berufstätigkeit und Pflege, S. 21.

8 BT-Drs. 14/8800, S. 267.

9 Art. 3 des Gesetzes zur strukturellen Weiterentwicklung der Pflegeversicherung, BGBl. 2008 I 874.

10 BT-Drs. 16/7439, S. 90.

11 *Karb*, öAT 2012, 30 ff.; *Glatzel*, NJW 2012, 1175 ff.; *Göttling/Neumann*, NZA 2012, 119 ff.

12 Vgl. etwa Stellungnahme der Bundesvereinigung der Deutschen Arbeitgeberverbände zur öffentlichen Anhörung im Ausschuss für Gesundheit, am 21.1.2008 Ausschuss-Drs. 16 (14) 0327(29), S. 11.

13 Abgestellt wurde dabei insbesondere auf die Möglichkeit der Reduzierung der Arbeitszeit über § 8 TzBfG.

Absicherung der Beschäftigten während einer vollständigen Freistellung von der Arbeit und die kurze Zeit der Freistellung kritisiert worden.[14] Auch diesen Defiziten des Pflegezeitgesetzes sollte durch das Gesetz über die Familienpflegezeit[15] (Familienpflegezeitgesetz, FPfZG), das zum 1. Januar 2012 in Kraft getreten ist, begegnet werden. Für Beschäftigte wurde hierdurch die Möglichkeit geschaffen, mit ihrem Arbeitgeber auf freiwilliger Basis eine Vereinbarung zu treffen, um ihre Arbeitszeit für maximal zwei Jahre zu verringern. Ein finanzieller Ausgleich während der Pflege sollte über negative Wertguthaben erreicht werden. Ziel des Gesetzes war es, die Vereinbarkeit von Pflege und Beruf durch eine staatlich geförderte Aufstockung des Arbeitsentgelts der Beschäftigten, die ihre Arbeitszeit für die Pflege eines nahen Angehörigen reduzieren, zu verbessern.[16]

Ein Rechtsanspruch auch auf Familienpflegezeit wurde dann durch das Gesetz zur besseren Vereinbarkeit von Familie, Pflege und Beruf[17] (FPfZG 2015) eingeführt, das zum 1. Januar 2015 in Kraft getreten ist; gleichzeitig wurde die finanzielle Unterstützung der pflegenden Beschäftigten überarbeitet. Ziel des Gesetzgebers war unter anderem, die Regelungen des Familienpflege- und Pflegezeitgesetzes besser aufeinander abzustimmen.[18] So besteht ein Anspruch auf die finanzielle Unterstützung, die im Rahmen der Familienpflegezeit gewährt wird, nunmehr auch während der Inanspruchnahme einer Pflegezeit. In beiden Gesetzen wurden zudem Ausnahmen vorgesehen, bei deren Vorliegen auf die Voraussetzung der Pflege in häuslicher Umgebung verzichtet wird.[19] Wohlfahrts- und Pflegeverbände kritisieren die Regelungen jedoch weiterhin als nicht weitgehend genug.[20] Während Arbeitgeberverbände wiederum

---

14 BT-Drs. 16/7472; *Preis/Nehring*, NZA 2008, 729 ff. (736); *Herget*, dbr 2008, 19 f. (20).

15 Art. 1 des Gesetzes zur Vereinbarkeit von Pflege und Beruf v. 6.12.2011, BGBl. 2011 I 2564, in Kraft getreten am 1.1.2012.

16 BT-Drs. 17/6000, S. 1 f.

17 Art. 1 Nr. 1 des Gesetzes zur besseren Vereinbarkeit von Familie, Pflege und Beruf v. 23.12.2014, BGBl. 2014 I 2462, in Kraft getreten am 1.1.2015.

18 BT-Drs. 18/3124, S. 2.

19 Maximal drei monatige Sterbebegleitung nach § 3 Abs. 6 PflegeZG und die Betreuung minderjährigen Pflegebedürftigen nach § 2 Abs. 5 FPfZG.

20 Siehe die Stellungnahmen des Deutschen Frauenrates, abrufbar unter: https://www.bmfsfj.de/blob/119186/4b1d357623561d5481479c5e7f573f63/deutscher-frauenrat-data.pdf, zuletzt abgerufen am: 26.5.2024, des Sozialverbands VdK Deutschland e.V., abrufbar unter: https://www.bmfsfj.de/blob/119220/32392efdd4d2f646bbccd2185ed85b3e/vdk-data.pdf, zuletzt abgerufen am: 26.5.2024 und des Deutschen

zu bedenken geben, dass die erneute Belastung der Arbeitgeber zu einem Verlust von Arbeitsplätzen führen könne und keine Notwendigkeit bestünde, die bestehenden Regelungen zu ändern.[21]

Auch wenn die Vereinbarkeit von Berufstätigkeit und Pflege von sehr unterschiedlichen Faktoren abhängt – wie etwa der Planbarkeit und Verlässlichkeit der Arbeitszeitgestaltung oder der Möglichkeit, schnell und flexibel auf unvorhergesehene Krisensituationen reagieren zu können[22] – ist insbesondere die finanzielle Situation von Pflegebedürftigem und pflegendem Angehörigen von erheblicher Bedeutung für die Übernahme der Pflege durch Angehörige.

Bis zur Einführung des Familienpflegezeitgesetzes zum 1. Januar 2012[23] waren nicht erwerbsmäßig tätige Pflegepersonen, die ihre Berufstätigkeit zugunsten der Pflege eines nahen Angehörigen reduzierten oder aufgegeben haben, entweder durch die Berufstätigkeit ihres Partners abgesichert[24] oder griffen auf eigene Ersparnisse oder Ersparnisse des Pflegebedürftigen zurück, um weiterhin ein ausreichendes Einkommen erzielen zu können.[25] Auch die

---

Caritasverbands, abrufbar unter: https://www.bmfsfj.de/blob/119182/5f9c751632837f7421292e144f80b891/deutscher-caritasverband-e-v--data.pdf und https://www.bmfsfj.de/blob/119328/5a1840180f2a55f4821650db7955b560/deutscher-caritasverband-e-v----nachtrag-data.pdf, zuletzt abgerufen am: 26.5.2024.

21 Siehe etwa die Stellungnahme der Bundesvereinigung der Deutschen Arbeitgeberverbände, abrufbar unter: https://www.bmfsfj.de/blob/119170/dbd8934b32abca1636c9898abdcbfd1b/bda---die-arbeitgeber-data.pdf, zuletzt abgerufen am: 26.5.2024 und des Deutschen Industrie- und Handelskammertages, abrufbar unter: https://www.bmfsfj.de/blob/119194/b6a70c41578dd7d4c995afede64477cd/dihk-data.pdf, zuletzt abgerufen am: 26.5.2024.

22 *Naegele/Reichert*, in: Naegele/Reichert (Hrsg.), Vereinbarkeit von Erwerbstätigkeit und Pflege – Nationale und internationale Perspektiven I, 14 ff. (20); *Bäcker*, in: Naegele/Reichert (Hrsg.), Vereinbarkeit von Erwerbstätigkeit und Pflege – Nationale und internationale Perspektiven I, 36 ff. (39 ff.); *Backes*, in: Naegele/Reichert (Hrsg.), Vereinbarkeit von Erwerbstätigkeit und Pflege: nationale und internationale Perspektiven I, 108 ff. (115). Siehe auch *Reuyß/Pfahl/Rinderspacher/Menke*, Pflegesensible Arbeitszeiten, S. 231 ff.

23 Art. 1 des Gesetzes zur Vereinbarkeit von Pflege und Beruf v. 6.12.2011, BGBl. 2011 I 2564.

24 *Backes*, in: Naegele/Reichert (Hrsg.), Vereinbarkeit von Erwerbstätigkeit und Pflege: nationale und internationale Perspektiven I, 108 ff. (118 f.).

25 *Backes*, in: Naegele/Reichert (Hrsg.), Vereinbarkeit von Erwerbstätigkeit und Pflege: nationale und internationale Perspektiven I, 108 ff. (116 f.).

durch das Pflegezeitgesetz[26] eingeführte Möglichkeit zur Reduzierung der Arbeitszeit und das durch das Familienpflegezeitgesetz vorgesehene zinslose Darlehen des Bundesamts für Familie und zivilgesellschaftliche Aufgaben (BAFzA) wurden nur selten in Anspruch genommen.[27] Es stellt sich deshalb die Frage, ob die Ausgestaltung der finanziellen Unterstützung als zinsloses Darlehen, das im Anschluss an die Freistellung zur Pflege zurückgezahlt werden muss, ausreichend ist, um die Vereinbarkeit von Berufstätigkeit und Pflege zu gewährleisten.

Die Arbeit soll die Regelungen des Familienpflegezeitgesetzes näher beleuchten, dabei insbesondere die finanzielle Absicherung der pflegenden Angehörigen in den Blick nehmen und einen Vorschlag zur besseren finanziellen Absicherung der Beschäftigten, die ihre Arbeitszeit zur Pflege eines nahen Angehörigen reduzieren, erarbeiten. Aufgrund der engen Verzahnung der Regelungen der Familienpflege- und der Pflegezeit werden teilweise auch die Regelungen des Pflegezeitgesetzes näher untersucht.

Auch wenn Pflegebedürftigkeit Personen jeder Altersgruppe treffen kann, steigt das Risiko, pflegebedürftig zu werden ab dem 60. Lebensjahr erheblich an.[28] Aus diesem Grund soll im Folgenden über die verschiedenen Herausforderungen für Berufstätige gesprochen werden, die hauptsächlich bei der Betreuung älterer Pflegebedürftiger auftreten. Die Problemlagen bei der Betreuung pflegebedürftiger Kinder und (relativ) junger Erwachsener sind in vielen Bereichen mit der Situation bei der Betreuung pflegebedürftiger älterer Menschen vergleichbar, unterscheiden sich allerdings bei zentralen Punkten – wie etwa der Zeitspanne, während derer die Pflege zu erbringen ist – erheblich.[29] Aus

---

26 Art. 3 des Gesetzes zur strukturellen Weiterentwicklung der Pflegeversicherung (Pflege-Weiterentwicklungsgesetz) v. 28.5.2008, BGBl. 2008 I 874.

27 Erster Bericht des unabhängigen Beirats für die Vereinbarkeit von Pflege und Beruf, S. 45, abrufbar unter: https://www.wege-zur-pflege.de/fileadmin/daten/Beirat/Erster_Bericht_des_unabhaengigen_Beirats_2019.pdf, zuletzt abgerufen am: 26.5.2024.

28 Während der Anteil der Pflegebedürftigen in den Altersgruppen unter 15 und 15–60 Jahre zwischen 1,3 % und 1,8 % liegt, steigt er in der Altersgruppe 60–65 auf 3,7 % an und beträgt in der Altersgruppe 85–90 schließlich 54,1 %. Siehe: Statistisches Bundesamt – Pflegestatistik 2021 abrufbar unter: https://www.destatis.de/DE/Presse/Pressemitteilungen/2022/12/PD22_554_224.html, zuletzt abgerufen am: 26.5.2024.

29 Während Pflegebedürftigkeit im Alter meist aufgrund altersspezifischer Krankheiten oder allgemeiner Gebrechlichkeit auftritt, tritt eine dauerhafte Pflegebedürftigkeit im Kindes- und Jugendalter häufig aufgrund von Behinderungen oder Unfällen ein. Auch (junge) Erwachsene werden häufig aufgrund von Unfällen

diesem Grund soll die Betreuung von Pflegebedürftigen jungen und mittleren Alters im Wesentlichen aus der Betrachtung ausgenommen werden.

In einem ersten Schritt werden die Grundlagen für eine Vereinbarkeit von Pflege und Beruf erarbeitet sowie grundlegende Begriffe und die arbeits- und sozialversicherungsrechtlichen Regelungen dargestellt (Erster Teil). Der durch das Gesetz zur besseren Vereinbarkeit von Familie, Pflege und Beruf eingeführte Rechtsanspruch auf Familienpflegezeit bietet Rechtssicherheit für die Beschäftigten, die ihre Arbeitszeit zur Pflege eines nahen Angehörigen reduzieren möchten, könnte jedoch einen Eingriff in die Berufsfreiheit der Arbeitgeber aus Art. 12 Abs. 1 GG darstellen. Daher soll im Anschluss die Verfassungsmäßigkeit des Rechtsanspruchs auf Familienpflegezeit in den Blick genommen werden (Zweiter Teil). Hierbei wird die Rechtfertigung des Eingriffs aufgrund der Schutzpflicht des Staates für Ehe und Familie aus Art. 6 Abs. 1 GG und das Gleichbehandlungsgebot aus Art. 3 Abs. 2 GG herausgearbeitet. Die soziale Absicherung der Beschäftigten, die eine Familienpflegezeit in Anspruch nehmen, hat ebenfalls Einfluss auf deren Inanspruchnahme und soll deshalb im Anschluss dargestellt werden (Dritter Teil). Hierbei wird herausgearbeitet, dass die soziale Absicherung im Rahmen der Familienpflegezeit in weiten Teilen außerhalb des Familienpflegezeitgesetzes geregelt ist.

Abschließend soll die Ausgestaltung der wirtschaftlichen Absicherung der Beschäftigten, die ihre Arbeitszeit zur Pflege eines nahen Angehörigen reduzieren, beleuchtet und ein Vorschlag zu einer künftigen, effizienteren Finanzierung der Familienpflegezeit unterbreitet werden. (Vierter Teil). Hierbei wird sowohl die Möglichkeit einer Lohnfortzahlung durch den Arbeitgeber, die vom Gesetzgeber wieder verworfene Möglichkeit der Finanzierung über ein Wertguthaben nach §§ 7b ff. SGB VI, die Finanzierung durch Steuermittel in Anlehnung an die Regelungen des Elterngeldes sowie eine Finanzierung im Rahmen der sozialen Pflegeversicherung herausgearbeitet.

---

Betreuungsbedürftig. Gerade die Dauer der Pflegebedürftigkeit lässt sich dann noch schwerer vorhersagen als dies bei altersbedingter Pflegebedürftigkeit der Fall ist – häufig wird sie ein Leben lang bestehen. Die vorübergehende Reduzierung der Erwerbstätigkeit führt in diesen Fällen nur zu einer kurzfristigen Erleichterung. Zur Pflegeprävalenz und Inzidenz siehe etwa: Barmer GEK-Pflegereport 2018, S. 59 ff., abrufbar unter: https://www.barmer.de/presse/infothek/studien-und-reports/pflegereport, zuletzt abgerufen am: 26.5.2024.

# Erster Teil: Grundlagen

## A. Grundlegende Begriffe

Um die Vereinbarkeit von Berufstätigkeit und Pflege im Rahmen des Familienpflegezeitgesetzes näher untersuchen zu können, sollen im Folgenden zunächst grundlegende Begriffe dargestellt und die Problemlage kurz skizziert werden.

### I. Pflegebedürftigkeit

Zunächst ist für eine Auseinandersetzung mit den Herausforderungen, denen sich Erwerbstätige durch die Pflegebedürftigkeit eines nahen Angehörigen gegenüber sehen, der Begriff der Pflegebedürftigkeit zu klären. Dieser wird in verschiedenen wissenschaftlichen Disziplinen unterschiedlich angewandt.[30] Insbesondere in Studien, die die Dauer von Pflegebedürftigkeit und Unterstützungstätigkeit durch Angehörige näher untersuchen, werden häufig bereits Zeiten von Hilfestellungen, denen keine Pflegebedürftigkeit im Sinne des SGB XI zugrunde liegt, in die Berechnung der Dauer einer „Pflegebedürftigkeit" einbezogen.[31]

Pflegebedürftigkeit im Sinne der Pflegeversicherung liegt gemäß § 14 Abs. 1 SGB XI vor, wenn Personen auf Dauer voraussichtlich für mindestens sechs Monate körperliche, kognitive oder psychische Beeinträchtigungen oder gesundheitlich bedingte Belastungen oder Anforderungen nicht selbstständig kompensieren oder bewältigen können und aufgrund der gesundheitlich bedingten Beeinträchtigungen der Selbstständigkeit oder der Fähigkeiten der Hilfe durch andere bedürfen. Nach § 15 SGB XI wird die Pflegebedürftigkeit je nach der Beeinträchtigung der Selbstständigkeit oder der Fähigkeiten in fünf Grade eingeteilt. Dieser rechtliche Begriff der Pflegebedürftigkeit wird im Folgenden zugrunde gelegt.

---

30 Siehe die genaue Darstellung der unterschiedlichen Herangehensweise an den Begriff des „Hilfe- und Pflegebedarfs" bei *Schneekloth*, Möglichkeiten und Grenzen selbstständiger Lebensführung in privaten Haushalten (MuG III), S. 22 ff.

31 *Schneekloth*, Möglichkeiten und Grenzen selbstständiger Lebensführung in privaten Haushalten (MuG III), S. 73.

## II. Beschäftigte

Beschäftigte im Sinne des Familienpflegezeitgesetzes sind gemäß § 2 Abs. 3 FPfZG i.V.m. § 7 Abs. 1 PflegeZG neben Arbeitnehmern im Sinn des § 611a Abs. 1 BGB,[32] zu ihrer Berufsbildung Beschäftigte – wozu neben Auszubildenden[33] auch Umschüler[34] und Teilnehmer berufsvorbereitender Maßnahmen[35] sowie Volontäre und Praktikanten[36] gehören – auch Personen, die aufgrund ihrer wirtschaftlichen Unselbstständigkeit als arbeitnehmerähnliche Personen anzusehen sind.[37] Gemäß § 7 Abs. 1 Nr. 3 PflegeZG gehören zu den arbeitnehmerähnlichen Personen auch die in Heimarbeit Beschäftigten und ihnen Gleichgestellte.

Die Einbeziehung arbeitnehmerähnlicher Personen in den Geltungsbereich des Pflege- und Familienpflegezeitgesetzes hatte erhebliche Kritik ausgelöst, da diese Personengruppe, regelmäßig nicht in arbeitsrechtliche Gesetze einbezogen ist. Gemäß der Legaldefinition des § 12a Abs. 1 Nr. 1 TVG sind arbeitnehmerähnliche Personen wirtschaftlich abhängig und vergleichbar einem Arbeitnehmer sozial schutzbedürftig.[38] Wirtschaftliche Abhängigkeit liegt insbesondere dann vor, wenn die Betroffenen – aufgrund von Dienst- oder Werkverträgen – für andere Personen tätig werden, die geschuldeten Leistungen persönlich im Wesentlichen ohne Mitarbeit von Arbeitnehmern erbringen und zum Erwerb des Lebensunterhalts auf die Ausübung der Dienste angewiesen sind.[39] Die soziale Schutzbedürftigkeit gründet demnach im Wesentlichen auf

---

32 Art. 2 des Gesetzes zur Änderung des Arbeitnehmerüberlassungsgesetzes und anderer Gesetze v. 21.2.2017; BGBl. 2017 I 258, in Kraft getreten am 1.4.2017. Arbeitnehmer ist, wer aufgrund eines Arbeitsvertrages zu weisungsgebundener, fremdbestimmter Arbeit in persönlicher Abhängigkeit verpflichtet ist. Das Weisungsrecht kann hierbei nach § 611a Abs. 1 S. 2 BGB Inhalt, Durchführung, Zeit und Ort der Tätigkeit betreffen. Gemäß § 611a Abs. 1 S. 3 BGB ist weisungsgebunden, wer nicht im Wesentlichen frei seine Tätigkeit gestalten und seine Arbeitszeit bestimmen kann.

33 § 1 Abs. 1 BBiG.

34 § 1 Abs. 1, §§ 58 ff. BBiG.

35 § 1 Abs. 1, §§ 68 ff. BBiG.

36 §§ 26 BBiG i.V.m. 17 BBiG.

37 Siehe hierzu *Schauß*, Der Beitrag des Pflegezeitgesetzes zur besseren Vereinbarkeit von Angehörigenpflege und Beruf, S. 107 ff.

38 *Schwarzberg*, Arbeitnehmerähnliche Beschäftigung als „dritter Weg" ein Berufsleben lang, S. 70 f.; *Waas*, FS Schmidt 2021, 609 ff. (613 ff.).

39 Siehe etwa BAG v. 21.2.2007 – Az 5 AZB 52/06, NJW 2007, 1709 f. (1710). HWK/*Kalb*, § 5 ArbGG Rn. 9; ErfK/*Preis*, § 611a BGB Rn. 86.

der wirtschaftlichen Abhängigkeit der arbeitnehmerähnlichen Person. Eine solche wird bejaht, wenn der betroffene Beschäftigte für seinen Lebensunterhalt weit überwiegend auf die Dienste für einen Auftraggeber angewiesen ist und auch die Art und Weise der erbrachten Tätigkeit der Tätigkeit eines Arbeitnehmers ähnelt.[40]

Einen Anspruch auf Familienpflegezeit können somit lediglich Beschäftigte im Sinne des FPfZG geltend machen. Selbstständige und Beamte[41] können sich nicht auf die Regelungen berufen.

## III. Nicht erwerbsmäßig tätige Pflegepersonen

Pflegepersonen im Sinne des § 19 S. 1 SGB XI sind Personen, die einen Pflegebedürftigen[42] nicht erwerbsmäßig in häuslicher Umgebung pflegen. Die Pflege erfolgt dann nicht erwerbsmäßig, wenn sie nicht mit der Absicht, Einkommen zu erzielen und weder selbstständig noch im Rahmen eines Arbeitsverhältnisses erbracht wird.[43] Die Abgrenzung von erwerbsmäßig erbrachter Pflege und einer ehrenamtlichen Pflegetätigkeit mit finanzieller Anerkennung hat nach den allgemeinen Regeln des SGB IV zu erfolgen.[44] Ein Beschäftigungsverhältnis liegt auch dann nicht vor, wenn der Pflegebedürftige das ihm zustehende Pflegegeld an die Pflegeperson weiterreicht.[45]

---

40 HWK/*Kalb*, § 5 ArbGG Rn. 9; BAG v. 15.4.1993 - Az 2 AZB 32/92, NJW 1993, 2458 ff., (2459); BAG v. 25.5.2005 - Az 5 AZR 347/04, BAG v. 8.5.2007 - Az 9 AZR 777/06, BB 2007, 2298 ff. (2300); *Schwarzberg*, Arbeitnehmerähnliche Beschäftigung als „dritter Weg" ein Berufsleben lang, S. 67.

41 Beamte können nach § 92a BBG eine max. 24 monatige Familienpflegezeit beantragen, wenn die Voraussetzungen des § 7 PflegeZG vorliegen, der nahe Angehörige tatsächlich betreut wird und keine dienstlichen Belange entgegenstehen und nach § 92b BBG eine sechs monatige Pflegezeit. In beiden Fällen wird eine regelmäßige wöchentliche Arbeitszeit von weniger als 15 Stunden bewilligt, im Fall der Pflegezeit kann auch Urlaub ohne Besoldung beantragt werden. Darüber hinaus, besteht nach § 92 Abs. 1 Nr. 1b) BBG ein Anspruch auf Urlaub ohne Besoldung oder Teilzeitarbeit zur Pflege eines sonstigen Angehörigen, wenn keine zwingenden dienstlichen Belange entgegenstehen. Die Dauer der Teilzeitbeschäftigung, Familienpflegezeiten und Pflegezeiten mit weniger als der Hälfte der regelmäßigen wöchentlichen Arbeitszeit oder Urlaub ohne Besoldung dürfen zusammen 15 Jahre nicht überschreiten.

42 Im Sinne des § 14 SGB XI.

43 *Schlaeger*, SGb 2013, 199 ff. (201).

44 BT-Drs. 12/5262 S. 101.

45 BT-Drs. 12/5262 S. 101.

Pflegepersonen, die eine Familienpflege- beziehungsweise Pflegezeit in Anspruch nehmen, müssen einen pflegebedürftigen nahen Angehörigen im Sinne des § 7 Abs. 3 PflegeZG in häuslicher Umgebung pflegen. Weder in § 2 Abs. 1 FPfZG noch in § 3 PflegeZG wird darauf abgestellt, dass die Pflege des nahen Angehörigen nicht erwerbsmäßig stattfinden muss. Die Regelungen, mit denen die finanzielle Absicherung der Pflegeperson verbessert werden sollen und „... die sozialversicherungsrechtlichen Regelungen zu den Freistellungsregelungen des Familienpflege- beziehungsweise Pflegezeitgesetzes machen allerdings deutlich, [dass] der Gesetzgeber auch hier vom Regelfall aus[geht], wonach die Pflege nicht im Rahmen eines – weiteren – Arbeitsverhältnisses erbracht wird."[46]

Demnach handelt es sich bei Beschäftigten, die eine Familienpflege- beziehungsweise eine Pflegezeit in Anspruch nehmen, um Pflegepersonen im Sinn des § 19 S. 1 SGB XI, es haben jedoch nicht alle Pflegepersonen im Sinne des § 19 S. 1 SGB XI Anspruch auf Familienpflege- beziehungsweise Pflegezeit.

## B. Vereinbarkeit von Berufstätigkeit und Pflege

Die Vereinbarkeit von Berufstätigkeit und Pflege kann aus unterschiedlichen Blickwinkeln betrachtet werden, neben den Bedürfnissen der Pflegebedürftigen und den Anforderungen an eine gute Pflege sind die Bedürfnisse der Beschäftigten und der Arbeitgeber zu berücksichtigen. In dieser Arbeit soll die Ermöglichung eines Nebeneinanders beider Tätigkeiten näher beleuchtet werden.

Schon zu Beginn der 1970er Jahre wurde in der Wissenschaft vermehrt darüber diskutiert, dass es sich bei Pflegebedürftigkeit nicht allein um ein privates Schicksal handele, das der Einzelne gegebenenfalls zusammen mit seiner Familie bewältigen müsse. Dabei setzte sich die Einschätzung durch, dass Pflegebedürftigkeit vielmehr einen besonderen Wechselfall des Lebens darstelle, für den die Gesellschaft als Ganzes aufkommen müsse.[47] Die Diskussion fand

---

46 *Göhle-Sander*, jurisPR-ArbR 50/2015 Anm. 5.

47 Siehe nur; Klie/Krahmer/*Klie*, Einleitung Rn. 1; Pflegebedürftigkeit war ein rein privates Problem, mit dem jeder selbst fertig zu werden hatte. Die Ersparnisse der Pflegebedürftigen reichten häufig nicht zur Finanzierung der Pflege aus, sodass in Westdeutschland 80 % und in Ostdeutschland 100 % der in Heimen Betreuten, Sozialhilfe in Form der Hilfe zur Pflege nach §§ 68 ff. BSHG a.F. in Anspruch nehmen. Bei der Sozialhilfe sollte es sich ihrer Zielsetzung nach jedoch lediglich um einen Auffangtatbestand handeln, der erst dann zum Tragen kommt, wenn in besonderen Notlagen, weder die eigenen Mittel noch die Unterstützung der Unterhaltsverpflichteten ausreichend sind. Für den Fall der Pflegebedürftigkeit war die

ihren Abschluss in der Einführung der sozialen Pflegeversicherung durch das Gesetz zur sozialen Absicherung des Risikos der Pflegebedürftigkeit (Pflege-Versicherungsgesetz, SGB XI)[48] vom 26. Mai 1994.[49] Mit diesem Gesetz wurde schrittweise die Pflegeversicherung als fünfter Zweig der Sozialversicherung[50] eingerichtet.[51] Das maßgebliche Ziel war es, die Situation der Pflegebedürftigen zu verbessern, wobei der ambulanten Pflege zu Hause gemäß § 3 SGB XI Vorrang vor stationärer Pflege eingeräumt wird.

Durch die Pflegeversicherung werden unterstützende Hilfeleistungen als Grundsicherung erbracht.[52] Gemäß § 4 Abs. 2 SGB XI sollen die Leistungen der Pflegeversicherung bei häuslicher Pflege die familiäre, nachbarschaftliche oder sonstige ehrenamtliche Pflege und Betreuung ergänzen oder zu einer finanziellen Entlastung in Bezug auf pflegebedingte Aufwendungen führen, die Pflegebedürftige für ihre Versorgung und Pflege nach Art und Schwere der Pflegebedürftigkeit aufbringen müssen. Die Leistungen erfolgen dabei nicht aufgrund einer Bedürftigkeitsprüfung, das heißt, jeder Pflegebedürftige im Sinne der §§ 14, 15 SGB XI, der Beiträge zur Pflegeversicherung erbracht hat, hat Anspruch auf Leistungen aufgrund dieses Gesetzes.[53]

---

Sozialhilfe allerdings zum Regelträger der Absicherung des Risikos der Pflege geworden.

48 Art. 1 des Gesetzes zur sozialen Absicherung des Risikos auf Pflegebedürftigkeit v. 26.5.1994, BGBl. 1994 I 1014.

49 Siehe zur Entstehungsgeschichte der Pflegeversicherung *Igl*, VSSR 1994, 261 ff.

50 Neben der Arbeitslosenversicherung SGB III, der gesetzlichen Rentenversicherung SGB V, der gesetzlichen Rentenversicherung SGB VI und der gesetzlichen Unfallversicherung SGB VII.

51 Davor erhielten Pflegebedürftige gemäß §§ 68, 69 BSHG Pflegegeld, wenn Pflege durch Angehörige oder Nachbarn erbracht wurde, ansonsten angemessene Kosten für eine Pflegekraft. Bei Einführung des SGB XI zum 1. Januar 1995 wurde nach § 69 Abs. 4 S. 1 BSHG a.F. 366 DM gezahlt und für Personen, die für eine Reihe von häufig und regelmäßig wiederkehrenden Verrichtungen zur Sicherung ihrer persönlichen Existenz im Ablauf eines jeden Tages fremder Hilfe dauernd bedürfen (§ 35 Abs. 1 S. 2 BVG) nach § 69 Abs. 4 S. 2 BSHG a.F. 997 DM.

52 BT-Drs. 12/5262, S. 2, 90. Anschaulich wird dies insbesondere bei den Regelungen für die stationäre Pflege nach § 43 SGB XI. Die Pflegekasse übernimmt, bis zu einer Obergrenze, die Kosten für Pflege und Betreuung. Die Aufwendungen für Unterbringung und Verpflegung müssen dagegen vom Pflegebedürftigen selbst getragen werden.

53 Udsching/Schütze/*Udsching*, § 1 SGB XI, Rn. 6.

Durch die Einführung der Pflegeversicherung sollte insbesondere die Pflegebereitschaft von Angehörigen und Freunden gefördert und gewährleistet werden, dass pflegebedürftige Personen ihrem Wunsch entsprechend möglichst lange in gewohnter Umgebung verbleiben können.[54] Weiterer Grund der Regelung sind die geringeren Kosten für eine häusliche Pflege,[55] die die soziale Pflegeversicherung entlasten.[56] Die häusliche Pflege muss insbesondere auch deshalb unterstützt werden, da „in einer Gesellschaft, in der die Lebenserwartung ständig steigt und mit ihr das Risiko zumindest altersbedingter Pflegebedürftigkeit wächst, stationäre Pflege für breite Bevölkerungsschichten nicht zu finanzieren ist."[57]

## I. Pflegebedürftigkeit und Pflegepersonen in aktuellen Zahlen

Die Zahl der Pflegebedürftigen, die Leistungen der Pflegeversicherung beziehen, wächst seit Jahren kontinuierlich an. Während 1995 1,06 Millionen[58] und damit ca. 1,3 % der Bevölkerung[59] Leistungen der Pflegeversicherung bezogen haben, waren es zum Ende des Jahres 2021 bereits 4,96 Millionen[60] und

---

54 BT-Drs. 12/5262, S. 90.

55 *Nebe*, djbZ 2011, 57 ff. (58), HS-PV/*Leitherer*, § 16 Rn. 3; *Wiese*, Pflegeversicherung und Pflegepraxis, S. 40.

56 Die Kosten für eine ambulante Pflege zu Hause bleiben bei Inanspruchnahme von Pflegegeld nach § 37 SGB XI mit 41 %, 43 %, und 45 % der Kosten, die nach § 43 SGB XI für eine vollstationäre Pflege erbracht werden, je nach Pflegegrad weit hinter diesen Leistungen zurück, vgl. auch *v. Zarneck* in Fachinger/Rothgang, Die Wirkungen des Pflege-Versicherungsgesetzes, 71 ff. (71).

57 *Maschmann*, SGb 95, 325 ff. (325); vgl. auch *Nägele/Reichert*, in: Naegele/Reichert (Hrsg.), Vereinbarkeit von Erwerbstätigkeit und Pflege – Nationale und internationale Perspektiven I, 14 ff. (16).

58 abrufbar unter: https://www.bundesgesundheitsministerium.de/fileadmin/Dateien/3_Downloads/Statistiken/Pflegeversicherung/Leistungsempfaenger/05-Leistungsempfaenger-der-sozialen-PV-nach-Altersgruppen_2018.pdf, zuletzt abgerufen am: 26.5.2024.

59 Berechnung aufgrund der Bevölkerungsfortschreibung des Statistischen Bundesamtes, abrufbar unter: https://www.destatis.de/DE/Themen/Gesellschaft-Umwelt/Bevoelkerung/Bevoelkerungsstand/Tabellen/liste-altersgruppen.html, zuletzt abgerufen am: 26.5.2024.

60 Statistisches Bundesamt, Pflegestatistik 2021 – Pflege im Rahmen der Pflegeversicherung – Deutschlandergebnisse, abrufbar unter: https://www.destatis.de/DE/Themen/Gesellschaft-Umwelt/Gesundheit/Pflege/_inhalt.html, zuletzt abgerufen am: 26.5.2024.

damit 5,88 % der Bevölkerung.[61] Der Anstieg der Zahlen wird im Wesentlichen mit der längeren Lebenserwartung und dem immer weiter fortschreitenden demografischen Wandel erklärt.[62] Tatsächlich wird der überwiegende Teil, nämlich 84 % der Pflegebedürftigen (4,17 Millionen Personen), zu Hause gepflegt.[63] 2,55 Millionen dieser Pflegebedürftigen erhielten dabei als Leistung der Pflegekasse ausschließlich Pflegegeld.[64] Diese Zahlen legen nahe, dass diese 51,4 % aller Pflegebedürftigen zu Hause weit überwiegend von Angehörigen betreut werden.[65] Ein Großteil dieser nicht erwerbsmäßig tätigen Pflegepersonen ist weiblich.[66] Dies ergibt sich aus den Daten der gesetzlichen Rentenversicherung, die zeigen, dass es sich bei 90 % der Pflegepersonen, die im erwerbsfähigen Alter sind und einen Zuschuss zur Rentenversicherung nach § 44 SGB XI erhalten, um Frauen handelt.[67] Auch andere Studien und

61 Berechnung aufgrund der Bevölkerungsfortschreibung des Statistischen Bundesamtes, abrufbar unter: https://www.destatis.de/DE/Themen/Gesellschaft-Umwelt/Bevoelkerung/Bevoelkerungsstand/_inhalt.html, zuletzt abgerufen am: 26.5.2024.

62 Siehe nur den Schlussbericht der Enquete-Kommission „Demographischer Wandel – Herausforderungen unserer älter werdenden Gesellschaft an den Einzelnen und die Politik"; BT-Drs. 14/8800 S. 230.

63 Statistisches Bundesamt, Pflegestatistik 2021 – Pflege im Rahmen der Pflegeversicherung – Deutschlandergebnisse, abrufbar unter: https://www.destatis.de/DE/Presse/Pressemitteilungen/2022/12/PD22_554_224.html, zuletzt abgerufen am: 26.5.2024.

64 Statistisches Bundesamt, Pflegestatistik 2021 – Pflege im Rahmen der Pflegeversicherung – Deutschlandergebnisse, abrufbar unter: https://www.destatis.de/DE/Presse/Pressemitteilungen/2022/12/PD22_554_224.html, zuletzt abgerufen am: 26.5.2024.

65 Statistisches Bundesamt, Pflegestatistik 2021 – Pflege im Rahmen der Pflegeversicherung – Deutschlandergebnisse, abrufbar unter: https://www.destatis.de/DE/Presse/Pressemitteilungen/2022/12/PD22_554_224.html, zuletzt abgerufen am: 26.5.2024.

66 Der Anteil schwankt allerdings je nachdem, welche Definition einer Pflegeperson den Studien zugrunde gelegt wird, *Rothgang/Unger*, Auswirkungen einer informellen Pflegetätigkeit auf das Alterssicherungsniveau von Frauen, S. 1, abrufbar unter: http://www.sozial politik-aktuell.de/tl_files/sozialpolitik-aktuell/_Kontrovers/Pflegereform/FNA-Journal%202013-04.pdf, zuletzt abgerufen am: 20.7.2022; *Kunstmann*, Familiale Verbundenheit und Gerechtigkeit, S. 15; Nägele/*Reichert*, in: Naegele/Reichert (Hrsg.), Vereinbarkeit von Erwerbstätigkeit und Pflege – Nationale und internationale Perspektiven I, 14 ff. (17), gehen davon aus, dass 80 % der Pflegepersonen weiblich sind.

67 Vgl. Barmer GEK-Pflegereport 2010, S. 62, abrufbar unter: https://www.barmer.de/presse/infothek/studien-und-reports/pflegereport, zuletzt abgerufen am: 26.5.2024.

Statistiken[68] legen diesen Schluss nahe. Männer übernehmen zwar immer häufiger Verantwortung in der Pflege,[69] allerdings sind Männer im berufsfähigen Alter seltener als Frauen die Hauptpflegeperson.[70] Die häusliche Pflege wird somit zu einem weit überwiegenden Teil von Frauen erbracht.

Für die häusliche Pflege erhält der Pflegebedürftige Pflegesachleistungen nach § 36 SGB XI, Pflegegeld für selbst beschaffte Pflegehilfen nach § 37 SGB XI oder Kombinationsleistungen nach § 38 SGB XI. Als Pflegesachleistungen werden körperbezogene Pflegemaßnahmen, pflegerische Betreuungsmaßnahmen sowie Hilfen bei der Haushaltsführung erbracht. Mit dem zur Verfügung gestellten Pflegegeld muss der Pflegebedürftige die erforderliche Grundpflege und hauswirtschaftliche Versorgung selbst sicherstellen.[71] Da der Betrag, den die Pflegeversicherung als Pflegegeld ausbezahlt,[72] erheblich geringer ist als der Betrag, der für Pflegesachleistungen zur Verfügung gestellt wird,[73] würde das Pflegegeld in aller Regel nicht ausreichen, um den gleichen Betreuungsgrad zu gewährleisten, wenn die Betreuung nicht unentgeltlich von Angehörigen übernommen würde.[74] Es ist daher anzunehmen, dass die Differenz zu

---

68 Barmer GEK-Pflegereport, veröffentlicht seit 2010, abrufbar unter: https://www.barmer.de/presse/infothek/studien-und-reports/pflegereport, zuletzt abgerufen am: 26.5.2024; Abschlussbericht zur Studie „Wirkungen des Pflege-Weiterentwicklungsgesetzes", S. 26 f., abrufbar unter: https://www.bundesgesundheitsministerium.de/fileadmin/Dateien/5_Publikationen/Pflege/Berichte/Abschlussbericht_zur_Studie_Wirkungen_des_Pflege-Weiterentwicklungsgesetzes.pdf, zuletzt abgerufen am: 26.5.2024; Siehe auch *Schöllkopf/Hoffer*, NZS 2015, 521 ff. (522), die davon ausgehen, dass es sich bei Pflegepersonen mehrheitlich um Frauen im Alter zwischen 50 und 59 Jahren handelt.

69 *Hammer*, Unterschätzt: Männer in der Angehörigenpflege, S. 16.

70 Barmer GEK-Pflegereport 2012, S. 83 ff., abrufbar unter: https://www.barmer.de/presse/infothek/studien-und-reports/pflegereport, zuletzt abgerufen am: 26.5.2024; Ergebnisbericht zum Forschungsvorhaben – Männer zwischen Erwerbstätigkeit und Pflege: typische Arrangements, Ressourcen und Unterstützungsbedarfe; abrufbar unter: http://www.boeckler.de/11145.htm?projekt=2012-611-4, zuletzt abgerufen am: 26.5.2024.

71 Gemäß § 37 Abs. 1 SGB XI.

72 Je nach Pflegegrad erhalten die Pflegebedürftigen gemäß § 37 Abs. 1 SGB XI aktuell 316, 545, 728 oder 901 Euro.

73 Nach § 36 Abs. 3 SGB XI werden pro Pflegebedürftigen je nach Pflegegrad aktuell 689, 1298, 1.612 oder 1.995 Euro für Pflegesachleistungen zur Verfügung gestellt.

74 HS-PV/*Leitherer*, § 16 Rn. 75.

den Aufwendungen für Pflegesachleistungen von den Pflegebedürftigen selbst beziehungsweise von ihren Angehörigen aufgebracht wird.[75]

## II. Nebeneinander von Berufstätigkeit und Pflege

Gemäß § 3 SGB XI hat die häusliche Pflege Vorrang vor stationärer beziehungsweise teilstationärer Betreuung. Die Leistungen der Pflegeversicherung zielen daher vor allem darauf, einen Anreiz für die Übernahme häuslicher Pflege zu setzen und so deren Vorrang zu stärken.[76]

Bei der Diskussion, wie dieser Vorrang sichergestellt werden soll, wurde zunächst nur vereinzelt über die Möglichkeiten, Berufstätigkeit und Pflege besser zu vereinbaren, gesprochen.[77] So wurde die Belastung der Pflegepersonen in den Debatten, die der Einführung des Pflegeversicherungsgesetzes vorausgingen, zwar thematisiert,[78] der Gesetzgeber stellte jedoch lediglich klar, dass Pflege und Betreuung durch Familienangehörige auch nach Einführung der Pflegeversicherung weiterhin notwendig ist.[79] Die Vereinbarkeit von Beruf und Pflege wurde erst mit der Einführung des Pflegezeitgesetzes zum 1. Juli 2008[80] in den Blick genommen. Dabei wurden nur wenige Anleihen bei den Regelungen genommen, die bereits für die bessere Vereinbarkeit von Berufstätigkeit und Kinderbetreuung existieren genommen.

Die Vereinbarkeit von Berufstätigkeit und Kinderbetreuung wurde bei der Diskussion über die Betreuung von Kindern bereits recht früh thematisiert. So wurde bei Einführung des Mutterschaftsurlaubs zum 1. Juli 1979[81] die „Doppelbelastung“ junger Mütter durch das Nebeneinander von Haushalt und Berufstätigkeit gesehen.[82] Es wurde festgestellt, dass Frauen, die auf das Arbeitsentgelt

---

75 Vgl. Statistisches Bundesamt, Pflegestatistik 2017 – Pflege im Rahmen der Pflegeversicherung – Deutschlandergebnisse, S. 3, 18, abrufbar unter: https://www.statistischebibliothek.de/mir/servlets/MCRFileNodeServlet/DEHeft_derivate_00042880/5224001179004_korr16012019.pdf, zuletzt abgerufen am: 26.5.2024.

76 BT-Drs. 12/5262, S. 112.

77 Kritisch zur Diskussion der Vereinbarkeit von Beruf und Familie *Heinze*, DVBl 1994, 908 ff. (911). Für einen „Pflegeurlaub“ werbend *Köbl*, JZ 1994, 840 ff. (848).

78 BT-Drs. 12/5262, S. 64 ff.

79 Vgl. BT-Drs. 12/5262, S. 2.

80 Art. 3 des Gesetzes zur strukturellen Weiterentwicklung der Pflegeversicherung v. 28.5.2008, BGBl. 2008 I 874.

81 Art. 1 Nr. 1 des Gesetzes zur Einführung eines Mutterschaftsurlaubs v. 25.6.1979, BGBl. 1979 I 797.

82 BT-Drs. 8/2613, S. 9.

angewiesen waren, keine Möglichkeit hatten, sich in der ersten Phase nach der Geburt des Kindes intensiv um dieses zu kümmern.[83] Im Rahmen des Mutterschutzgesetzes (MuSchG) wurde dieses Dilemma noch dahingehend gelöst, dass erwerbstätigen Müttern die Möglichkeit gewährt wurde, sich für sechs Monate von der Arbeitsleistung freistellen zu lassen. In dieser Zeit wurde das Mutterschaftsurlaubsgeld weiterhin gezahlt.[84] Bereits mit dem Gesetz über die Gewährung von Erziehungsgeld und Erziehungsurlaub (BerzGG),[85] das zum 1. Januar 1986 in Kraft getreten ist, sollte die „Wahlfreiheit zwischen der Tätigkeit für die Familie und Erwerbstätigkeit"[86] für Mütter und Väter geschaffen werden. Schließlich sollte durch das Gesetz zum Elterngeld und zur Elternzeit (BEEG)[87] eine nachhaltige finanzielle Absicherung für Familien geschaffen und Müttern sowie Vätern ermöglicht werden „Berufstätigkeit und Familienleben so miteinander in Einklang zu bringen, wie es für sie notwendig ist und wie sie es sich vorstellen."[88]

## *1. Pflegepotential*

Die Notwendigkeit, familiäre Pflege und deren Vereinbarkeit mit Berufstätigkeit genauer zu betrachten, wird durch die folgenden Zahlen untermauert: Umfragen ergeben regelmäßig, dass die Bereitschaft, die Pflege eines nahen Angehörigen zu übernehmen, hoch ist,[89] gleichzeitig ist festzustellen, dass die Pflege eines nahen Angehörigen häufig von mehreren Familienangehörigen

---

83 Zwar war in § 10 MuSchG a.F. die Möglichkeit für Mütter vorgesehen, ihr Arbeitsverhältnis zum Ende der Schutzfrist zu kündigen und bei Wiedereinstellung innerhalb eines Jahres nach der Entbindung die Rechte aus der bisherigen Betriebs- und Berufszugehörigkeit zu behalten. Allerdings wurden weder finanzielle Absicherung, Einstellungsgarantie oder ein Rückkehrrecht auf den ursprünglichen Arbeitsplatz vorgesehen.

84 BT-Drs. 8/2613, S. 9, 21; BT-Drs. 8/2797, S. 1, 14 f.

85 Gesetz vom 6.12.1985, BGBl. 1985 I 2154.

86 BT-Drs. 10/3792, S. 1.

87 Art. 1 des Gesetzes zur Einführung des Elterngeldes vom 5.12.2006, BGBl. 2006 I 2748.

88 BT-Drs. 16/1889, S. 1.

89 Zuletzt eine repräsentative Umfrage der Techniker Krankenkasse, wonach 86 % zur Übernahme der Pflege bereit wären, abrufbar unter: https://www.tk.de/resource/blob/2042934/1a33145a8bb25620103fcddd64316f75/studienband-meinungspuls-pflege-2018-data.pdf, zuletzt abgerufen am: 20.7.2022; https://de.statista.com/statistik/daten/studie/441595/umfrage/bereitschaft-zur-pflege-eines-angehoerigen-nach-geschlecht/, zuletzt abgerufen am: 26.5.2024.

erbracht wird.[90] „Eine Mehrheit [...der Beschäftigten] ist der Auffassung, dass eine normale Vollzeittätigkeit mit der Übernahme privater Pflegearbeit kaum vereinbar ist. Allerdings können sich viele eine angemessen flexible Erwerbstätigkeit im vollzeitnahen Bereich vorstellen".[91]

Es ist allerdings davon auszugehen, dass das Pflegepotenzial in Zukunft abnehmen wird,[92] da die alternativen – vom klassischen Familienbild abweichenden – Lebensformen immer weiter zunehmen.[93] Des Weiteren wird im Berufsleben ein immer höheres Maß an Mobilität gefordert, sodass Pflegebedürftige und Angehörige, die grundsätzlich die Pflege übernehmen könnten, häufig getrennt voneinander leben.[94] Auch die Zahl der erwerbstätigen Frauen steigt seit Jahren kontinuierlich an, so waren im Jahr 2000 57,7 % der Frauen im erwerbsfähigen Alter erwerbstätig, im Jahr 2021 bereits 72,1 %.[95] Darüber hinaus ist die Zahl der „Zweiverdienerhaushalte" seit den 1990er Jahren kontinuierlich gestiegen, sodass aktuell in etwa 70 % der Paarhaushalte mit minderjährigen Kindern beide Eltern berufstätig sind.[96] Dieser Trend wird sich auch

90 *Nowossadeck/Engstler/Klaus*, Pflege und Unterstützung durch Angehörige, DZA 1/2016, S. 9.

91 *Pfahl/Reuyß*, ArchsozArb 2012, 28 ff. (29).

92 Siehe *Hofmarcher/Riedel/Röhrling*, SozSich (Österreich), Beilage zu Heft 10/2004, 1 ff. (4).

93 *Kunstmann*, Familiale Verbundenheit und Gerechtigkeit, S. 83; Statistisches Bundesamt, Datenreport 2021, Ein Sozialbericht für die Bundesrepublik Deutschland, S. 51 ff.; abrufbar unter: https://www.destatis.de/DE/Service/Statistik-Campus/Datenreport/Downloads/datenreport-2021.pdf?__blob=publicationFile, zuletzt abgerufen am: 27.12.2022. So steigt sowohl die Zahl der Alleinstehenden, als auch die der Alleinlebenden an.

94 Vgl. *Haberkern*, Pflege in Europa, S. 14, 111, 115; *Höpflinger* in *Schroeter/Rosenthal*, Soziologie der Pflege, 157 ff. (162); *Isengard*, Zeitschrift für Bevölkerungswissenschaft 2013, 263 ff. (276 f.).

95 Abrufbar unter: https://www.destatis.de/DE/Themen/Arbeit/Arbeitsmarkt/Erwerbstaetigkeit/Tabellen/erwerbstaetigenquoten-gebietsstand-geschlecht-altergruppe-mikrozensus.html, zuletzt abgerufen am: 26.5.2024.

96 Siehe *Bertram*, Die Zweiverdiener-Familie: Ein europäischer Vergleich, abrufbar unter: https://www.kas.de/c/document_library/get_file?uuid=ba8cf361-a4d9-4b1b-6069-c1a0a595c335&groupId=252038, zuletzt abgerufen am: 26.5.2024. Die Gründe für diese Entwicklung liegen zum einen in der wirtschaftlichen Situation der Familien und zum anderen in der Qualifikation und Erwerbstätigkeit der Mütter.

in Zukunft fortsetzen[97] und dazu führen, dass die Zahl der Personen, die die Pflege eines nahen Angehörigen übernehmen können, weiter abnehmen wird. Vorausberechnungen zur Entwicklung des Pflegepotenzials kommen zu sehr unterschiedlichen Ergebnissen.[98] Je nach angewandter Berechnungsmethode wird ein zu erwartender Rückgang des Pflegepotenzials um 30 % bis 40 %[99] beziehungsweise 65 % bis 80 %[100] errechnet. Nach Vorausberechnungen des Statistischen Bundesamtes aus dem Jahr 2010 sollte die Zahl der Pflegebedürftigen bis 2050 auf zwischen 3,76 und 4,5 Millionen ansteigen,[101] auch aufgrund der Änderungen der bisherigen drei Pflegestufen in fünf Pflegegrade zum 1. Januar 2017[102] war diese Zahl bereits im Jahr 2021 überschritten.

Diese Zahlen zeigen, dass in Zukunft einer großen Zahl pflegebedürftiger Menschen eine immer geringer werdende Zahl an potenziellen Pflegepersonen gegenüberstehen wird.

## 2. *Finanzielle Absicherung*

In vielen Darstellungen wird neben den statistischen Berechnungen und der sich daraus ergebenden Wahrscheinlichkeit hinsichtlich der Übernahme der

---

97 Vgl. auch *Naegele/Reichert*, in: Naegele/Reichert (Hrsg.), Vereinbarkeit von Erwerbstätigkeit und Pflege – Nationale und internationale Perspektiven I, 14 ff. (15).

98 Siehe zur Beschreibung der Schwierigkeiten etwa *Blinkert/Klie*, Zukünftige Entwicklung des Verhältnisses von professioneller zu häuslicher Pflege bei differenzierenden Arrangements und privaten Ressourcen bis zum Jahr 2050, Expertise im Auftrag der Enquete-Kommission Demographischer Wandel des Bundestages (2001); S. 1 ff.; *Häcker/Rafelhüschen*, Zukünftige Pflege ohne Familie: Konsequenzen des „Heimsog-Effekts", ZSR 2007, 391 ff.; *Dudel*, Sozialer Fortschritt 2015, 14 ff.

99 *Dudel*, Sozialer Fortschritt 2015, 14 ff. (23), der allein bei der Berechnung der demografischen Entwicklung im Vergleich zu 2009 einen Rückgang des Pflegepotentials um 27 % errechnet.

100 *Blinkert/Klie*, Zukünftige Entwicklung des Verhältnisses von professioneller zu häuslicher Pflege bei differenzierenden Arrangements und privaten Ressourcen bis zum Jahr 2050, S. 57 ff.; *Häcker/Rafelhüschen*, ZSR 2007, 391 ff. (402).

101 Das entspricht einem Anteil von 5,4 % bis 6,5 % der Bevölkerung, Statistisches Bundesamt, Demografischer Wandel in Deutschland Heft 2: Auswirkungen auf Krankenhausbehandlungen und Pflegebedürftige im Bund und in den Ländern, 2010, S. 30; abrufbar unter: https://www.destatis.de/DE/Themen/Querschnitt/Demografischer-Wandel/_inhalt.html#sprg233552, zuletzt abgerufen am: 26.5.2024.

102 Zweites Gesetz zur Stärkung der pflegerischen Versorgung und zur Änderung weiterer Vorschriften (Zweites Pflegestärkungsgesetz – PSG II) v. 21.12.2015, BGBl. 2015 I 2424.

Pflege durch Angehörige darauf hingewiesen, dass die familiären Bindungen heutzutage immer schwächer ausgeprägt seien oder auf anderen Fundamenten gründeten.[103] Dies bedeutet, dass eine finanzielle Absicherung durch den Partner für potenzielle Pflegepersonen nicht mehr selbstverständlich ist, da das Fortbestehen einer Ehe oder Partnerschaft – anders als noch in vergangenen Generationen – nicht mehr selbstverständlich ist.[104] Pflegepersonen sind daher auf eine eigene Existenzsicherung und Vorsorge für ihr Alter angewiesen,[105] eine Reduzierung der Arbeitszeit oder gar Aufgabe der Berufstätigkeit ist nicht mehr in allen Fällen ohne weiteres möglich.

Pflegepersonen, die gleichzeitig auch einer Berufstätigkeit nachgehen, befinden sich meist in einem Alter zwischen 40 und 60;[106] die Pflegetätigkeit wird somit zu einem Zeitpunkt übernommen, zu dem das Erreichen der Regelaltersgrenze und damit die Aufgabe der Berufstätigkeit nur noch 27 beziehungsweise 7 Jahre entfernt ist und Einbußen hinsichtlich der Alterssicherung nicht mehr ohne weiteres ausgeglichen werden können. In diese Phase der Berufstätigkeit fallen häufig auch die größten Karrieresprünge. Beschäftigte, die sich für die Pflege eines nahen Angehörigen entscheiden, drohen bei zukünftigen Karriereentscheidungen übergangen zu werden.[107]

---

103 Vgl. auch *Kunstmann*, Familiale Verbundenheit und Gerechtigkeit, S. 14.

104 Während es 1970 in Westdeutschland noch 7,4 Eheschließungen pro 1.000 Einwohner gab, waren es 2021 in Gesamtdeutschland nur noch 4,3, abrufbar unter: https://www-genesis.destatis.de/genesis/online?sequenz=tabelleErgebnis&selectionname=12611-0001#abreadcrumb, zuletzt abgerufen am: 26.5.2024. Im gleichen Zeitraum stieg die Quote der Ehescheidungen von 1,25 auf 1,7 je 1.000 Einwohner, abrufbar unter: https://www-genesis.destatis.de/genesis/online?sequenz=tabelleErgebnis&selectionname=12631-0001#abreadcrumb, zuletzt abgerufen am: 26.5.2024.

105 So waren in Deutschland im Jahr 2019 18,7 Millionen (das sind 22,2 % der Bevölkerung) alleinstehend, Statistisches Bundesamt, Datenreport 2021, Ein Sozialbericht für die Bundesrepublik Deutschland, S. 51; abrufbar unter: https://www.destatis.de/DE/Service/Statistik-Campus/Datenreport/Downloads/datenreport-2021.pdf?__blob=publicationFile, zuletzt abgerufen am: 26.5.2024.

106 *Nägele/Reichert*, in: Naegele/Reichert (Hrsg.), Vereinbarkeit von Erwerbstätigkeit und Pflege – Nationale und internationale Perspektiven I, 14 ff. (18); *Backes*, in: Naegele/Reichert (Hrsg.), Vereinbarkeit von Erwerbstätigkeit und Pflege: nationale und internationale Perspektiven I, 108 ff. (111).

107 Siehe *Hipp*, Rabenmütter, tolle Väter Frauen schaden kurze und lange Elternzeiten bei ihrer Karriere – Männern nicht, abrufbar unter: https://bibliothek.wzb.eu/artikel/2018/f-21481.pdf, zuletzt abgerufen am: 26.5.2024.

Verstärkt wird diese Einschätzung durch unterschiedliche Studien, wonach pflegende Angehörige ihrer Entscheidung zur Übernahme der Pflege häufig die sogenannten Opportunitätskosten zugrunde legen.[108] Das bedeutet die Wahrscheinlichkeit, eine häusliche Pflege zu übernehmen steigt, wenn die Kosten oder Einbußen, die dadurch entstehen, auf andere Weise abgefedert werden.

### 3. *Resümee*

Seit Anfang der 2000er Jahre ist die Zahl der erwerbstätigen Frauen kontinuierlich gestiegen,[109] somit sind Frauen in der Generation, die zukünftig die Pflege übernehmen werden, häufiger berufstätig.[110] Schließlich ist auch die Zahl der Alleinstehenden und Alleinlebenden gestiegen.[111] Diese Gruppe kann im Fall der Pflegebedürftigkeit nicht zunächst von im gleichen Haushalt lebenden Angehörigen betreut werden und kann in der Regel nicht auf die Unterstützung von Familienangehörigen als Pflegeperson zurückgreifen. Diese statistischen Zahlen und die ihnen zugrunde liegenden veränderten gesellschaftlichen Verhältnisse rechtfertigen die Annahme, dass die Zahl der Pflegebedürftigen die Anzahl der potenziellen Pflegepersonen in Zukunft übersteigen wird.

Rund die Hälfte der Pflegepersonen, die momentan einen Pflegebedürftigen betreuen, war bereits vor Übernahme der Pflege nicht berufstätig.[112] Um die häusliche Pflege auch in Zukunft auf einem hohen Niveau zu erhalten, muss die

---

108 Vgl. *Brosius-Gersdorf*, Demografischer Wandel und Familienförderung, S. 100 m.w.N.; *Keck*, Die Vereinbarkeit von häuslicher Pflege und Beruf, S. 207 ff. Unter Oportunitätskosten wird die Abwägung der Kosten verstanden, die mit und ohne Aufrechterhaltung der Erwerbstätigkeit entstehen beziehungsweise die Einkünfte, die dadurch erzielt werden; Siehe auch *Schneider*, ZSR 52 (2006), 493 ff.

109 Siehe Statistisches Bundesamt, Teilhabe von Frauen am Erwerbsleben, abrufbar unter: https://www.destatis.de/DE/Themen/Arbeit/Arbeitsmarkt/Qualitaet-Arbeit/Dimension-1/teilhabe-frauen-erwerbsleben.html, zuletzt abgerufen am: 26.5.2024.

110 *Blinkert/Klie*, Zukünftige Entwicklung des Verhältnisses von professioneller zu häuslicher Pflege bei differenzierenden Arrangements und privaten Ressourcen bis zum Jahr 2050; S. 48.

111 Siehe Statistisches Bundesamt, Alleinstehende, darunter Alleinlebende ab den Jahren 1996, abrufbar unter: https://www.destatis.de/DE/Themen/Gesellschaft-Umwelt/Bevoelkerung/Haushalte-Familien/Tabellen/4-3-lr-alleinstehende.html, zuletzt abgerufen am: 26.5.2024.

112 *Schneekloth*, Möglichkeiten und Grenzen selbstständiger Lebensführung in privaten Haushalten (MuG III), S. 79. Detaillierte Darstellung von verschiedenen Studien bei *Keck*, die Vereinbarkeit von häuslicher Pflege und Beruf, S. 24 ff.

Betreuung naher Angehöriger auch Personen ermöglicht werden, die nicht von vorneherein die Voraussetzungen zur Übernahme einer Pflege mitbringen. Das bedeutet, dass insbesondere die Möglichkeit eines Nebeneinanders von Beruf und Pflege verbessert werden muss.[113]

Ein Nebeneinander von Beruf und Pflege ist auf mehreren Ebenen zu begrüßen. Zunächst bleiben Pflegepersonen, die gleichzeitig einer Berufstätigkeit nachgehen, weiterhin sozialversichert, sodass Anwartschaften auf eine zukünftige Rente erworben und die Gefahr einer Altersarmut reduziert wird. Des Weiteren bleiben die beruflichen Fähigkeiten der Pflegeperson erhalten und die Gefahr einer dauerhaften Beendigung des Erwerbslebens wird verringert. Auch für Pflegepersonen bringt das Nebeneinander von Beruf und Pflege Vorteile, da die Erwerbstätigkeit eine Unterbrechung der Pflege mit sich bringt, dies kann sowohl zur Erhöhung des Selbstwertgefühls beitragen, Unterstützung auch im privaten Bereich begünstigen sowie die Aufrechterhaltung von beruflichen Kompetenzen sowie Kontakten ermöglichen.[114]

## C. Rechtliche Grundlagen für die Vereinbarkeit von Berufstätigkeit und Pflege

Der Vorrang der häuslichen Pflege wurde mit § 3 S. 1 SGB XI bereits bei der Einführung der Pflegeversicherung gesetzlich festgeschrieben.[115] Der Gesetzgeber formuliert hier eines der wesentlichen Ziele der Pflegeversicherung: die Unterstützung der häuslichen Pflege.[116] Mit der Festschreibung des Vorrangs der häuslichen Pflege trägt der Gesetzgeber vor allem den Bedürfnissen und Wünschen der Pflegebedürftigen Rechnung.[117]

---

113 So auch *Keck*, Die Vereinbarkeit von häuslicher Pflege und Beruf, S. 97 f.; *Reuyß/Pfahl/Rinderspacher/Menke*, Pflegesensible Arbeitszeiten, S. 23 f.

114 *Schneider/Drobnič/Blossfeld*, ZfS 2001, 362 ff. (364 f.); *Franke/Reichert*, Carers@Work – Zwischen Beruf und Pflege: Konflikte oder Chance? – Ein europäischer Vergleich, S. 4 ff. und 48 ff.

115 Eingeführt durch Art. 1 des Gesetzes zur sozialen Absicherung des Risikos der Pflegebedürftigkeit (Pflege-Versicherungsgesetz – PflegeVG) v. 26.5.1994, in Kraft getreten am 1.11995, BGBl. 1994 I 1014.

116 BT-Drs. 12/5262, S. 89; auch zuvor sollte der Träger der Sozialhilfe gemäß § 3a BSHG a.F. darauf hinwirken, dass die erforderliche Hilfe so weit wie möglich außerhalb von Anstalten, Heimen oder gleichartigen Einrichtungen gewährt werden kann.

117 BT-Drs. 12/5262, S. 90.

Im Folgenden sollen nun zunächst die arbeits- und sozialversicherungsrechtlichen Grundlagen für die Pflege eines nahen Angehörigen dargestellt werden. Dabei soll eine historische Auseinandersetzung Klarheit über die Motive und sozialpolitischen Erwägungen des Gesetzgebers geben und zum besseren Verständnis der Normen beitragen.

## I. Europarechtliche Regelungen

Die Richtlinie (EU) 2019/1158 des Europäischen Parlaments und des Rates vom 20. Juni 2019 zur Vereinbarkeit von Beruf und Privatleben für Eltern, pflegende Angehörige und zur Aufhebung der Richtlinie 2010/18/EU (Vereinbarkeitsrichtlinie)[118] ist am 1. August 2019 in Kraft getreten und war bis zum 2. August 2022 in nationales Recht umzusetzen.

### *1. Entstehungsgeschichte der Richtlinie (EU) 2019/1158*

Der Kommissionsvorschlag der Vereinbarkeitsrichtlinie wurde am 26. April 2017 veröffentlicht.[119] Ziel war es, durch verbesserte Bedingungen für die Vereinbarkeit von Beruf und Privatleben der Unterrepräsentation von Frauen im Berufsleben zu begegnen und ihre Karrierechancen zu unterstützen. Die vorgeschlagenen Regelungen sollen die Gleichbehandlung und Chancengleichheit gewährleisten, die Nichtdiskriminierung fördern und die Geschlechtergleichstellung verbessern.[120] Rechtsgrundlage für die Richtlinie ist Art. 153 Abs. 1 i) AEUV und Art. 153 Abs. 2 Unterabs. 1 b) AEUV.[121] Die Kommission macht in den Gründen und Zielen des Vorschlags deutlich, dass der Grundsatz der Subsidiarität eingehalten werde, da bereits ein EU-Rechtsrahmen für Maßnahmen zur Vereinbarkeit von Beruf und Privatleben existiere, was verdeutliche, dass unter den Mitgliedstaaten Einvernehmen darüber herrsche, dass in diesem Bereich Maßnahmen auf EU-Ebene notwendig sind. Darüber hinaus reichten „[…] die bestehenden Legislativmaßnahmen nicht aus, um der Herausforderung zu begegnen, berufliche und familiäre Pflichten unter den heutigen wirtschaftlichen und sozialen Gegebenheiten vernünftig miteinander in Einklang zu bringen und die Gleichstellung von Frauen und Männern hinsichtlich

118 Abl. EU 2019, L 188/79.
119 COM(2017) 253 final – 2017/0085 (COD).
120 COM(2017) 253 final – 2017/0085 (COD), S. 1
121 COM(2017) 253 final – 2017/0085 (COD), S. 6.

der Chancen auf dem Arbeitsmarkt und der Behandlung am Arbeitsplatz zu gewährleisten."[122]

Das Europäische Parlament hat dem geeinten Vorschlag am 4. April 2019 in erster Lesung,[123] der Rat der Europäischen Union am 13. September 2019[124] zugestimmt.[125]

### 2. *Richtlinie zur Vereinbarkeit von Beruf und Privatleben (EU) 2019/1158*

Die Vereinbarkeitsrichtlinie soll die Gleichheit von Männern und Frauen in den Bereichen der Beschäftigung, der Arbeit und des Arbeitsentgelts sicherstellen.[126] Um dieses Ziel zu erreichen, soll die gerechte Aufteilung von Betreuungs- und Pflegeaufgaben zwischen Männern und Frauen unterstützt werden.[127] Gemäß Art. 1 VereinbarkeitsRL werden Mindestvorschriften festgelegt, um die Gleichstellung von Männern und Frauen im Hinblick auf Arbeitsmarktchancen und die Behandlung am Arbeitsplatz dadurch zu erreichen, dass Arbeitnehmern, die Eltern oder pflegende Angehörige sind, die Vereinbarkeit von Beruf und Familienleben erleichtert wird. Zur Erreichung dieses Ziels werden durch die Richtlinie individuelle Rechte hinsichtlich Vaterschaftsurlaub, Elternurlaub und Urlaub für pflegende Angehörige sowie flexible Arbeitsregelungen für Arbeitnehmer, die Eltern oder pflegende Angehörige sind, festgelegt.

Gemäß Art. 6 Abs. 1 VereinbarkeitsRL haben Arbeitnehmer das Recht, fünf Arbeitstage pro Jahr Urlaub für pflegende Angehörige zu nehmen, wobei dieser Urlaub anhand eines Bezugszeitraums, der nicht ein Jahr beträgt, für die jeweilige pflege- oder unterstützungsbedürftige Person oder pro Fall gewährt werden kann.

Nach Art. 9 Abs. 1 VereinbarkeitsRL ergreifen die Mitgliedstaaten die notwendigen Maßnahmen, um zu gewährleisten, dass Arbeitnehmer, die pflegende

---

122 COM(2017) 253 final – 2017/0085 (COD), S. 6.

123 P8_TA(2019)0348, abrufbar unter: https://op.europa.eu/de/publication-detail/-/publication/fb01a6e1-91cb-11eb-b85c-01aa75ed71a1, zuletzt abgerufen am: 26.5.2024.

124 2017/0085 (COD), abrufbar unter: https://data.consilium.europa.eu/doc/document/ST-10282-2019-INIT/de/pdf, zuletzt abgerufen am: 26.5.2024.

125 Siehe zur genauen Darstellung des Gesetzgebungsverfahrens: *Treichel*, Zur Notwendigkeit einer Umsetzung der Vereinbarkeitsrichtlinie 2019/1158 vom 20.6.2019 in das geltende Arbeits- und Sozialrecht, S. 16 ff.

126 Vgl. Erwägungsgrund (2) RL (EU) 2019/1158, Abl. 2019 L 188/79.

127 Vgl. Erwägungsgrund (6) RL (EU) 2018/1158, Abl. 2019 L 188/79.

Angehörige sind, das Recht haben, flexible Arbeitsregelungen für Betreuungs- und Pflegezwecke zu beantragen. Wobei für solche flexiblen Arbeitsregelungen eine angemessene zeitliche Begrenzung gelten kann. Gemäß Art. 9 Abs. 2 VereinbarkeitsRL sind Arbeitgeber verpflichtet, die Anträge auf flexible Arbeitsregelungen innerhalb eines angemessenen Zeitraums zu prüfen und zu beantworten. Die Arbeitgeber müssen jede Ablehnung eines solchen Antrags bzw. jede Aufschiebung der Inanspruchnahme einer solchen Regelung begründen.

Gemäß Art. 3 Abs. 1 lit. c VereinbarkeitsRL bedeutet „Urlaub für pflegende Angehörige" die Arbeitsfreistellung von Arbeitnehmern, um einen Angehörigen oder eine im gleichen Haushalt wie der Arbeitnehmer lebende pflegebedürftige Person zu pflegen oder zu unterstützen; „Pflegende Angehörige" sind nach Art. 3 Abs. 1 lit. d VereinbarkeitsRL Arbeitnehmer, die einen Angehörigen oder eine im gleichen Haushalt wie der Arbeitnehmer lebende pflegebedürftige Person pflegen oder unterstützen. Angehörige sind laut Art. 3 Abs. 1 lit. e VereinbarkeitsRL Sohn, Tochter, Mutter, Vater, Ehepartner oder, sofern das nationale Recht diese Partnerschaften vorsieht, Partner in einer eingetragenen Partnerschaft.

Schließlich bezieht sich der Begriff der „flexiblen Arbeitsregelungen" laut Art. 3 Abs. 1 lit. f VereinbarkeitsRL ausdrücklich nicht nur auf die Reduzierung der Arbeitszeit, sondern bezieht auch die Möglichkeit ein, Arbeitsmuster anzupassen, Telearbeit zu nutzen oder Arbeitspläne flexibel zu gestalten.

## II. Arbeitsrechtliche Regelungen

Die arbeitsrechtlichen Regelungen, die eine bessere Vereinbarkeit von Berufstätigkeit und Pflege ermöglichen, wurden durch das Pflege- und Familienpflegezeitgesetz eingeführt. Im Folgenden soll zunächst die Entstehungsgeschichte der beiden Gesetze skizziert und im Anschluss die Regelungen des Pflegezeitgesetzes und des Familienpflegezeitgesetzes dargestellt werden.

### *1. Entstehungsgeschichte von Pflege- und Familienpflegezeit*

#### *a) Diskussion vor Einführung der Pflegeversicherung*

Zu Beginn der 1970er Jahre setzte verstärkt eine Diskussion darüber ein, ob es sich bei Pflegebedürftigkeit – entsprechend der hergebrachten Meinung – tatsächlich allein um ein privates Schicksal handele, das der Einzelne gegebenenfalls zusammen mit seiner Familie bewältigen müsse[128] oder Pflegebedürftigkeit

128 Erstmals wurde das Thema 1974 in dem Gutachten des Kuratoriums deutsche Altershilfe „Gutachten über die stationäre Behandlung von Krankheiten im Alter

nicht vielmehr ein Risiko darstelle, dessen Bewältigung die Gesellschaft als Ganzes fordere. In dem „Bericht zu Fragen der Pflegebedürftigkeit" der Bundesregierung aus dem Jahr 1984 wurde festgestellt „[...], dass das gegenwärtige System der Versorgung und Sicherung Pflegebedürftiger der Verbesserung bedarf."[129] Mit der Einführung der sozialen Pflegeversicherung durch das Gesetz zur sozialen Absicherung des Risikos der Pflegebedürftigkeit (Pflege-Versicherungsgesetz, SGB XI)[130] vom 26. Mai 1994 wurde dann schrittweise[131] die Pflegeversicherung als fünfter Zweig der Sozialversicherung[132] aufgebaut.[133] Bereits in den Diskussionen, die der Einführung des Pflegeversicherungsgesetzes vorausgingen, wurde gesehen, dass ein Großteil der Pflegebedürftigen zu Hause von Angehörigen betreut wurde und die Betreuungspersonen

---

und über die Kostenübernahme durch die gesetzlichen Krankenkassen" näher behandelt, abrufbar unter: https://kda.de/wp-content/uploads/2018/02/Gutachten.pdf, zuletzt abgerufen am: 26.5.2024. Siehe auch *Schraa*, BArbBl 8–9 1994, 5 ff. (5); vgl. auch SRH/*Igl*, § 19 Rn. 4; Klie/Krahmer/*Klie*, Einleitung Rn. 1; Bis zu diesem Zeitpunkt wurde Pflegebedürftigkeit als ein rein privates Problem wahrgenommen, mit dem jeder selbst fertig zu werden hatte. Die Ersparnisse der Pflegebedürftigen reichten häufig nicht zur Finanzierung der Pflege aus, sodass in Westdeutschland 80 % und in Ostdeutschland 100 % der in Heimen Betreuten, Sozialhilfe in Form der Hilfe zur Pflege nach §§ 68 ff. BSHG a.F. in Anspruch nahmen. Bei der Sozialhilfe sollte es sich ihrer Zielsetzung nach jedoch lediglich um einen Auffangtatbestand handeln, der erst dann zum Tragen kommt, wenn in besonderen Notlagen, weder die eigenen Mittel noch die Unterstützung der Unterhaltsverpflichteten ausreichend sind. Für den Fall der Pflegebedürftigkeit war die Sozialhilfe allerdings zum Regelträger der Absicherung des Risikos der Pflege geworden.

129 BT-Drs. 10/1943, S. 13; Mit dem Gesundheits-Reformgesetzt vom 20.12.1988 (BGBl. 1988 I 2477) wurde bereits vor Einführung der Pflegeversicherung im sechsten Abschnitt des SGB V (§§ 53 ff. SGB V a.F.) Leistungen bei Schwerpflegebedürftigkeit vorgesehen.

130 Art. 1 des Gesetzes zur sozialen Absicherung des Risikos der Pflegebedürftigkeit v. 26.5.1994, BGBl. 1994 I 1014.

131 Während die Regelunge zur häuslichen und teilstationären Pflege bereits zum 1.4.1995 in Kraft traten, traten die Regelungen zu stationären Pflege erst zum 1.1.1996 in Kraft, Art. 68 Abs. 2 und 69 Abs. 1 des Gesetzes zur sozialen Absicherung des Risikos der Pflegebedürftigkeit.

132 Neben der Arbeitslosenversicherung SGB III, der gesetzlichen Rentenversicherung SGB V, der gesetzlichen Rentenversicherung SGB VI und der gesetzlichen Unfallversicherung SGB VII.

133 Siehe hierzu unten unter Erster Teil B. II. 2.

erheblichen Problemen bei der Vereinbarkeit von Berufstätigkeit und Pflege gegenüberstanden.[134] So wurde unter anderem feststellt, dass „durch die Verbesserung der Pflegebedingungen im häuslichen Bereich [...] zudem die Bereitschaft der Familien, Angehörige zu Hause zu pflegen, nachhaltig unterstützt und gefördert“[135] würde. Regelungen, die dieser Problematik gezielt begegnen, wurden im SGB XI allerdings nicht getroffen.

*b) Förderung der Teilzeitarbeit*

Die gesetzlichen Regelungen, die gezielt die Vereinbarkeit von familiären Aufgaben und Berufstätigkeit regeln, setzen all bei einer Reduzierung oder Flexibilisierung der Arbeitszeit an.[136] Die Möglichkeit, die Arbeitszeit (dauerhaft) zu reduzieren, wurde jedoch auch unabhängig von derartigen Vereinbarkeitsüberlegungen eingeführt.

Im Rahmen des Beschäftigungsförderungsgesetzes 1985,[137] mit dessen Einführung vor allem neue Beschäftigungsmöglichkeiten geschaffen werden sollten, wurden auch die Möglichkeiten zur Teilzeitarbeit ausgebaut. So sollte mit § 2 ff. BeschFG[138] Teilzeitarbeit durch einen besseren arbeitsrechtlichen Schutz auch für solche Arbeitnehmer attraktiv gemacht werden, die vollzeitbeschäftigt, aber an Teilzeitarbeit interessiert waren.[139] Der Gesetzgeber stellte dabei fest, dass die Verpflichtung der Arbeitgeber, diejenigen Arbeitnehmer, die den Wunsch nach einer Veränderung von Dauer oder Lage der Arbeitszeit angezeigt hatten, über entsprechende Arbeitsplätze zu unterrichten, die in dem Betrieb besetzt werden sollen, insbesondere denjenigen Personen zu Gute komme, die vorübergehend von Vollzeit- in Teilzeitarbeit wechseln (zum Beispiel wegen der Betreuung von Kindern oder pflegebedürftigen Angehörigen) und später wieder Vollzeitarbeit aufnehmen wollen.[140] Das Gesetz über arbeitsrechtliche Vorschriften zur Beschäftigungsförderung (BeschFG) wurde zum 1. Januar 2001 vom Teilzeit- und Befristungsgesetz (TzBfG)[141] abgelöst.

---

134 BT-Drs. 12/5262, S. 64 ff.

135 BT-Drs. 12/5262, S. 90.

136 BEEG, PflegeZG, FPfZG.

137 BGBl. 1985 I 710, in Kraft getreten am 1.5.1985.

138 Eingeführt durch Art. 1 des Beschäftigungsförderungsgesetzes 1985 (BeschFG 1985) v. 26.4.1985, BGBl. 1985 I 710.

139 BT-Drs. 10/2102, S. 14.

140 BT-Drs. 10/2102, S. 16, 25.

141 Gesetz über Teilzeitarbeit und befristete Arbeitsverträge und zur Änderung und Aufhebung arbeitsrechtlicher Bestimmungen v. 21.12.2000, BGBl. 2000 I 1966.

Mit dem TzBfG wurden in erster Linie europäische Vorgaben in nationales Recht umgesetzt.[142] Die Richtlinien forderten, bestehende gesetzliche Hindernisse, die eine Teilzeitarbeit beschränken könnten, zu beseitigen, sachliche Gründe für eine Verlängerung von befristeten Arbeitsverhältnissen sowie eine Höchstdauer der möglichen Befristung festzulegen und zu regeln, dass Teilzeitbeschäftigte und befristet beschäftigte Arbeitnehmer nicht allein aufgrund der Ausgestaltung ihres Arbeitsverhältnisses diskriminiert werden dürfen.[143] Die Vorgängerreglungen des BeschFG wurden teilweise übernommen und an die europarechtlichen Vorgaben angepasst.[144] So ist gemäß § 1 TzBfG Ziel des Gesetzes, Teilzeitarbeit zu fördern, die Voraussetzungen für die Zulässigkeit befristeter Arbeitsverträge festzulegen und die Diskriminierung von teilzeitbeschäftigten und befristet beschäftigten Arbeitnehmern zu verhindern. Der Gesetzgeber geht davon aus, dass Teilzeitarbeit eine Form der Beschäftigung ist, die in Deutschland eine lange Tradition habe, die sowohl im Interesse von Arbeitnehmern als auch Arbeitgebern liege und auch zukünftig erforderlich sei.[145] Darüber hinaus sei nichtdiskriminierende Teilzeitarbeit für die tatsächliche Durchsetzung der Gleichstellung von Frauen und Männern eine wesentliche Voraussetzung.[146] Die §§ 6 ff. TzBfG verpflichten Arbeitgeber dazu, Teilzeitarbeit auch in leitenden Positionen zu ermöglichen und freiwerdende Arbeitsplätze auch als Teilzeitarbeitsplatz auszuschreiben, wenn sie sich dafür eigenen (§ 7 Abs. 1 TzBfG), den Wunsch nach Teilzeitarbeit mit dem Arbeitnehmer zu erörtern und ihn über entsprechende zu besetzende Arbeitsplätze zu informieren (§ 7 Abs. 2 und 3 TzBfG). Beim Vorliegen der Voraussetzungen der §§ 8 ff TzBfG haben Arbeitnehmer einen Anspruch auf Reduzierung ihrer Arbeitszeit. Der Anspruch auf Verringerung der Arbeitszeit besteht nur in Unternehmen beziehungsweise Betrieben mit in der Regel mehr als 15 Arbeitnehmern, unabhängig von der Anzahl der Personen in Berufsbildung (§ 8 Abs. 7 TzBfG), wenn das Arbeitsverhältnis zum Zeitpunkt des Verlangens bereits länger als sechs Monate andauert (§ 8 Abs. 1 TzBfG), die Verringerung der Arbeitszeit und deren Umfang spätestens drei Monate vor deren Beginn

142 Umsetzung der Richtlinien 1997/81/EG, ABl.EG 1998 L 14, S. 9 und 1999/70/EG, ABl.EG 1999 L 175, S. 43.

143 §§ 4, 5 der Rahmenvereinbarung über Teilzeitarbeit vom 6.6.1997, RL 1997/81/EG und §§ 4, 5 der Rahmenvereinbarung über befristete Arbeitsverträge vom 18.3.1999, RL 1990/70/EG.

144 Vgl. HK-TzBfG/*Joussen*, § 1 TzBfG Rn. 1 ff.; ErfK/*Müller-Glöge*, § 1 TzBfG Rn. 1.

145 BT-Drs. 14/4374, S. 1.

146 BT-Drs. 14/4374, S. 1.

in Textform geltend gemacht wurde (§ 8 Abs. 2 TzBfG) und keine betrieblichen Gründe entgegenstehen (§ 8 Abs. 4 S. 1 TzBfG). Betriebliche Gründe, die einer Verringerung der Arbeitszeit entgegenstehen können, liegen dann vor, wenn die Arbeitszeitverringerung zu wesentlichen Beeinträchtigungen oder unverhältnismäßigen wirtschaftlichen Belastungen des Arbeitgebers führt.[147] Eine Arbeitszeitreduzierung im Rahmen des § 8 TzBfG kann nicht zeitlich begrenzt erfolgen; eine Befristung etwa auf die Dauer der Pflegebedürftigkeit eines nahen Angehörigen ist nicht möglich. Gemäß § 9 TzBfG muss ein Arbeitnehmer in Teilzeit, der seine Arbeitszeit (wieder) aufstocken will, bei der Besetzung eines Arbeitsplatzes mit der gewünschten Arbeitszeit bei gleicher Eignung bevorzugt berücksichtigt werden. Der Arbeitnehmer kann aus den Regelungen des §§ 8 und 9 TzBfG daher keinen Anspruch auf Rückkehr zu seiner ursprünglichen Arbeitszeit geltend machen. Allerdings wurde mit der am 1. Januar 2019 eingeführten zeitlich begrenzten Verringerung der Arbeitszeit (Brückenteilzeit) nach § 9a TzBfG[148] gegenüber Arbeitgebern, die in der Regel mehr als 45 Arbeitnehmer beschäftigen, ein Anspruch auf eine ein- bis fünfjährige Verringerung der Arbeitszeit eingeführt. Der Gesetzgeber machte dabei deutlich, dass vielfältige Gründe für den Wunsch nach einer befristeten Teilzeitarbeit vorliegen können,[149] für die zeitlich begrenzte Verringerung der Arbeitszeit nach § 9a TzBfG aber gerade keine besonderen Gründe vorliegen müssen.[150] Mit § 9a Abs. 2 TzBfG wurde für Arbeitgeber, die in der Regel mehr als 45, aber nicht mehr als 200 Arbeitnehmer beschäftigen, eine Zumutbarkeitsregelung geschaffen. Demnach kann der Arbeitgeber das Begehren des Arbeitnehmers nach einer zeitlich befristeten Verringerung der Arbeitszeit auch ohne das Vorliegen betrieblicher Gründe ablehnen, wenn zum Zeitpunkt des geplanten Beginns der Brückenteilzeit die in den § 9a Abs. 2 Nr. 1 bis 11 TzBfG aufgeführte Teilzeitquote überschritten würde.[151]

Die Regelungen zur (befristeten) Reduzierung der Arbeitszeit können auch genutzt werden, um die Pflege eines nahen Angehörigen zu ermöglichen; die Regelung stellt jedoch keine Voraussetzungen für die Inanspruchnahme auf

---

147 *Sievers*, § 8 TzBfG Rn. 92 ff.

148 Eingeführt durch Art. 1 des Gesetzes zur Weiterentwicklung des Teilzeitrechts – Einführung einer Brückenteilzeit v. 11.12.2018, BGBl. 2018 I 2384.

149 BT-Drs. 19/3452, S. 10.

150 BT-Drs. 19/3452, S. 11.

151 HWK/*Rennpferdt*, § 9a TzBfG Rn. 18 ff.

und ist nicht auf die spezielle Situation von pflegenden Angehörigen oder Eltern ausgerichtet.[152]

### c) *Einführung des Pflegezeitgesetzes*

Das erste Gesetz, das gezielt die Frage der Vereinbarkeit der Pflege eines nahen Angehörigen und der Berufstätigkeit der Pflegeperson regeln sollte, war das Pflegezeitgesetz[153] (PflegeZG), das zum 1. Juli 2008 eingeführt wurde.[154]

Das Pflegezeitgesetz gewährt Beschäftigten, das sind gemäß § 3 PflegeZG eine sechsmonatige Pflegezeit, in der eine teilweise oder vollständige Freistellung von der Arbeitszeit erfolgen kann und gemäß § 2 Abs. 1 PflegeZG einen Rechtsanspruch auf eine kurzfristige Auszeit, um die Pflege zu organisieren gemäß. An den Regelungen des Pflegezeitgesetzes wurde vor allem die fehlende finanzielle Absicherung der Beschäftigten während einer vollständigen Freistellung von der Arbeit kritisiert.[155] Weiterhin wurde die Pflegezeit von sechs Monaten als viel zu kurz für eine effektive Vereinbarung von Pflege und Beruf angesehen.[156]

### d) *Einführung des Familienpflegezeitgesetzes*

Diesen Defiziten des Pflegezeitgesetzes sollte durch das Gesetz über die Familienpflegezeit[157] (Familienpflegezeitgesetz, FPfZG), das zum 1. Januar 2012 in Kraft getreten ist, begegnet werden. Beschäftigten soll erleichtert werden, die Betreuung eines pflegebedürftigen nahen Angehörigen und die eigene Erwerbstätigkeit miteinander zu vereinbaren.[158] Dies sollte vor allem durch eine

152 Siehe zur Inanspruchnahme des § 8 TzBfG für die Pflege eines nahen Angehörigen, *Schauß*, Der Beitrag des Pflegezeitgesetzes zur besseren Vereinbarkeit von Angehörigenpflege und Beruf, S. 66 ff.

153 Art. 3 des Gesetzes zur strukturellen Weiterentwicklung der Pflegeversicherung, BGBl. 2008 I 871.

154 BT-Drs. 16/7439, S. 90.

155 BT-Drs. 16/7472; *Preis/Nehring*, NZA 2008, 729 ff. (736); *Herget*, dbr 2008, 19 f. (20). Dies wurde erst mit dem Gesetz zur besseren Vereinbarkeit von Familie, Pflege und Beruf v. 23.12.2014, BGBl. 2014 I 2452 dahingehend geändert, dass Beschäftigte nunmehr auch bei Inanspruchnahme einer Pflegezeit nach dem PflegeZG einen Anspruch auf ein zinsloses Darlehen des BAFzA haben.

156 *Hexel/Lüders*, NZS 2009, 264 ff. (268); *Preis/Nehring*, NZA 2008, 729 ff. (733); *Berger-Delhey*, ZTR 2007, 604 f. (605).

157 Art. 1 des Gesetzes zur Vereinbarkeit von Pflege und Beruf v. 6.12.2011, BGBl. 2011 I 2564, in Kraft getreten am 1.1.2012.

158 § 1 FPfZG.

zinslose Refinanzierung einer Entgeltaufstockung über ein negatives Wertguthaben nach § 7b SGB IV durch das BAFzA erreicht werden.

Das Familienpflegezeitgesetz wurde bereits vor seinem Inkrafttreten kritisiert. Im Mittelpunkt standen dabei der fehlende Rechtsanspruch und die als zu kompliziert empfundenen Reglungen zur Finanzierung des Aufstockungsbetrags.[159]

Die ursprünglichen Regelungen des Familienpflegezeitgesetzes wurden durch das Gesetz zur besseren Vereinbarkeit von Familie, Pflege und Beruf vom 23. Dezember 2014,[160] das zum 1. Januar 2015 in Kraft getreten ist, umfangreich überarbeitet und geändert; auch im Pflegezeitgesetz wurden Änderungen vorgenommen. Außerdem wurden die beiden Gesetze besser aufeinander abgestimmt.[161]

## 2. *Pflegezeitgesetz*

Durch das Pflegezeitgesetz, das zum 1. Juli 2008 in Kraft getreten ist und zum 1. Januar 2015[162] aktualisiert wurde, wird für Beschäftigte die Möglichkeit geschaffen, in Betrieben mit in der Regel 15 oder mehr Beschäftigten eine sechsmonatige Pflegezeit in Anspruch zu nehmen, in der sie von ihrer Arbeitspflicht befreit werden, ihre Arbeitszeit reduzieren oder kurzfristig für 10 Tage von ihrer Arbeit fern bleiben können, um die Pflege eines nahen Angehörigen zu organisieren.[163] Ziel ist es, die häusliche Pflege durch Angehörige zu stärken und pflegende Angehörige vor einem unfreiwilligen Berufsausstieg zu bewahren.[164] Außerdem besteht die Möglichkeit, eine bis zu dreimonatige Sterbebegleitung, die nicht in häuslicher Umgebung stattfinden muss, in Anspruch zu nehmen.

Bereits im Jahr 2006 hatte der Sozialverband Deutschland (SoVD) einen Gesetzentwurf für ein Pflegezeitgesetz vorgelegt, mit dem vor allem die Diskussion zur besseren Vereinbarkeit von Berufstätigkeit und Pflege „neu belebt" werden sollte. Vorgeschlagen wurde, Beschäftigten und Auszubildenden nach

---

159 Abrufbar unter: https://webarchiv.bundestag.de/archive/2011/1205/bundestag/ausschuesse17/a13/anhoerungen/Familienpflegezeit/Stellungnahmen/a13_118_a.pdf, zuletzt abgerufen am: 26.5.2024.

160 BGBl. 2014 I 2462.

161 BT-Drs. 18/3124, S. 2.

162 Art. 2 des Gesetzes zur besseren Vereinbarkeit von Familie, Pflege und Beruf v. 23.12.2014, BGBl. 2014 I 2462.

163 BT-Drs. 16/7439, S. 90.

164 BT-Drs. 16/7439, S. 90, 91.

dem Vorbild des Bundeserziehungsgeldgesetzes einen Anspruch auf eine bis zu sechsmonatige Freistellung von ihrer Tätigkeit zu gewähren, um eine pflegebedürftige Person zu betreuen. Darüber hinaus sollte eine einmalige Verlängerung für längstens weitere sechs Monate möglich sein. Dieser Vorschlag sah vor, dass der Anspruch nur in Betrieben mit in der Regel mehr als 15 Beschäftigten bestehen sollte; es war keine finanzielle Unterstützung der Pflegeperson geplant.

Die Ausgestaltung des Pflegezeitgesetzes erfolgte schließlich in Anlehnung an die Regelungen zur Elternzeit.[165] Eine finanzielle Unterstützung der Pflegeperson war im PflegeZG 2008 allerdings nicht vorgesehen; pflegende Angehörige, die ihre Arbeitszeit auf null reduzierten, waren aber weiterhin in die Arbeitslosenversicherung einbezogen und konnten einen Beitragszuschuss zur Kranken- und Pflegeversicherung in Höhe des Mindestbeitrags in Anspruch nehmen.[166] Die fehlende finanzielle Unterstützung sowie die vergleichsweise kurze Dauer waren die Hauptkritikpunkte, die gegen das PflegeZG vorgebracht wurden.

#### a) *Rechtsanspruch auf vollständige oder teilweise Freistellung von der Arbeitsleistung*

Nach §§ 3 Abs. 1, 4 Abs. 1 S. 1 PflegeZG haben Beschäftigte in Betrieben mit in der Regel mehr als 15 Beschäftigten das Recht, sich für sechs Monate vollständig oder teilweise[167] von der Arbeitsleistung freistellen zu lassen, um einen nahen Angehörigen in häuslicher Umgebung zu pflegen. Bei einer lediglich teilweisen Freistellung muss mit dem Arbeitgeber eine schriftliche Vereinbarung über die Verteilung der Arbeitszeit geschlossen werden.[168] Arbeitgeber können den Wünschen der Beschäftigten zur Verteilung der Arbeitszeit lediglich dringende betriebliche Gründe entgegenhalten.[169] Für die Betreuung minderjähriger Pflegebedürftiger wird gemäß § 3 Abs. 5 PflegeZG ausdrücklich auf die Voraussetzung der häuslichen Pflege verzichtet. Schließlich wird den Beschäftigten ein Anspruch auf eine maximal dreimonatige[170] Sterbebegleitung gewährt, die

---

165 BT-Drs. 16/7439, S. 91.

166 § 44a SGB XI.

167 § 3 Abs. 4 PflegeZG.

168 § 3 Abs. 4 S. 1 2. Hs. PflegeZG.

169 Die Einwendung des Arbeitgebers kann sich dabei sowohl auf den Umfang der Arbeitszeitverringerung als auch auf die Lage der Arbeitszeit beziehen; siehe *Kossens*, § 3 PflegeZG Rn. 62.

170 § 4 Abs. 3 S. 2 PflegeZG.

ebenfalls nicht in häuslicher Umgebung durchgeführt werden muss.[171] Gemäß § 3 Abs. 6a PflegeZG können Beschäftige in Betrieben mit in der Regel 15 oder weniger Beschäftigten bei ihrem Arbeitgeber den Abschluss einer Vereinbarung über eine Pflegezeit nach § 3 Abs. 1 S. 1 PflegeZG oder eine sonstige Freistellung nach § 3 Abs. 5 S 1 Abs. 6 S. 1 PflegeZG beantragen. Der Arbeitgeber hat den Antrag innerhalb von vier Wochen nach Zugang zu beantworten. Eine Ablehnung des Antrags ist zu begründen. Wird eine Pflegezeit oder sonstige Freistellung vereinbart, gelten die Nachweispflicht der Pflegebedürftigkeit des nahen Angehörigen nach § 3 Abs. 2 PflegeZG, die Übergangsfristen aus § 3 Abs. 3 S. 4 und S. 6, 1. HS PflegeZG, die Pflicht zur schriftlichen Vereinbarung einer teilweisen Verringerung der Arbeitszeit und deren Verteilung nach § 3 Abs. 4 S. 1 PflegeZG, die Regelungen zur Sterbebegleitung aus § 3 Abs. 6 S. 2 und S. 4 PflegeZG entsprechend. Der Sonderkündigungsschutz greift gemäß § 5 Abs. 1 S. 2 PflegeZG mit Beginn der Freistellung. Neben dieser Möglichkeit zur vollständigen oder teilweisen Freistellung von der Arbeitsleistung haben Beschäftigte nach § 2 PflegeZG das Recht, der Arbeit bis zu zehn Tagen fern zu bleiben, wenn sie bei einer kurzfristig aufgetretenen Pflegesituation entweder die Pflege selbst übernehmen oder die Pflege für die Zukunft organisieren müssen.

### *b) Kündigungsschutz*

Mit Ankündigung der Pflegezeit genießen die Beschäftigten gemäß § 5 Abs. 1 S. 1 PflegeZG Sonderkündigungsschutz mit Erlaubnisvorbehalt, dieser greift jedoch frühestens zwölf Wochen vor dem angekündigten Beginn der Freistellung.[172] Für Beschäftigte, die eine Pflegezeit nach § 3 Abs. 6a PflegeZG auf freiwilliger Basis vereinbaren, greift der Sonderkündigungsschutz nach § 5 Abs. 1 S. 2 PflegeZG mit Beginn der Freistellung. Der Arbeitgeber darf das Beschäftigungsverhältnis dann bis zur Beendigung der kurzzeitigen Arbeitsverringerung nach § 2 PflegeZG oder der Freistellung nach § 3 PflegeZG nicht kündigen. Eine Kündigung kann nur in besonderen Fällen erfolgen, wenn sie zuvor von

---

171 § 3 Abs. 6 PflegeZG.

172 In der Vorgängerregelung galt der Sonderkündigungsschutz mit Ankündigung der Pflegezeit. Eine zeitliche Begrenzung war nicht vorgesehen, in der Literatur wurde deshalb vielfach festgestellt, dass diese Regelung dazu führen könnte, dass ein Beschäftigter über Jahre hinweg einem Sonderkündigungsschutz unterliegt; siehe etwa *Fröhlich*, ArbRB 2008, 84 ff. (86); *Oberthür/Becker*, ArbRB 2009, 77 ff. (80); *Joussen*, NZA 2009, 69 ff. (74).

der für den Arbeitsschutz zuständigen obersten Landesbehörde[173] oder der von ihr bestimmten Stelle ausnahmsweise für zulässig erklärt worden ist.

#### c) *Finanzielle Absicherung*

Im Rahmen der Pflegezeit haben die Beschäftigten gemäß § 3 Abs. 7 PflegeZG i.V.m. §§ 3 Abs. 4 FPfZG Anspruch auf ein zinsloses Darlehen des BAFzA. Für die Gewährung und Rückzahlung des Darlehens sind die Voraussetzungen des Familienpflegezeitgesetzes zu erfüllen.[174] Die monatliche Darlehensrate muss mindestens 50 Euro betragen und ist auf den Betrag begrenzt, der bei einer durchschnittlichen Arbeitszeit während der Familienpflegezeit von 15 Wochenstunden zu gewähren ist.[175]

### 3. *Familienpflegezeitgesetz*

Das Familienpflegezeitgesetz wurde durch das Gesetz zur besseren Vereinbarkeit von Pflege und Beruf[176] (FPfZG 2012) eingeführt und ist am 1. Januar 2012 in Kraft getreten. Eine erste Überarbeitung erfolgte durch das Gesetz zur besseren Vereinbarkeit von Familie, Pflege und Beruf vom 23. Dezember 2014,[177] das zum 1. Januar 2015 in Kraft getreten ist. Unter Familienpflegezeit im Sinne des § 2 Abs. 1 S. 1 FPfZG versteht man die teilweise Freistellung von der

---

173 Die für den Arbeitsschutz zuständige oberste Landesbehörde ist der jeweils zuständige Fachminister. Allerdings haben alle Bundesländer ihr Delegationsrecht wahrgenommen. Zuständig sind demnach für Baden-Württemberg, Hessen und Sachsen die Regierungspräsidien, für Bayern die örtlichen Gewerbeaufsichtsämter, für Berlin die Landesämter für Arbeitsschutz, Gesundheitsschutz und technische Sicherheit, für Brandenburg das Landesamt für Arbeitsschutz, für Bremen die Gewerbeaufsichtsämter, für Hamburg die Behörde für Soziales, Familie, Gesundheit und Verbraucherschutz (Amt für Arbeitsschutz), für Mecklenburg-Vorpommern die Landesämter für Gesundheit und Soziales, für Niedersachsen die Gewerbeaufsichtsämter, für Nordrhein-Westfalen die staatlichen Ämter für Arbeitsschutz, für Rheinland-Pfalz die Regionalstellen Gewerbeaufsicht in den Struktur- und Genehmigungsdirektionen Nord und Süd, für das Saarland das Landesamt für Umwelt und Arbeitsschutz, für Sachsen-Anhalt die Landesämter für Verbraucherschutz, für Schleswig-Holstein die staatliche Arbeitsschutzbehörde bei der Unfallkasse Nord und für Thüringen für Arbeitsschutz und technischen Verbraucherschutz.

174 Siehe unten unter Erster Teil B. I. 2. c).

175 § 3 Abs. 4 FPfZG.

176 Art. 1 des Gesetzes vom 6.12.2011, BGBl. 2011 I 2564.

177 BGBl. 2014 I 2462.

Arbeitsleistung für Beschäftigte, die einen pflegebedürftigen nahen Angehörigen in häuslicher Umgebung für die Dauer von maximal 24 Monaten pflegen.

Mit den Regelungen wurde unter anderem der an den Vorschriften des Pflegezeitgesetzes geübten Kritik begegnet.[178] Ziel des Gesetzgebers ist es, die Vereinbarkeit von Berufstätigkeit und Pflege zu fördern; durch eine staatlich geförderte Aufstockung des Arbeitsentgelts soll die finanzielle Lebensgrundlage erhalten bleiben.[179] Neben der möglichen Arbeitszeitverringerung von bis zu zwei Jahren sah das FPfZG eine finanzielle Aufstockung des Arbeitsentgelts über ein Wertguthaben im Sinne von § 7b SGB VI. Die Freistellung erfolgte zunächst aufgrund einer freiwilligen Vereinbarung zwischen Beschäftigtem und Arbeitgeber.[180] Das FPfZG 2012 wurde bis zu seiner Änderung allerdings kaum in Anspruch genommen.[181]

Durch die Weiterentwicklung der Regelungen im Rahmen des Gesetzes zur besseren Vereinbarkeit von Familie, Pflege und Beruf vom 23. Dezember 2014[182] sollte insbesondere den bürokratischen Hürden begegnet und Erleichterungen für eine Inanspruchnahme durch die Einführung eines Rechtsanspruchs auf Familienpflegezeit geschaffen werden.[183] Auf die Einführung eines Rechtsanspruchs auf Familienpflegezeit war im Zuge des Familienpflegezeitgesetzes 2012 zunächst verzichtet worden, da es eine Vereinbarung auf vertraglicher Basis sowohl Arbeitgebern als auch Beschäftigten ermögliche, optimal auf ihre Bedürfnisse einzugehen.[184] Im Laufe des Gesetzgebungsverfahrens wurden unterschiedliche Ausgestaltungen der Familienpflegezeit diskutiert. So sah der Referentenentwurf des BMFSFJ aus dem Jahr 2011 zunächst einen Rechtsanspruch auf Familienpflegezeit vor. Es war vorgesehen, den Anspruch ab einer Beschäftigungsdauer von mehr als sechs Monaten und nur gegenüber Arbeitgebern mit in der Regel mehr als 15 Beschäftigten zu gewähren.[185] Des Weiteren sollte eine Inanspruchnahme der Familienpflegezeit nicht möglich sein, wenn für denselben nahen Angehörigen bereits eine Pflegezeit nach § 3 PflegeZG

---

178 BT-Drs. 17/6000, S. 11 ff.

179 BT-Drs. 17/6000, S. 1 f.

180 Vgl. § 3 Abs. 1 Nr. 1 FPfZG a.F.

181 BT-Drs. 17/12330, S. 2; BT-Drs. 17/14837, S. 34.

182 BGBl. 2014 I 2462.

183 BT-Drs. 18/3124, S. 26.

184 BT-Drs. 17/6000, S. 1, 13.

185 § 1 Abs. 1 des Entwurfs eines Gesetzes zur besseren Vereinbarkeit von Pflege und Beruf v. 19.10.2010; abrufbar unter: http://www.arbrb.de/media/VPBG1.pdf, zuletzt abgerufen am: 26.5.2024.

in Anspruch genommen worden war.[186] Dieser Entwurf löste heftigen Widerstand aufseiten der Wirtschaft aus.[187] Hauptkritikpunkt war, dass beinahe die gesamte Belastung der Freistellung auf die Arbeitgeber abgewälzt werde; die Gewährung eines Rechtsanspruchs benachteilige darüber hinaus insbesondere kleine und mittelständische Unternehmen, da ihre betrieblichen Belange nicht – oder nicht in ausreichendem Maß – in die Entscheidungen einfließen könnten. Schon der endgültige Referentenentwurf vom 24. Februar 2011 enthielt dann keinen Rechtsanspruch auf Familienpflegezeit mehr.[188] Ausweislich der Gesetzesbegründung wurde auf die Regelung eines Rechtsanspruchs auf Familienpflegezeit verzichtet, um es beiden Seiten zu ermöglichen, optimal auf ihre jeweiligen Bedürfnisse einzugehen.[189]

Arbeitgeber waren demnach weder verpflichtet, eine Familienpflegezeit zu gewähren, noch eine Entscheidung nach billigem Ermessen – wie teilweise vertreten[190] – gemäß § 315 BGB zu treffen.[191] Dem einzelnen Arbeitgeber stand

---

186 § 1 Abs. 2 des Entwurfs eines Gesetzes zur besseren Vereinbarkeit von Pflege und Beruf vom 19.10.2010; abrufbar unter: http://www.arbrb.de/media/VPBG1.pdf, zuletzt abgerufen am: 26.5.2024.

187 Insbesondere wurde darauf verwiesen, dass eine Regelung nicht notwendig sei, da die einzelnen Konstellationen von Pflege zu vielschichtig seien und mit den schon vorhandenen Instrumentarien flexibel auf die jeweiligen Bedürfnisse reagiert werden könne (siehe nur: Stellungnahme des Zentralverbands des deutschen Handwerks, abrufbar unter: http://webarchiv.bundestag.de/cgi/show.php?fileToLoad=2939&id=1223, zuletzt abgerufen am: 26.5.2024).

188 Abrufbar unter: https://www.vzbv.de/sites/default/files/downloads/familienpflegezeit_referentenentwurf_bmfsfj_02_2011.pdf, zuletzt abgerufen am: 26.5.2024.

189 BT-Drs. 17/6000, S. 1.

190 A.A. *Schwerdle*, ZTR 2012, 3 ff. (9), Meinel/Heyn/Herms/*Herms*, 4. Aufl., § 23 TzBfG Rn. 21.

191 Bei dem Abschluss einer Familienpflegezeitvereinbarung ging es insoweit nicht um die Konkretisierung einer bereits bestehenden Vereinbarung, vielmehr sollte eine, den Arbeitsvertrag zeitweise abändernde, neue Vereinbarung getroffen werden. Auf solche Konstellationen findet § 315 BGB allerdings keine Anwendung. Dieser soll seinem Sinn und Zweck nach nur für Leistungsbestimmungsrechte gelten, die aus dem Arbeitsverhältnis bereits bestehen (vgl. MüKo-BGB/*Würdinger*, § 315 BGB Rn. 2 f.). Eine direkte Anwendung des § 315 BGB auf die Vereinbarung einer Familienpflegezeit kam mithin nicht in Betracht. Auch eine analoge Anwendung kam nicht infrage. Eine analoge Anwendung wäre nur möglich gewesen, wenn es sich bei der Nichtregelung eines Rechtsanspruchs auf Familienpflegezeit um eine planwidrige Regelungslücke gehandelt hätte. Des Weiteren wäre die Vergleichbarkeit der Sachverhalte, die von § 315 BGB erfasst werden und dem Abschluss einer Familienpflegezeitvereinbarung notwendig gewesen. Für § 3 FPfZG a.F. fehlte

es somit frei, den Abschluss einer Familienpflegezeitvereinbarung auch ohne Begründung abzulehnen.

### *a) Rechtsanspruch auf teilweise Freistellung von der Arbeitsleistung*

Die ursprüngliche Regelung des § 3 Abs. 1 Nr. 1 FPfZG a.F. vom 1. Januar 2012, wonach eine Freistellung aufgrund einer Vereinbarung zwischen Beschäftigtem und Arbeitgeber auf freiwilliger Basis zustande kam, wurde kaum in Anspruch genommen.[192] Nunmehr haben Beschäftigte in Betrieben mit in der Regel mehr als 25 Beschäftigten einen Anspruch auf eine 24-monatige Familienpflegezeit. Ein solcher Anspruch besteht für jeden pflegebedürftigen nahen Angehörigen nur einmal. Auch bei einer Verknüpfung von Pflege- und Familienpflegezeit dürfen 24 Monate nicht überschritten werden und beide Freistellungen müssen nahtlos ineinander übergehen.[193] In Betrieben mit in der Regel 25 oder weniger Beschäftigten ausschließlich der zu Ihrer Berufsausbildung Beschäftigten können Beschäftigte nach § 2a Abs. 5a FPfZG bei ihrem Arbeitgeber den Abschluss einer Vereinbarung über eine Familienpflegezeit nach § 2 Abs. 1 S. 1 bis 3 FPfZG oder eine Freistellung nach § 2 Abs. 5 S. 1 FPfZG beantragen. Der Arbeitgeber hat den Antrag innerhalb von vier Wochen nach Zugang zu beantworten. Eine Ablehnung des Antrags ist zu begründen. Wird im Anschluss an den Antrag des Beschäftigten eine Familienpflegezeit vereinbart, stellt § 2a Abs. 5a S. 4 FPfZG klar, dass eine Familienpflegezeit – eventuell in Kombination mit einer Pflegezeit – auch in diesem Fall 24 Monate nicht überschreiten darf (§ 2 Abs. 2 FPfZG), Familienpflege- und Pflegezeit nur kombiniert werden können, wenn sie gemäß § 2a Abs. 1 S. 4 und S. 6, 1. HS FPfZG unmittelbar aneinander anschließen und der Sonderkündigungsschutz nach § 2 Abs. 3 FPfZG i.V.m. § 5 Abs. 1 S. 2 PflegeZG auch bei der freiwilligen

---

es bereits eindeutig an einer planwidrigen Regelungslücke, denn der Referentenentwurf des BMFSFJ aus dem Jahr 2011 beinhaltete einen Rechtsanspruch auf Familienpflegezeit, dieser wurde im endgültigen Gesetzesentwurf aber gerade nicht aufrechterhalten.

192 BT-Drs. 17/12330, S. 2, wonach bis zum 28.1.2013 123 Anträge von Arbeitgeber auf ein zinsloses Darlehen bewilligt wurde. Siehe auch *Schauß*, Der Beitrag des Pflegezeitgesetzes zur besseren Vereinbarkeit von Angehörigenpflege und Beruf, S. 44 ff., die darauf hinweist, dass das Direktionsrecht des Arbeitgebers nach § 106 GewO, § 315 Abs. 1 BGB eine begrenzte Möglichkeit bietet, die Akutpflege beziehungsweise die Sicherstellung und Organisation der Pflege eines nahen Angehörigen zu gewährleisten.

193 §§ 2 Abs. 2; 2a Abs. 1 S. 4, 6 FPfZG sowie § 3 Abs. 3 S. 4, 6; § 4 Abs. 1 S. 4 PflegeZG.

Vereinbarung einer Familienpflegezeit gilt, jedoch erst mit Beginn der Freistellung greift. Des Weiteren gelten auch die Regelungen, dass Arbeitgeber und Beschäftigte über die Verringerung eine schriftliche Vereinbarung zu treffen haben (§ 2a Abs. 2 S. 1 FPfZG), die Möglichkeit, eine Familienpflegezeit, die für einen kürzeren Zeitraum genommen wurde, bis zur Gesamtdauer von 24 Monaten zu verlängern (§ 2a Abs. 3 S. 1 FPfZG), die Nachweispflicht über die Pflegebedürftigkeit des nahen Angehörigen (§ 2a Abs. 4 FPfZG) und die Regelung über die Beendigung der Familienpflegezeit nach (§ 2a Abs. 5 FPfZG) entsprechend.

*aa) Voraussetzungen*

Eine Familienpflegezeit kann in Anspruch genommen werden, wenn die wöchentliche Arbeitszeit während der Familienpflegezeit 15 Stunden nicht unterschreitet[194] und ein pflegebedürftiger naher Angehöriger in häuslicher Umgebung gepflegt wird. Ein Anspruch besteht jedoch nur in Betrieben, in denen in der Regel mehr als 25 Beschäftigte tätig sind.

Eine Ausnahme vom Gebot der Pflege in häuslicher Umgebung wird gemäß § 2 Abs. 5 FPfZG für minderjährige nahe Angehörige gemacht. Diese können auch stationär betreut werden. Eltern soll damit ermöglicht werden, ihre minderjährigen Kinder auch „in besonders zeitaufwändigen und Nähe bedürftigen Lebens- oder Behandlungsphasen eng zu betreuen".[195]

Arbeitgeber und Beschäftigter sind gemäß § 2a Abs. 2 FPfZG verpflichtet, über die Verringerung und Verteilung der Arbeitszeit eine schriftliche Vereinbarung zu treffen. Arbeitgeber haben den Wünschen des Beschäftigten zu entsprechen, es sei denn, dringende betriebliche Gründe stehen entgegen.[196] Dies können etwa die Unteilbarkeit des Arbeitsplatzes oder entgegenstehende Arbeitszeitmodelle sein.[197]

---

194 Eine Verteilung der Arbeitszeit derart, dass die Arbeitszeit lediglich im Durchschnitt eines Zeitraums von bis zu einem Jahr 15 Stunden pro Woche nicht unterschreitet ist nicht möglich, Siehe ArbG Bonn Urteil v. 27.4.2022, Az 4 Ca 2119/21, ArbRB 2022, S. 168 f.

195 BT-Drs. 18/3124, S. 33.

196 Der Begriff der „dringenden betrieblichen Gründe" des § 2a Abs. 2 S. 2 FPfZG entspricht dem aus § 15 Abs. 7 S. 1 Nr. 4 BEEG. BT-Drs. 18/3124, S. 34; BT-Drs. 16/7439, S. 92.

197 Vgl. zur vergleichbaren Regelunge des § 15 Abs. 7 S. 1 Nr. 4 BEEG, ErfK/*Gallner* § 15 BEEG Rn. 17.

(1) Betriebsgröße

Anders als im Referentenentwurf des BMFSFJ und im Kabinettsentwurf vorgesehen, besteht ein Anspruch auf Familienpflegezeit nunmehr erst in Betrieben mit in der Regel mehr als 25 Beschäftigten.[198] Zu ihrer Berufsbildung Beschäftigte werden für das Erreichen des Schwellenwertes nicht mitgezählt.[199] Die Anforderung an die Betriebsgröße wird damit begründet, dass kleine Betriebe den Ausfall von Mitarbeitern in der Regel schwerer verkraften könnten als große. Arbeitsplätze in kleineren Betrieben dürften durch das Gesetz aber nicht gefährdet werden.[200]

(2) Ankündigungsfrist

Weitere Voraussetzung für die Inanspruchnahme einer Familienpflegezeit ist, dass diese dem Arbeitgeber spätestens acht Wochen vor ihrem Beginn schriftlich mitgeteilt wird.[201] Gleichzeitig muss der Beschäftigte erklären, für welchen Zeitraum und in welchem Umfang er seine Arbeitszeit reduzieren möchte.[202] Auch hier hat der Gesetzgeber eine andere Regelung als im Rahmen des Pflegezeitgesetzes vorgesehen. Möchte der Beschäftigte eine Pflegezeit in Anspruch nehmen, muss er dies gemäß § 3 Abs. 3 S. 1 PflegeZG spätestens zehn Tage vor Beginn der Pflegezeit ankündigen. Liegen die gesetzlichen Voraussetzungen sowohl für die Inanspruchnahme einer Pflege- als auch einer Familienpflegezeit vor, wird die Erklärung als Ankündigung von Pflegezeit behandelt.[203] Hinzu kommen des Weiteren unterschiedliche Fristen für den Fall, dass eine Familienpflegezeit im Anschluss an eine Pflegezeit genommen werden soll oder umgekehrt. Beides ist nur möglich, wenn die Auszeiten nahtlos ineinander übergehen.[204] Wird Familienpflegezeit im Anschluss an eine Pflegezeit in Anspruch genommen, muss die Familienpflegezeit drei Monate vor ihrem Beginn angekündigt werden,[205] soll eine Pflegezeit auf eine Familienpflegezeit

198 Im Referenten- und Kabinettsentwurf war die Anwendbarkeit des Gesetzes ab einem Schwellenwert von in der Regel mehr als 15 Beschäftigten vorgesehen. Damit sollte die Regelung aus § 3 Abs. 1 S. 2 PflegeZG übernommen werden; BT-Drs. 18/3124, S. 9.

199 So auch in § 23 Abs. 1 KSchG und § 15 Abs. 7 S. 1 Nr. 1 BEEG.

200 BT-Drs. 18/3449, S. 10.

201 § 2a Abs. 1 S. 1 1. HS FPfZG.

202 § 2a Abs. 1 S. 1 2. HS FPfZG.

203 § 2a Abs. 1 S. 3 FPfZG.

204 § 3 Abs. 3 S. 5, 6 PflegeZG; BT-Drs. 18/3124, S. 34.

205 § 3 Abs. 3 S. 5 PflegeZG.

folgen, muss dies spätestens acht Wochen vor Beginn der Pflegezeit beansprucht werden.[206]

### *bb) Dauer der Familienpflegezeit*

Beschäftigte haben einen Anspruch auf eine bis zu 24-monatige Familienpflegezeit. Außerdem besteht gemäß § 3 Abs. 1 PflegeZG die Möglichkeit, die Arbeitszeit für sechs Monate auf null zu reduzieren, um einen nahen Angehörigen in häuslicher Umgebung zu betreuen. Gemäß § 3 Abs. 6, § 4 Abs. 3 S. 2 PflegeZG wird für eine Zeitspanne von maximal drei Monaten auf die Voraussetzung der häuslichen Pflege verzichtet, wenn ein naher Angehöriger begleitet wird, der an einer Erkrankung leidet, die progredient verläuft und bereits ein weit fortgeschrittenes Stadium erreicht hat, bei der eine Heilung ausgeschlossen und eine palliativmedizinische Behandlung notwendig ist und die lediglich eine begrenzte Lebenserwartung von Wochen oder wenigen Monaten erwarten lässt. Die unterschiedlichen Freistellungen können allesamt miteinander kombiniert werden, die gesamte Zeit der Freistellung darf allerdings gemäß §§ 2 Abs. 2 FPfZG, 4 Abs. 1 S. 4 PflegeZG 24 Monate nicht überschreiten.

### *b) Kündigungsschutz*

Durch Artikel 1 Nr. 2 des Gesetzes zur besseren Vereinbarkeit von Familie, Pflege und Beruf vom 23. Dezember 2014 wurde mit § 2 Abs. 3 FPfZG i.V.m. § 5 Abs. 1 PflegeZG analog ein einheitlicher Kündigungsschutz für Pflege- und Familienpflegezeit eingeführt. Eine Kündigung des Beschäftigungsverhältnisses durch den Arbeitgeber darf ab Ankündigung der Familienpflegezeit – frühestens 12 Wochen vor deren Beginn – bis zu ihrer Beendigung regelmäßig nicht erfolgen. Die Beschäftigten genießen damit über die gesamte Dauer der Familienpflegezeit hinweg Sonderkündigungsschutz. Der Kündigungsschutz erfasst sowohl ordentliche wie auch außerordentliche Kündigungen und Änderungskündigungen,[207] steht aber einer Beendigung des Beschäftigungsverhältnisses durch Aufhebungsvertrag, Anfechtung oder Fristablauf nicht entgegen.[208] Auch eine Kündigung durch den

206 § 3 Abs. 3 S. 6 PflegeZG.

207 *Kossens*, § 5 PflegeZG Rn. 8; vgl. zu § 18 BEEG NK-GA/*Osnabrügge*, § 18 BEEG Rn. 5; NK-GA/*Müller*, § 5 PflegeZG Rn. 25.

208 *Kossens*, § 5 PflegeZG Rn. 9; zu § 18 BEEG NK-GA/*Osnabrügge*, § 18 BEEG Rn. 19 f.; HWK/*Gaul* § 18 BEEG Rn. 2; *von Plettenberg*, Die Arbeitsbefreiung nach dem Pflegezeitgesetz; S. 189.

Beschäftigten selbst ist unter den allgemeinen gesetzlichen Voraussetzungen möglich.[209]

In besonderen Fällen ist eine Kündigung nach § 2 Abs. 3 FPfZG i.V.m. § 5 Abs. 2 PflegeZG analog zulässig, wenn die für den Arbeitsschutz zuständige oberste Landesbehörde oder die von ihr bestimmte Stelle[210] zugestimmt hat. Wird eine Kündigung ausgesprochen, ohne dass eine solche Genehmigung vorliegt, ist sie gemäß § 134 BGB nichtig.[211] Der Arbeitsplatz des Beschäftigten wird damit in Abgrenzung zum allgemeinen Kündigungsschutz nach dem KSchG durch einen Sonderkündigungsschutz[212] gesichert, der als Kündigungsverbot mit Erlaubnisvorbehalt ausgestaltet ist.[213] Gemäß § 5 Abs. 2 S. 2 PflegeZG kann

---

209 Vgl. zur ursprünglichen Regelung in § 5 PflegeZG, *von Plettenberg*, Die Arbeitsbefreiung nach dem Pflegezeitgesetz, S. 186; Vgl. zu den Regelungen des BEEG Schaub/*Linck*, § 172 Rn. 58. Anders als im BEEG wird im Rahmen des Pflege- beziehungsweise Familienpflegezeitgesetzes, keine besondere Regelung für Kündigungen des Beschäftigten getroffen, dort kann der Arbeitnehmer gemäß 19 BEEG das Arbeitsverhältnis zum Ende der Elternzeit nur mit einer Kündigungsfrist von drei Monaten beenden.

210 Die für den Arbeitsschutz zuständige oberste Landesbehörde ist der jeweils zuständige Fachminister. Allerdings haben alle Bundesländer ihr Delegationsrecht wahrgenommen. Zuständig sind demnach für Baden-Württemberg und Hessen die Regierungspräsidien, für Bayern die örtlichen Gewerbeaufsichtsämter, für Berlin das Landesamt für Arbeitsschutz, Gesundheitsschutz und technische Sicherheit, für Brandenburg das Landesamt für Arbeitsschutz, für Bremen die Gewerbeaufsichtsämter, für Hamburg die Behörde für Gesundheit und Verbraucherschutz (Amt für Verbraucherschutz), für Mecklenburg-Vorpommern das Landesamt für Gesundheit und Soziales – Abt. Arbeitsschutz und technische Sicherheit, für Niedersachsen die Gewerbeaufsichtsämter bei den Städten und Kreisen, für Nordrhein-Westfalen die Bezirksregierungen, für Rheinland-Pfalz die Regionalstellen Gewerbeaufsicht in den Struktur- und Genehmigungsdirektionen Nord und Süd, für das Saarland das Landesamt für Umwelt- und Arbeitsschutz, für Sachsen die Landesdirektion – Abt. Arbeitsschutz, für Sachsen-Anhalt das Landesamt für Verbraucherschutz/Gewerbeaufsicht, für Schleswig-Holstein die staatliche Arbeitsschutzbehörde bei der Unfallkasse Nord und für Thüringen das Landesamt für Verbraucherschutz.

211 *Kossens*, § 5 PflegeZG Rn. 4; zu der Vorbildregelung § 18 BEEG, NK-GA/*Osnabrügge*, § 18 BEEG Rn. 5; siehe auch *Eylert/Sänger*, RdA 2010, 24 ff. (32); NK-GA/*Müller*, § 5 PflegeZG Rn. 24.

212 Zur Abgrenzung siehe etwa *v. Wickede*, Sonderkündigungsschutz, 33; HWK/*Quecke*, Vor § 1 KSchG Rn. 17 f.

213 Siehe zur vergleichbaren Regelung des § 18 BEEG, HK-MuschG/BEEG/*Rancke*, § 18 BEEG Rn. 1.

die Bundesregierung mit Zustimmung des Bundesrats Verwaltungsvorschriften für die Anwendung des Erlaubnisvorbehalts erlassen. Hiervon wurde noch kein Gebrauch gemacht, es bietet sich deshalb an, zur Auslegung der Regelung die Allgemeine Verwaltungsvorschrift zu § 18 BEEG heranzuziehen.[214]

Ein besonderer Fall, der die Erteilung einer Erlaubnis rechtfertigt, liegt im Rahmen des Elternzeitgesetzes insbesondere dann vor, wenn der Betrieb oder die Betriebsabteilung stillgelegt oder an einen anderen Ort verlagert wird und eine Weiterbeschäftigung nicht möglich ist. Gleiches gilt, wenn der Beschäftigte eine ihm angebotene Weiterbeschäftigungsmöglichkeit ablehnt oder die Weiterbeschäftigung des Beschäftigten die wirtschaftliche Existenz des Arbeitgebers gefährden würde. Schließlich kann ein besonders schwerer Fall auch vorliegen, wenn aufgrund schwerer Verstöße des Beschäftigten gegen arbeitsvertragliche Pflichten oder aufgrund vorsätzlichen strafbaren Verhaltens eine Weiterbeschäftigung für den Arbeitgeber unzumutbar ist.[215]

Mit § 9 Abs. 3 FPfZG 2012 war bei der Inanspruchnahme von Familienpflegezeit seit deren Einführung ein Sonderkündigungsschutz mit Erlaubnisvorbehalt vorgesehen. Als Reaktion auf die Kritik an der Regelung des Sonderkündigungsschutzes in § 5 Abs. 1 PflegeZG a.F., wonach das Beschäftigungsverhältnis von der Ankündigung bis zur Beendigung der Pflegezeit nicht gekündigt werden durfte, griff der Sonderkündigungsschutz jedoch erst mit Beginn der Familienpflegezeit, galt aber für die gesamte Dauer der Familienpflegezeit und der sog. Nachpflegephase, in die Beschäftigten wieder zu ihrer ursprünglichen Arbeitszeit zurückgekehrt waren und das negative Wertguthaben ausglichen.[216] Im Rahmen des FPfZG 2012 genossen die Beschäftigten damit für eine Dauer von maximal vier Jahren einen Sonderkündigungsschutz. Darüber hinaus wurden die Regelungen des Kündigungsschutzes mit Regelungen hinsichtlich der Verpflichtung zum Ausgleich des negativen Wertguthabens verknüpft.[217] Auch wenn eine Kündigung von der für den Arbeitsschutz

214 Allgemeine Verwaltungsvorschrift zum Kündigungsschutz bei Elternzeit (§ 18 Abs. 1 S. 4 des Bundeselterngeld- und Elternzeitgesetzes) vom 3.1.2007, Bundesanzeiger Ausgabe 5 v. 9.1.2007, 247.

215 Siehe Ziff. 2 der Verwaltungsvorschrift.

216 Siehe hierzu unten unter Erster Teil II. 3. c) cc).

217 Darüber hinaus wurden Regelungen für die Rückzahlung des Darlehns bei vorzeitiger Beendigung des Arbeitsverhältnisses getroffen. So verlor der Arbeitgeber bei einer durch Zustimmung der obersten Landesbehörde zulässige Kündigung, die aus anderen als verhaltensbedingten Gründen erfolgte, seinen Anspruch auf Ausgleich des negativen Wertguthabens gegen den Beschäftigten, wenn er nicht nach §§ 387 ff. BGB mit Ansprüchen aus dem Beschäftigungsverhältnis aufrechnen

zuständigen Behörde genehmigt wurde, bestand die Möglichkeit, dass der Arbeitgeber keinen Anspruch auf den Ausgleich des negativen Wertguthabens gegen den Beschäftigten hatte.[218]

### c) *Finanzielle Förderung*

Beschäftigte, die eine Familienpflegezeit in Anspruch nehmen, haben gemäß § 3 Abs. 1 FPfZG Anspruch auf finanzielle Förderung in Form eines zinslosen Darlehens des BAFzA, das gemäß § 2a Abs. 1 S. 1 FPfZG nur auf Antrag gewährt wird. Auch Beschäftigte, die ihre Angehörigen im Rahmen einer Pflegezeit nach § 3 Abs. 1 S. 1 PflegeZG betreuen, haben gemäß §§ 3 Abs. 7 PflegeZG, 3 Abs. 1 S. 1 FPfZG einen Anspruch auf ein zinsloses Darlehen. Dieser besteht auch, wenn der Beschäftigte gemäß § 3 Abs. 5 S. 1 PflegeZG einen minderjährigen nahen Angehörigen nicht in häuslicher Umgebung pflegt oder gemäß § 3 Abs. 6 PflegeZG einen nahen Angehörigen in der letzten Phase vor dessen Tod betreut.

#### aa) *Finanzielle Förderung durch Aufstockung des Arbeitsentgelts*

Die in § 3 FPfZG vorgesehene finanzielle Absicherung der Beschäftigten, die zur Pflege eines nahen Angehörigen Familienpflegezeit in Anspruch nehmen, soll der besseren Bewältigung des Lebensunterhalts während der mit einer Gehaltsreduzierung verbundenen Freistellung dienen.[219] Ziel des Gesetzgebers ist es, dass durch das Arbeitsentgelt, das während der Familienpflegezeit erzielt wird und dem monatlichen Betrag des zinslosen Darlehens ungefähr 75 % des vorherigen Netto-Arbeitsentgelts erreicht wird.[220] Für die Berechnung der

---

konnte (siehe BT-Drs. 17/6000, S. 18). Er hatte den Aufstockungsbetrag in diesem Fall selbst zu tragen. Kündigte der Arbeitgeber dagegen mit Zustimmung und aus verhaltensbedingten Gründen, blieb der Anspruch auf Ausgleich des negativen Wertguthabens bestehen. Kam der Beschäftigte seiner Verpflichtung zum Ausgleich des negativen Wertguthabens auch nach zweiwöchiger Fristsetzung nicht nach, und wurden die Zahlungen nicht von der Familienpflegezeitversicherung übernommen, hatte der Arbeitgeber nach § 8 Abs. 1 FPfZG a.F. einen Anspruch gegen das BAFzA auf Erlass der jeweils aktuellen Ratenrückzahlungsforderung aus dem Darlehen (vgl. BT-Drs. 17/6000, S. 17). Hatte der Arbeitgeber das Darlehen zu diesem Zeitpunkt noch nicht in Anspruch genommen, hatte er einen Anspruch auf Übernahme der Ratenzahlung durch das BAFzA aus § 8 Abs. 2 FPfZG a.F.

218 Siehe dazu noch unten unter Fünfter Teil D. II. 3. b).

219 BT-Drs. 18/3124, S. 2.

220 Vgl. BT-Drs. 17/6000, S. 12; BT-Drs. 17/7387, S. 17.

Höhe des Aufstockungsbetrags wird auf die Nettobeträge des Arbeitsentgelts des Beschäftigten abgestellt.[221] In der Regel soll sich bei einer Reduzierung der Arbeitszeit um 50 % so ein Aufstockungsbetrag in Höhe von 25 % des ursprünglichen Nettoentgelts ergeben.[222] Die durch das FPfZG vorgesehen finanzielle Förderung soll das Arbeitsentgelt der Beschäftigten lediglich aufstocken,[223] um die Vereinbarkeit von Berufstätigkeit und Pflege zu erleichtern. Durch die Ausgestaltung dieses Aufstockungsbetrags als zinsloses Darlehen handelt es sich weder um eine Lohnersatzleistung, noch soll damit die erbrachte Pflegeleistung abgegolten werden.

Beschäftigte in Betrieben mit in der Regel 25 oder weniger Beschäftigten haben keinen Anspruch auf Gewährung von Familienpflegezeit und in Betrieben mit in der Regel 15 oder weniger Beschäftigten besteht auch kein Anspruch auf die Freistellungen im Rahmen des § 3 PflegeZG. Wird einem Beschäftigten trotzdem Familienpflege- oder Pflegezeit gewährt, hat auch er gemäß § 3 Abs. 1 S. 2 FPfZG und §§ 3 Abs. 7 PflegeZG, 3 Abs. 1 S. 2 FPfZG einen Anspruch auf finanzielle Unterstützung durch ein zinsloses Darlehen des BAFzA.

*bb) Finanzierung des Aufstockungsbetrags*

Die Aufstockung des Arbeitsentgelts erfolgt im Rahmen eines zinslosen Darlehens, das einem Beschäftigten, der eine Familienpflege- beziehungsweise Pflegezeit in Anspruch nimmt, auf Antrag gewährt wird.[224] Die Darlehenssumme wird dann in monatlichen Raten direkt an den Beschäftigten ausbezahlt. Gemäß § 3 Abs. 6 FPfZG ist das Darlehen in der gesetzlich vorgesehenen Höhe vorrangig vor dem Bezug von bedürftigkeitsabhängigen Sozialleistungen in Anspruch zu nehmen und muss von den Beschäftigten in diesen Fällen beantragt werden. Abgesehen von den in § 3 Abs. 6 FPfZG angesprochenen Konstellationen, können Beschäftigte nach § 3 Abs. 5 FPfZG auch ein Darlehen mit einer geringeren als der gesetzlich vorgesehenen Höhe, mindestens jedoch 50 Euro monatlich beantragen.[225]

---

221 Dies ist möglich, da die Beschäftigten aus der Darlehenssumme keine Lohnnebenkosten mehr abführen müssen.

222 BT-Drs. 17/7387, S. 22 f.

223 Vgl. BT-Drs. 17/6000, S. 13, dort noch bezogen auf die Finanzierung über negative Wertguthaben im Sinn des § 7b SGB IV.

224 § 3 Abs. 1 S. 1 FPfZG.

225 § 3 Abs. 5 FPfZG.

Die finanziellen Mittel für das zinslose Darlehen werden dem BAFzA von der Kreditanstalt für Wiederaufbau (KfW) zur Verfügung gestellt.[226] Darüber hinaus ist auch eine Finanzierung der Familienpflegezeit über ein (negatives) Wertguthaben im Sinne des § 7b ff. SGB IV weiterhin möglich. Dies wird allerdings nicht mehr über ein zinsloses Darlehen des BAFzA an den Arbeitgeber gefördert.

*cc) Höhe beziehungsweise Umfang des Darlehens*

Die monatliche Darlehensrate wird in Höhe der Hälfte der Differenz zwischen den pauschalierten monatlichen Nettoentgelten vor und während der Freistellung gewährt. § 3 Abs. 3 FPfZG enthält damit eine detaillierte Regelung, wie die Höhe des Aufstockungsbetrages zu berechnen ist.[227] Der Berechnung liegt das pauschalierte Nettoarbeitsentgelt zugrunde, das der Beschäftigte vor und während der Reduzierung seiner Arbeitszeit erzielt (beziehungsweise erzielen wird). Zur Berechnung des jeweiligen pauschalierten Nettoentgelts ist die im jeweiligen Kalenderjahr geltende Verordnung über die pauschalierten Nettoentgelte für das Kurzarbeitergeld[228] anzuwenden.[229] Um das zu erwartende pauschalierte Nettoarbeitsentgelt ermitteln zu können, muss zunächst das durchschnittliche Bruttoarbeitsentgelt ermittelt werden, das der Beschäftigte vor und während der Reduzierung seiner Arbeitszeit in einer Arbeitsstunde erzielte.[230] Die Differenz zwischen den beiden pauschalierten Nettoarbeitsentgelten muss schließlich durch zwei geteilt werden.

---

226 § 15 Abs. 2 FPfZG.

227 Durch die Regelung soll die ursprüngliche Berechnungsweise (siehe Fußnote 173) auf die neue Situation der Gewährung des Darlehens direkt an den Beschäftigten übertragen werden (BT-Drs. 18/3124, S. 35).

228 Verordnung des Bundesministeriums für Arbeit und Soziales nach § 109 Abs. 1 Nr. 1 SGB III.

229 Das Bruttoarbeitsentgelt, das der Ermittlung des pauschalierten Nettoentgelts zugrunde liegt, wird in der Tabelle, die jeweils als Anlage 1 an die Verordnung angefügt ist (Verordnung über die pauschalierten Nettoentgelte für das Kurzarbeitergeld für das Jahr 2019 v. 17.12.2018, BGBl. 2018 I 2504), in 20 Euro Schritte aufgeführt. Dementsprechend ist das Bruttoarbeitsentgelt, das der Beschäftigte vor und während der Familienpflegezeit erzielt auf den nächsthöheren Betrag aufzurunden, der durch 20 teilbar ist.

230 Zur Ermittlung des durchschnittlichen Bruttoarbeitsentgelts pro Stunde muss in den meisten Fällen zunächst ermittelt werden, wie viele Stunden der Beschäftigte pro Monat erbringen muss. Hierzu wird die vereinbarte Wochenstundenzahl mit 52/12 = 13/3 multipliziert; BT-Drs. 18/3124, S. 35.

Ist die Arbeitszeit im Rahmen einer Pflegezeit nach § 3 PflegeZG auf null reduziert worden, ist die Höhe der monatlichen Darlehensrate gemäß § 3 Abs. 4 FPfZG auf den Betrag begrenzt, der bei einer durchschnittlichen Arbeitszeit während der Familienpflegezeit von 15 Wochenstunden zu gewähren wäre. Dies soll auch dem Schutz der Beschäftigten vor einer zu hohen finanziellen Belastung während der Rückzahlungsphase dienen.[231]

*dd) Rückzahlung des Darlehens*

Der Beschäftigte, der zur Finanzierung einer Familienpflege- beziehungsweise Pflegezeit ein zinsloses Darlehen des BAFzA in Anspruch genommen hat, muss gemäß § 6 Abs. 1 FPfZG mit der Rückzahlung des zinslosen Darlehens in der Regel direkt im Anschluss an die Familienpflege- beziehungsweise Pflegezeit beginnen. Das Darlehen soll demnach grundsätzlich bis zum Ende des 48. Monats nach Beginn der Freistellung getilgt sein.

(1) Rückzahlung nach § 6 FPfZG

Die Beschäftigten, die Darlehensnehmer beziehungsweise Darlehensnehmerinnen i.S.d. § 6 FPfZG sind, ist gemäß § 6 Abs. 1 FPFZG im Anschluss an die Freistellung nach § 3 Abs. 1 FPfZG verpflichtet, die Darlehenssumme innerhalb von 48 Monaten nach Beginn der Freistellung zurückzufallen. Die Rückzahlung erfolgt nach § 6 Abs. 1 S. 2 FPfZG in möglichst gleichbleibenden monatlichen Raten in Höhe der zuvor ausgezahlten monatlichen Darlehenssumme.[232] Das BAFzA kann den Beginn der Rückzahlung nach § 6 Abs. 2 S. 2 FPfZG auf Antrag des Darlehnsnehmers auf einen späteren Zeitpunkt verschieben, wenn die Voraussetzungen der §§ 2 und 3 FPfZG weiterhin vorliegen. Die Rückzahlung beginnt allerdings auch dann spätestens mit dem 25. Monat nach Beginn der Freistellung. Diese Möglichkeit der Verschiebung des Beginns der Rückzahlung, greift damit für Beschäftigte, die Familienpflege- und Pflegezeit miteinander kombinieren und deshalb zum Ende der jeweils ersten Freistellung den maximalen Förderzeitraum noch nicht ausgeschöpft haben.

Grundsätzlich beginnt die Rückzahlung im auf das Ende der Förderung folgenden Monat. Befindet sich der Beschäftigte dann erneut in Pflege- oder Familienpflegezeit, kann das BAFzA den Beginn der Rückzahlung gemäß § 6 Abs. 2 S. 3 FPfZG auf Antrag des Beschäftigten auf das Ende der Freistellung

231 BT-Drs. 18/3124, S. 35.

232 Gemäß § 9 Abs. 1 S. 1 Nr. 3 FPfZG ist auch Höhe der Raten, mit denen das Darlehen zurückgezahlt wird und die Dauer der Rückzahlung in den Darlehensbescheid aufzunehmen.

festsetzen. In diesem Fall werden die jeweils gewährten Darlehen als ein Darlehen behandelt und sind nach dem Ende der letzten Familienpflegezeit zusammen zurückzuzahlen. Der Gesetzgeber orientierte sich bei der Regelung der Rückzahlungsmodalitäten in Grundzügen an den Vorschriften des Bundesausbildungsförderungsgesetzes (BAföG).[233]

(2) Rückzahlung im Härtefall nach § 7 FPfZG

Mit der Härtefallregelung des § 7 FPfZG trägt der Gesetzgeber dem Umstand Rechnung, dass nach dem Ende der geförderten Familienpflegezeit eine Vielzahl an Situationen eintreten kann, die es für die Beschäftigten schwierig bis unmöglich machen, das zinslose Darlehen (fristgerecht) zurückzuzahlen.[234]

Die Härtefallregelung des FPfZG sieht drei Stufen vor, in denen die Rückzahlung des Darlehens erleichtert werden kann. So wird die Rückzahlung des Darlehens gemäß § 7 Abs. 1 FPfZG nach Fälligkeit auf Antrag zur Vermeidung besonderer Härten gestundet. Des Weiteren ist gemäß § 7 Abs. 2 FPfZG auf Antrag ein Teildarlehenserlass zu einem Viertel und die Stundung der restlichen Darlehenssumme möglich. Ein Erlöschen der noch nicht fälligen Darlehensschuld ist gemäß § 7 Abs. 3 FPfZG unter bestimmten Voraussetzungen vorgesehen. Und schließlich wird in § 7 Abs. 4 FPfZG festgestellt, dass für den Abschluss von Vergleichen, die Stundung, Niederschlagung oder den Erlass von Ansprüchen die §§ 58 und 59 BHO einschlägig sind, sofern das FPfZG nicht abweichende Regelungen getroffen hat.

In § 7 FPfZG werden die Fallgruppen übernommen, bei denen nach § 4 Abs. 1 FPfZG a.F. ein Versicherungsfall der Familienpflegezeitversicherung vorgelegen hätte. Außerdem werden die Regelungen zum Ausgleich eines negativen Wertguthabens bei vorzeitiger Beendigung des Arbeitsverhältnisses aus § 9 Abs. 2 FPfZG a.F. auf die Finanzierung durch ein zinsloses Darlehen direkt an den Beschäftigten übertragen.

*(a) Stundung der Rückzahlung des Darlehens*

Um eine besondere Härte für die Pflegeperson zu vermeiden,[235] erfolgt gemäß § 7 Abs. 1 S. 1. FPfZG auf Antrag der Darlehensnehmerin oder des Darlehensnehmers eine zinslose Stundung der Rückzahlung durch das BAFzA. Eine besondere Härte liegt nach § 7 Abs. 1 S. 2 FPfZG insbesondere vor, wenn der Darlehensnehmer beziehungsweise Beschäftigte Entgeltersatzleistungen nach

233 BT-Drs. 18/3124, S. 37.
234 BT-Drs. 18/3124, S. 37.
235 BT-Drs. 18/3124, S. 37.

dem SGB III oder SGB V, eine Grundsicherung für Arbeitssuchende nach SGB II beziehungsweise Hilfe zum Lebensunterhalt oder eine Grundsicherung im Alter oder bei Erwerbsminderung nach SGB XII bezieht.[236] Eine besondere Härte liegt nach § 7 Abs. 1 S. 3 FPfZG darüber hinaus vor, wenn sich der Beschäftigte vorübergehend wegen unverschuldeter finanzieller Belastungen in ernsthaften Zahlungsschwierigkeiten befindet oder zu erwarten ist, dass er durch die Rückzahlung des Darlehens in ernsthafte Zahlungsschwierigkeiten geraten würde.[237]

*(b) Teilerlass der Rückzahlungsverpflichtung und Stundung bis zum Ende der häuslichen Pflege*

Gemäß § 7 Abs. 2 FPfZG kann der Beschäftigte beim BAFzA beantragen, dass die Rückzahlungsverpflichtung aus dem Darlehen zu einem Viertel erlassen wird und die Rückzahlung der restlichen Darlehensschuld bis zum Ende der häuslichen Pflege gestundet wird, ohne dass hierfür Zinsen anfallen, sofern eine besondere Härte im Sinn des § 7 Abs. 1 S. 3 FPfZG vorliegt. Voraussetzung hierfür ist, dass der pflegebedürftige nahe Angehörige auch nach dem Ende der geförderten Familienpflegezeit pflegebedürftig im Sinn des SGB XI bleibt und die häusliche Pflege auch weiterhin von dem betroffenen Beschäftigten erbracht wird. Darüber hinaus muss auch die Freistellung von der Arbeitsleistung fortgeführt werden. Das heißt, der Beschäftigte darf nach Ende der Familienpflegezeit nicht zu seiner ursprünglichen Arbeitszeit zurückgekehrt sein, sondern muss die Arbeitszeitverringerung über § 8 TzBfG beziehungsweise § 9a TzBfG aufrechterhalten.

*(c) Erlöschen der gesamten Darlehensschuld*

Die Verpflichtung zur Rückzahlung des Darlehens erlischt nach § 7 Abs. 3 FPfZG lediglich, soweit die Darlehenssumme noch nicht fällig ist. Die Regelung kann also nur greifen, wenn der Beginn der Rückzahlung nach § 6 Abs. 2 S. 2 FPfZG verschoben wurde oder eine Stundung nach § 7 Abs. 1 oder Abs. 2 FPfZG erfolgte. Voraussetzung für das Erlöschen der Darlehensschuld ist, dass der Beschäftigte ununterbrochen seit mindestens zwei Jahre nach dem Ende der Freistellung Hilfe zum Lebensunterhalt beziehungsweise Grundsicherung im Alter und bei Erwerbsminderung nach dem dritten und vierten Kapitel SGB XII

236 Die Aufzählung in § 7 Abs. 2 S. 1 FPfZG ist dabei nicht abschließend; eine besondere Härte kann demnach auch vorliegen, wenn der Beschäftigte staatliche Leistungen anderer Art bezieht, die mit den genannten vergleichbar sind.

237 § 7 Abs. 2 S. 2 FPfZG.

sowie Leistungen zur Sicherung des Lebensunterhalts nach SGB II (§ 7 Abs. 3 Nr. 1 FPfZG) bezieht oder verstorben ist (§ 7 Abs. 3 Nr. 2 FPfZG).

*(d) Anwendbarkeit der §§ 58 und 59 BHO*

Gemäß § 7 Abs. 4 FPfZG richten sich der Abschluss von Vergleichen sowie die Stundung, Niederschlagung und der Erlass von Ansprüchen, sofern im FPfZG nicht abweichende Regelungen getroffen werden, nach den §§ 58 und 59 BHO.

*(aa) Änderung von Verträgen oder Abschluss von Vergleichen nach § 58 BHO*

§ 58 BHO legt fest, unter welchen Voraussetzungen Verträge aufgehoben oder geändert beziehungsweise Vergleiche geschlossen werden dürfen. Demnach ist die Aufhebung oder Änderung von Verträgen zum Nachteil des Bundes grundsätzlich verboten.

Nach § 58 Abs. 1 S. 1 Nr. 1 BHO ist eine Aufhebung oder Änderung von Verträgen zum Nachteil des Bundes lediglich in besonders gelagerten Ausnahmefällen zulässig. Nach den Allgemeine Verwaltungsvorschriften zur Bundeshaushaltsordnung (VV-BHO) ist von einem besonders begründeten Ausnahmefall dann auszugehen, wenn kein Anspruch auf Vertragsänderung – etwa nach § 313 BGB, § 343 BGB oder § 242 BGB[238] – besteht ein Festhalten am Vertrag den Vertragspartner jedoch unbillig benachteiligen würde, weil sich seine wirtschaftlichen Verhältnisse seit Vertragsschluss erheblich verschlechtert haben und ihn kein Verschulden trifft.[239] Sollte die Änderung des Vertrags jedoch im Wesentlichen in einer Stundung oder einem Erlass des Anspruchs bestehen, ist die Regelung des § 59 BHO vorrangig.[240] Eine Anwendung von § 58 BHO im Rahmen der Familienpflegezeit scheint daher eher unwahrscheinlich zu sein.

Gemäß § 58 Abs. 1 S. 1 Nr. 2 BHO darf ein Vergleich nur abgeschlossen werden, wenn er für den Bund zweckmäßig und wirtschaftlich ist. Gemäß § 779 Abs. 1 1. HS BGB ist ein Vergleich ein Vertrag, durch den der Streit oder die Ungewissheit der Parteien über ein Rechtsverhältnis im Wege gegenseitigen Nachgebens beseitigt wird. Wirtschaftlich ist ein Vergleich immer dann, wenn der Vergleich gegenüber einer streitigen Entscheidung finanzielle Vorteile bietet.[241] Demgegenüber bemisst sich die Zweckmäßigkeit eines Vergleichs danach, ober er grundsätzlich negative präjudizielle Auswirkungen auf ähnlich gelagerte Fälle

238 *von Lewinski/Burbat*, § 58 BHO Rn. 7.

239 Nr. 1.4 VV-BHO zu § 58 BHO.

240 Nr. 1.2 VV-BHO zu § 58 BHO.

241 *von Lewinski/Burbat*, § 58 BHO Rn. 11.

haben könnte oder ein Interesse an der gerichtlichen Klärung der Rechtslage aufgrund grundsätzlicher Erwägungen vorliegt.[242] Unter § 58 Abs. 1 Nr. 2 BHO fallen auch Insolvenzplanverfahren nach §§ 217 ff. InsO sowie gerichtliche und außergerichtliche Schuldenbereinigungen nach §§ 304 ff. InsO.[243] Hinsichtlich der Rückzahlung von Darlehen nach §§ 6 f. FPfZG könnten insbesondere Vergleiche im Rahmen der § 304 ff. InsO in Betracht kommen.

*(bb) Veränderung von Ansprüchen*

§ 59 Abs. 1 BHO ermöglicht die Stundung, Niederschlagung und den Erlass von Ansprüchen. Da gemäß § 59 Abs. 3 BHO andere Regelungen in Rechtsvorschriften unberührt bleiben, gehen die Regelungen zu Stundung und Erlass in § 7 Abs. 1 bis 3 FPfZG grundsätzlich vor.[244] Allerdings bleibt insbesondere die Möglichkeit einer (befristeten) Niederschlagung nach § 59 Abs. 1 S. 1 Nr. 2 BHO, die in § 7 FPfZG nicht vorgesehen ist.

Bei der Niederschlagung handelt es sich um eine verwaltungsinterne Maßnahme. Hierbei wird von der Weiterverfolgung eines fälligen Anspruchs abgesehen. Durch die Niederschlagung erlischt der Anspruch nicht; die weitere Rechtsverfolgung wird daher nicht ausgeschlossen.[245] Eine vorläufige beziehungsweise befristete Niederschlagung eines Anspruchs darf durchgeführt werden, wenn die Einziehung wegen der wirtschaftlichen Verhältnisse des Anspruchsgegners oder aus anderen Gründen vorübergehend keinen Erfolg haben würde und eine Stundung nicht in Betracht kommt.[246] In diesem Fall sind die wirtschaftlichen Verhältnisse des Anspruchsgegners regelmäßig zu überprüfen und die Verjährung des Anspruchs ist rechtzeitig zu unterbrechen.[247] Eine unbefristete Niederschlagung ist möglich, wenn anzunehmen ist, dass die Einziehung wegen der wirtschaftlichen Verhältnisse des Anspruchsgegners oder aus anderen Gründen dauernd ohne Erfolg bleiben wird.[248] Die Niederschlagung ermöglicht es, weitere finanzielle oder anderweitige Härten, die während der Rückzahlung des zinslosen Darlehens an das BAFzA auftreten können, in § 7 FPfZG jedoch nicht enthalten sind, zu berücksichtigen.

---

242 *von Lewinski/Burbat*, § 58 BHO Rn. 12.
243 Nr. 2.1 VV-BHO zu § 58 BHO.
244 *von Lewinski/Burbat*, § 58 BHO Rn. 24.
245 *von Lewinski/Burbat*, § 59 BHO Rn. 11.
246 Nr. 2.3 VV-BHO zu § 59 BHO.
247 Nr. 2.3.1 VV-BHO zu § 59 BHO.
248 Nr. 2.4 VV-BHO zu § 59 BHO.

## 4. *Verschränkung von Pflege- und Familienpflegezeit*

Bei Einführung des Familienpflegezeitgesetzes zum 1. Januar 2012 bestand ein Anspruch auf Freistellung von der Arbeitsleistung nach dem Pflegezeitgesetz unabhängig davon, ob bereits eine Familienpflegezeit vereinbart und in Anspruch genommen worden war. Im Entwurf eines Gesetzes zur Vereinbarkeit von Pflege und Beruf[249] sollte § 3 Abs. 1 PflegeZG noch um einen Satz 3 ergänzt werden, wonach die Inanspruchnahme von Pflegezeit im Anschluss an Familienpflegezeit erst nach Abschluss der Nachpflegephase möglich sein sollte. Im Lauf des Gesetzgebungsverfahrens wurde diese Ergänzung gestrichen.

Mit dem Gesetz zur besseren Vereinbarkeit von Familie, Pflege und Beruf vom 23. Dezember 2014[250] sollten auch die Regelungen von Familienpflegezeit- und Pflegezeitgesetz enger miteinander verzahnt werden.[251] Dies zeigt sich vor allem darin, dass eine Familienpflegezeit und die unterschiedlichen Freistellungen, die das Pflegezeitgesetz ermöglicht, für denselben pflegebedürftigen Angehörigen kombiniert werden können, eine Gesamtdauer von 24 Monaten aber nicht überschreiten dürfen.[252] Familienpflege- und Pflegezeit müssen im Fall einer Kombination allerdings direkt aneinander anschließen. Außerdem wurde die Regelung des Sonderkündigungsschutzes mit Erlaubnisvorbehalt in § 5 PflegeZG konkretisiert und findet auf Beschäftigte in Familienpflegezeit entsprechende Anwendung.[253] In der ursprünglichen Fassung dieser Regelung bestand der Sonderkündigungsschutz ab dem Zeitpunkt der Ankündigung der Pflegezeit, eine zeitliche Befristung war nicht vorgesehen. Kritisiert wurde dies, da die fehlende Höchstdauer, während der der Kündigungsschutz greifen sollte, dazu führen könnte, dass eine Pflegezeit bereits Jahre vor ihrem Beginn angekündigt wird.[254] Im Rahmen des Familienpflegezeitgesetzes 2012 stand der Sonderkündigungsschutz ebenfalls unter Erlaubnisvorbehalt und entfaltete seine Wirkung mit Beginn der Familienpflegezeit. Er konnte damit für maximal vier Jahre – die gesamte Dauer von Pflege- und Nachpflegephase – bestehen.

---

249 Abrufbar unter: https://www.vzbv.de/sites/default/files/downloads/familienpflegezeit_referentenentwurf_bmfsfj_02_2011.pdf, zuletzt abgerufen am: 26.5.2024.

250 BGBl. 2014 I 2462.

251 BT-Drs. 18/3124, S. 26.

252 § 2 Abs. 2 FPfZG, § 4 Abs. 1 S. 4 PflegeZG.

253 § 2 Abs. 3 FPfZG.

254 Siehe etwa *Fröhlich*, ArbRB 2008, 84 ff. (86); *Oberthür/Becker*, ArbRB 2009, 77 ff. (80); *Joussen*, NZA 2009, 69 ff. (74).

Nunmehr greift der Kündigungsschutz mit Ankündigung der Pflege- beziehungsweise Familienpflegezeit; jedoch frühestens zwölf Wochen vor Beginn der jeweiligen Freistellung.

Außerdem kann das zinslose Darlehen des BAFzA auch im Rahmen einer Freistellung nach dem Pflegezeitgesetz in Anspruch genommen werden, ist allerdings auf die Höhe beschränkt, die im Rahmen einer Familienpflegezeit bei einer durchschnittlichen Arbeitszeit von 15 Wochenstunden erreicht werden könnte.[255]

Hinzukommen unterschiedliche Ankündigungsfristen, die eingehalten werden müssen. So muss der Beschäftigte, der eine Familienpflegezeit in Anspruch nehmen möchte, dies dem Arbeitgeber spätestens acht Wochen[256] vorher ankündigen; möchte er dagegen eine sechsmonatige Pflegezeit beantragen, genügt die Ankündigung zehn Tage[257] vor deren Beginn. Soll eine Familienpflegezeit im unmittelbaren Anschluss an eine Pflegezeit beansprucht werden, muss dies mindestens drei Monate[258] zuvor angekündigt werden; soll dagegen eine Pflege- auf eine Familienpflegezeit folgen, muss die Ankündigung spätestens acht Wochen vor Beginn der Pflegezeit bekannt gemacht werden.[259]

Auch für das Bestehen eines Anspruchs auf Freistellung gelten unterschiedliche Größenordnungen. Ein Anspruch auf eine Freistellung im Rahmen des Pflegezeitgesetzes besteht in Betrieben mit in der Regel 15 oder mehr Beschäftigten, bei der Berechnung des Schwellenwerts werden auch die zu ihrer Berufsbildung Beschäftigten gezählt.[260] Eine Familienpflegezeit kann dagegen nur in Betrieben mit in der Regel 25 oder mehr Beschäftigten in Anspruch genommen werden, die zu ihrer Berufsbildung Beschäftigten werden hierbei nicht berücksichtigt.[261]

Die vom Gesetzgeber angestrebte Vereinheitlichung der Regelungen zur Freistellung zur Pflege eines nahen Angehörigen tritt damit gerade nicht ein. Familienpflege- und Pflegezeit können in vielen Fällen nicht unter den gleichen Voraussetzungen in Anspruch genommen werden. Beschäftigte sehen sich mit vier verschiedenen Ankündigungsfristen konfrontiert. Arbeitgeber müssen ihre Betriebsgröße auf unterschiedliche Weisen berechnen, um erkennen zu

255 § 3 Abs. 1 und Abs. 4 FPfZG.
256 § 2a Abs. 1 S. 1 FPfZG.
257 § 3 Abs. 3 S. 1 PflegeZG.
258 § 3 Abs. 3 S. 5 PflegeZG.
259 § 3 Abs. 3 S. 6 PflegeZG.
260 § 3 Abs. 1 S. 2 PflegeZG.
261 § 2 Abs. 1 S. 4 FPfZG.

können, ob sie dem Antrag ihres Beschäftigten auf die spezielle Art der Freistellung stattgeben müssen oder nicht. Gerade kleinere Betriebe ohne ständige juristische Beratung – die durch die Regelungen entlastet werden sollen – dürften bei deren Anwendung überfordert sein.

## III. Sozialversicherungsrechtliche Regelungen

Mit Einführung der sozialen Pflegeversicherung zum 1. Januar 1995 sollte neben der Verbesserung der Situation der Pflegebedürftigen auch der Vorrang er häuslichen Pflege (§ 3 SGB XI) sichergestellt werden.[262] So sollten für Angehörige, Nachbarn oder Freunde durch Regelungen zur sozialen Absicherung Anreize zur Übernahme der Pflege gesetzt werden.[263] Über die Einweisungsnorm des § 44 SGB XI wurden in den einzelnen Zweigen der Sozialversicherung Regelungen geschaffen, die nicht erwerbsmäßig tätige Pflegepersonen absichern und so die Pflegebereitschaft von Angehörigen und Nachbarn fördern soll.[264] Allerdings unterscheidet sich die Absicherung der Pflegepersonen in den einzelnen Zweigen der Sozialversicherung erheblich. Zusätzlich sehen einige der Regelungen unterschiedliche Rechtsfolgen je nach Intensität und Umfang der Pflege vor: Wer in geringerem zeitlichem Umfang[265] pflegerisch tätig ist, erwirbt beispielsweise keine Anwartschaften in der gesetzlichen Rentenversicherung.[266] Auch eine Absicherung in der Unfallversicherung ist nur gegeben, wenn die Pflegetätigkeit den in § 19 S. 2 SGB XI vorgesehenen zeitlichen Mindestumfang überschreitet.[267] Eine Versicherungspflicht in der Arbeitslosen- sowie Kranken- und Pflegeversicherung ist ohne Erwerbstätigkeit nicht mehr automatisch gegeben.[268]

Durch die Absicherung der Pflegepersonen im Sinne des § 19 S. 1 SGB XI in den unterschiedlichen Zweigen der Sozialversicherung kommt auch zum Ausdruck, dass es sich bei der Sicherstellung der Pflege gemäß § 8 SGB XI um eine gesamtgesellschaftliche Aufgabe handelt. Der Gesetzgeber ist über § 1 Abs. 1 SGB I verpflichtet, gleiche Voraussetzungen für die freie Entfaltung der Persönlichkeit, insbesondere auch für junge Menschen, zu schaffen, die

---

262 BT-Drs. 12/5263, S. 2.

263 BT-Drs. 12/5262, S. 4, 61, 112, 160.

264 BT-Drs. 12/5262, S. 3.

265 Weniger als 10 Stunden pro Woche, siehe § 19 SGB XI i.V.m. § 3 Nr. 1a SGB VI.

266 §§ 3 Nr. 1a, 166 Abs. 2 SGB VI.

267 § 19 S. 2 SGB XI i.V.m. § 2 Abs. 1 Nr. 17 SGB VII.

268 §§ 24, 26 SGB III; 5 SGB V; 20 ff. SGB XI.

Familie zu schützen und zu fördern, den Erwerb des Lebensunterhalts durch eine frei gewählte Tätigkeit zu ermöglichen und besondere Belastungen des Lebens auch durch Hilfe zur Selbsthilfe abzuwenden oder auszugleichen.[269] Diese Regelung ist Ausdruck des Sozialstaatsprinzips Art. 20 Abs. 1 GG i.V.m. Art. 1 Abs. 1 GG, wonach der Staat „auch wirtschaftlich schwachen Personen durch Abhilfe wirtschaftlicher Bedürfnisse eine menschenwürdige Existenz zu sichern“[270] hat. Durch die Regelungen der Sozialversicherung und der davon zu unterscheidenden Sozialleistungen soll ein menschenwürdiges Dasein in allen Lebenslagen gesichert werden. Das Sozialversicherungssystem stellt hierbei eine Absicherung vor unterschiedlichen Wechselfällen des Lebens im Wege einer Versicherung sicher; die Finanzierung des Systems erfolgt über Beiträge und beruht im Wesentlichen auf sozialem Ausgleich.[271] Auf diesem Weg soll insbesondere die Solidarität innerhalb der Bevölkerung verstetigt werden.[272] Die Leistungen der Sozialversicherung und der Sozialleistung basieren dementsprechend auf unterschiedlichen Finanzierungssystemen und gewährleisten einen unterschiedlichen Grad der finanziellen Absicherung. Während das menschenwürdige Existenzminimum im Rahmen der Grundsicherung für Arbeitssuchende (SGB II) und der Sozialhilfe (SGB XII) durch Steuermittel finanziert wird,[273] werden die Leistungen der Arbeitslosen-, Renten-, Kranken- und Pflegeversicherung durch die Beiträge der Versicherten getragen. Die Leistungen der Kranken- und Pflegeversicherung orientieren sich hauptsächlich am Bedarf des Betroffenen, dagegen werden die Leistungen der Arbeitslosenversicherung anhand der Höhe des pauschalierten Nettoarbeitsentgelts[274] und die Leistungen der Rentenversicherung an den von den jeweiligen Versicherten erworbenen Anwartschaften errechnet.[275]

Im Folgenden sollen nun die verschiedenen gesetzlichen Regelungen zur Einbeziehung von Pflegepersonen im Sinne des § 19 S. 1 SGB XI in die Sozialversicherung und deren historische Entwicklung dargestellt werden.

---

269 § 1 Abs. 1 SGB I.

270 Lilge/Gutzler/*Gutzler*, § 1 SGB I, Rn. 35.

271 SRH/*Axer*, § 15 Rn. 1.

272 Siehe etwa *Ruland*, NJW 2002, 3518 ff. m.w.N.

273 8 AG-SGB XII; Bieritz-Harder/Conradis/Thie/*Münder/Thie*, LPG-SGB XII, Einleitung Rn. 29; KassKomm/*Seewald*, SGB I, Vorbemerkungen Rn. 18 f.

274 §§ 149 ff. SGB III, Bemessungsgrundlage für die Höhe des Arbeitslosengeldes ist das pauschalierte Nettoarbeitseinkommen, dass der Empfänger während des letzten Jahres vor Eintritt des Versicherungsfalls erworben hat.

275 § 113 SGB VI.

Da auch Heimarbeiter und ihnen Gleichgestellte gemäß § 2 Abs. 1 FPfZG i.V.m. § 2 Abs. 3 FPfZG, § 7 Abs. 1 PflegeZG einen Anspruch auf Familienpflegezeit haben, ist im Rahmen der sozialversicherungsrechtlichen Absicherung zu beachten, dass sie gemäß § 12 Abs. 2 2. HS SGB IV als Beschäftigte gelten. Heimarbeiter sind damit im sozialversicherungsrechtlichen Sinne als Arbeitnehmer anzusehen[276] und sind grundsätzlich in allen Sozialversicherungszweigen pflichtversichert.[277] Arbeitnehmerähnliche Personen gelten dagegen als Selbstständige und sind grundsätzlich nicht in den unterschiedlichen Zweigen der Sozialversicherung pflichtversichert.

### 1. *Pflegeversicherung – Sozialgesetzbuch XI*

Gemäß § 20 Abs. 1 SGB XI sind die versicherungspflichtigen Mitglieder der gesetzlichen Krankenversicherung auch in der sozialen Pflegeversicherung versicherungspflichtig. Gemäß § 20 Abs. 3 SGB XI sind auch freiwillige Mitglieder der gesetzlichen Krankenversicherung versicherungspflichtig in der sozialen Pflegeversicherung. Erfolgt die Absicherung gegen Krankheit bei vorliegender Versicherungsfreiheit im Rahmen einer privaten Krankenversicherung, ist gemäß § 23 Abs. 1, 2 SGB XI auch eine private Pflegeversicherung erforderlich. Auch die Beiträge für die Pflegeversicherung werden gemäß § 57 Abs. 4 SGB XI analog § 240 SGB V und damit in Anlehnung an die Beiträge zur Krankenversicherung bemessen. Die Pflegeversicherung ist damit als soziale Pflichtversicherung ausgestaltet. Sie wird durch Beiträge, sonstige Einnahmen – wie Einträge aus Betriebsmitteln oder Rücklagen[278] sowie einen Bundeszuschuss finanziert.[279] Die Beiträge werden im Wesentlichen je zur Hälfte von den Beschäftigten und deren Arbeitgebern getragen, wobei der Arbeitgeberanteil durch Streichung des Buß- und Bettages als gesetzlichen Feiertag refinanziert wurde.[280] Die Einbeziehung der Beschäftigten, die eine Familienpflege- beziehungsweise Pflegezeit in Anspruch nehmen, in die Pflegeversicherung folgt

---

276 *Schmidt/Koberski/Tiemann/Wascher* Anh. § 19 Rn. 212; *Schmelz*, Die Sozialversicherung der Hausgewerbetreibenden und Heimarbeiter, 28. f.; *Henrici*, Der rechtliche Schutz für Scheinselbstständige, S. 144.

277 *Bieback*, Sozialer Fortschritt 1999, 166 ff. (167).

278 §§ 81, 82 SGB IV i.V.m. §§ 62 ff. SGB XI.

279 Vgl. SRH *Igl*, § 19 Rn. 166.

280 SRH/*Igl*, § 19 Rn. 170; zur Kompensation der Kosten für die Arbeitgeber wurde gemäß § 58 Abs. 2 SGB XI in allen Ländern bis auf Sachsen der Buß- und Bettag abgeschafft, in Sachsen greift die Regelung des § 58 Abs. 3 SGB XI, wonach die Beschäftigten 1 % des Beitragssatzes in Höhe von insgesamt 1,95 % zur

damit der Versicherung in der Krankenversicherung und wird unten dargestellt.[281] Darüber hinaus werden in § 44 f. SGB XI die Voraussetzungen der sozialen Absicherung von nicht erwerbsmäßig tätigen Pflegepersonen festgelegt, diese werden im Folgenden dargestellt.

### *a) Historische Entwicklung der sozialen Absicherung von Pflegepersonen*

Hinsichtlich der Absicherung von Pflegebedürftigkeit und Krankheit galt lange der Grundsatz, dass es sich hierbei um private Schicksalsschläge handelt, sodass sich die Allgemeinheit nicht um die Pflege oder Unterstützung alter, kranker und/oder pflegebedürftiger Menschen kümmern musste.[282]

Die stetig steigende Zahl der Pflegebedürftigen, die auf Leistungen der Sozialhilfe angewiesen waren, führte seit Anfang der 1970er Jahr zu politischen Diskussionen über eine Absicherung des Risikos der Pflegebedürftigkeit.[283] Im Laufe der Debatte setzte sich die Erkenntnis durch, dass Pflegebedürftigkeit nicht allein von den Betroffenen beziehungsweise deren Familien gemeistert werden kann, sondern gesetzliche Regelungen und gesellschaftliche Unterstützung erforderlich wurden.[284] Mit der Einführung der sozialen Pflegeversicherung als fünftem Zweig der Sozialversicherung[285] hatte

---

Pflegeversicherung alleine tragen und nur die restlichen 0,95 % je zur Hälfte von Arbeitnehmer und Arbeitgeber getragen werden.

281 Siehe unten unter Teil 1 III. 2.

282 Vgl. die Darstellung bei *Peters,* Die Geschichte der sozialen Versicherung, 3. Aufl. 1978, S. 15 ff.

283 SRH/*Igl*, § 19 Rn. 4.

284 Siehe nur *Igl*, VSSR 1994, 261 ff. (264); Klie/Krahmer/*Klie*, Einleitung Rn. 1; Pflegebedürftigkeit war ein rein privates Problem, mit dem jeder selbst fertig zu werden hatte. Die Ersparnisse der Pflegebedürftigen reichten häufig nicht zur Finanzierung der Pflege aus, sodass in Westdeutschland 80 % und in Ostdeutschland 100 % der in Heimen Betreuten Sozialhilfe in Form der Hilfe zur Pflege nach §§ 68 ff. BSHG a.F. in Anspruch nahmen. Bei der Sozialhilfe sollte es sich ihrer Zielsetzung nach jedoch lediglich um einen Auffangtatbestand handeln, der erst dann zum Tragen kommt, wenn in besonderen Notlagen, weder die eigenen Mittel noch die Unterstützung der Unterhaltsverpflichteten ausreichend sind. Für den Fall der Pflegebedürftigkeit war die Sozialhilfe allerdings zum Regelträger der Absicherung des Risikos der Pflege geworden.

285 Neben der gesetzlichen Krankenversicherung SGB V, der gesetzlichen Rentenversicherung SGB VI, der Arbeitslosenversicherung SGB III und der gesetzlichen Unfallversicherung SGB VII.

sich schließlich eine Absicherung im Rahmen des Sozialversicherungssystems durchgesetzt.[286]

Die Sicherstellung der Versorgung der Pflegebedürftigen wurde dabei mit § 8 Abs. 1 SGB XI gesetzlich als gesamtgesellschaftliche Aufgabe definiert.[287] Allerdings lässt die Gesetzesbegründung zu § 8 Abs. 1 SGB XI auch den Schluss zu, dass es dem Gesetzgeber vor allem darum ging, festzuschreiben, dass neben dem Bund auch Länder und Kommunen Verantwortung übernehmen müssen. Die Ausgestaltung der Pflegeversicherung als Versicherung, die Leistungen zur Sicherstellung der Grundversorgung und nicht der Vollversorgung bei Pflegebedürftigkeit gewährt,[288] sowie der Vorrang der häuslichen Pflege weisen jedoch darauf hin, dass der Gesetzgeber zur Sicherstellung der Pflege nicht nur staatliche Stellen, sondern die Bevölkerung als Ganzes heranziehen möchte.

Auch wenn es vorrangiges Ziel des Gesetzgebers war, mit der Einführung der Pflegeversicherung die Situation der Pflegebedürftigen zu verbessern,[289] wurde mit § 44 SGB XI bereits eine Regelung eingeführt, die die soziale Absicherung der Pflegepersonen im Sinne des § 19 S. 1 SGB XI erstmals verbindlich festschrieb. Ziel des Gesetzgebers war es, die Bereitschaft zur Übernahme einer Pflege durch Angehörige, Freunde und Nachbarn zu fördern.[290] Neben Regelungen zur Einbeziehung der Pflegepersonen im Sinne des § 19 S. 1 SGB XI in die Rentenversicherung wird durch § 44 SGB XI auch deren Absicherung in anderen Zweigen der Sozialversicherung (Unfallversicherung § 44 Abs. 2a und Arbeitslosenversicherung § 44 Abs. 2b SGB XI) angeordnet. Durch eine solche Regelung steige die Akzeptanz der häuslichen Pflege, außerdem werde die Motivation, neben einer Berufstätigkeit ehrenamtlich tätig zu werden, gefördert.[291]

---

286 Siehe die detaillierte Darstellung in LPK-SGB XI/*Krahmer/Plantholz/Kuhn-Zuber*, Einführung Rn. 1 ff.

287 So wird in § 8 Abs. 1 SGB XI festgestellt, dass die pflegerische Versorgung der Bevölkerung eine gesamtgesellschaftliche Aufgabe ist.

288 BT-Drs. 12/5262, S. 90. Anschaulich wird dies insbesondere bei den Regelungen für die stationäre Pflege nach § 43 SGB XI. Die Pflegekasse übernimmt, bis zu einer Obergrenze, die Kosten für Pflege und Betreuung. Die Aufwendungen für Unterbringung und Verpflegung müssen dagegen vom Pflegebedürftigen selbst getragen werden.

289 BT-Drs. 12/5262, S. 67.

290 BT-Drs. 12/5262, S. 3 f.; 82.

291 BT-Drs. 12/5952, S. 22.

Mit der Einführung des § 44a SGB XI zum 1. Juli 2008 wurde die soziale Absicherung von Pflegepersonen um Regelungen erweitert, die die soziale Absicherung für Beschäftigte regelt, die von ihrer Arbeitspflicht gemäß § 3 PflegeZG ganz befreit sind oder deren Beschäftigung aufgrund einer teilweisen Freistellung nach § 3 PflegeZG zu einer geringfügigen Beschäftigung nach § 8 Abs. 1 Nr. 1 SGB IV wird. Eine über § 44 SGB XI hinausgehende Unterstützung aller Pflegepersonen im Sinne des § 19 S. 1 SGB XI ist mit dieser Regelung allerdings nicht bezweckt gewesen.[292] Ziel des Gesetzgebers ist es vielmehr, den Versicherungsschutz in der gesetzlichen Kranken- und Pflegeversicherung bei Inanspruchnahme einer Pflegezeit nach § 3 PflegeZG aufrechtzuerhalten.[293]

### *b) Einbeziehung von Pflegepersonen in die Pflegeversicherung*

Gemäß § 20 Abs. 1 SGB XI sind die versicherungspflichtigen Mitglieder der gesetzlichen Krankenversicherung versicherungspflichtig in der sozialen Pflegeversicherung. Im Wesentlichen sind dies Arbeiter, Angestellte und die zu ihrer Berufsbildung Beschäftigten, die gegen Arbeitsentgelt beschäftigt sind, aber auch Rentner und Personen, die Arbeitslosengeld I oder II beziehen. Ebenfalls einbezogen sind Studenten, Künstler, behinderte Menschen, die in anerkannten Werkstätten für behinderte Menschen oder in Blindenwerkstätten tätig sind oder die in Anstalten, Heimen oder gleichartigen Einrichtungen in gewisser Regelmäßigkeit eine Leistung erbringen.[294] Als gegen Arbeitsentgelt beschäftigte Arbeiter und Angestellte gelten – bei Erfüllung bestimmter Voraussetzungen – auch Bezieher von Vorruhestandsgeld, wenn diese unmittelbar vor Bezug des Vorruhestandsgeldes versicherungspflichtig waren. Heimarbeiter gelten gemäß § 12 Abs. 2 SGB IV als Beschäftigte und sind demnach ebenfalls über § 20 Abs. 1 SGB XI versicherungspflichtig in der sozialen Pflegeversicherung.

Arbeitnehmer und zu ihrer Berufsausbildung Beschäftigte (§ 7 Abs. 1 Nrn. 1, 2 PflegeZG) sind gemäß § 20 Abs. 1 SGB XI, § 5 Abs. 1 SGB V auch während der Inanspruchnahme einer Familienpflegezeit in der Pflegeversicherung versicherungspflichtig. Da die verringerte Arbeitszeit während der Familienpflegezeit wöchentlich wenigstens 15 Stunden betragen muss und

---

292 BT Drs. 16/7439, S. 59.

293 BT-Drs. 16/7439, S. 60.

294 Diese muss einem Fünftel der Leistung eines voll erwerbsfähigen Beschäftigten in gleichartiger Beschäftigung entsprechen; hierzu zählen auch Dienstleistungen, die für den Träger der Einrichtung erbracht werden.

der allgemeine gesetzliche Mindestlohn nach § 9 MiLoG i.V.m. des auf dieser Grundlage gefassten zweiten Beschlusses der Mindestlohnkommission ab 1. Januar 2019 mindestens 9,19 Euro, ab 1. Januar 2022 mindestens 9,82 Euro pro Zeitstunde beträgt und ab 1. Oktober 2022 auf 12 Euro ansteigen wird,[295] ist es ausgeschlossen, dass im Rahmen einer Familienpflegezeit eine geringfügige Beschäftigung nach § 8 Abs. 1 Nr. 1 SGB IV entsteht. Im Rahmen der teilweisen Freistellung von der Arbeitspflicht nach § 3 Abs. 1 PflegeZG ist kein Mindestumfang der verringerten Arbeitszeit vorgeschrieben, daher kann in diesen Fällen eine geringfügige Beschäftigung entstehen. Eine solche würde gemäß § 20 Abs. 1 S. 1 SGB XI i.V.m. § 7 SGB V dazu führen, dass keine Versicherungspflicht aufgrund der Beschäftigung mehr besteht.[296] Gemäß § 44a Abs. 1 S. 1 SGB XI erhält diese Personengruppe auf Antrag Zuschüsse für eine freiwillige Versicherung in der gesetzlichen Krankenversicherung oder eine Pflichtversicherung nach § 5 Abs. 1 Nr. 13 SGB V,[297] so weit im Einzelfall keine beitragsfreie Familienversicherung möglich ist. Die Zuschüsse werden auch für eine mit der Krankenversicherung in Zusammenhang stehende Pflege-Pflichtversicherung entrichtet. Die Zuschüsse belaufen sich auf die Höhe der Mindestbeiträge, die von freiwillig Versicherten gemäß § 57 Abs. 4 SGB XI i.V.m. § 240 Abs. 1 SGB V zu entrichten sind und dürfen die tatsächliche Höhe der Beiträge nicht übersteigen (§ 44a Abs. 1 S. 2 SGB XI).

Soweit die Beschäftigten auch während der Inanspruchnahme von Pflege- beziehungsweise Familienpflegezeit in einer privaten Krankenversicherung versichert sind, ergibt sich die Versicherungspflicht in einer privaten Pflegeversicherung aus § 23 Abs. 1 SGB XI.

Arbeitnehmerähnliche Personen werden im Rahmen der Pflegeversicherung als Selbstständige betrachtet, sie sind gemäß § 20 Abs. 1 S. 1 SGB XI i.V.m. § 5 Abs. 5 SGB V nicht in der gesetzlichen Pflegeversicherung versicherungspflichtig

---

295 Zweiter und Dritter Beschluss der Mindestlohnkommission v. 26.6.2018 und v. 30.6.2020, abrufbar unter: https://www.mindestlohn-kommission.de/DE/Bericht/pdf/Beschluss2020.html?nn=7081728, zuletzt abgerufen am: 26.5.2024. Sowie Art. 1 des Gesetzes zur Erhöhung des Schutzes durch den gesetzlichen Mindestlohn und zu Änderungen im Bereich der geringfügigen Beschäftigung v. 28. 72022, BGBl. 2022 I 969.

296 LPK-SGB V/*Moritz-Ritter*, § 7 Rn. 1 ff.

297 Außerdem werden Zuschüsse auf Antrag für eine Pflichtversicherung nach § 2 Abs. 1 Nr. 7 KVLG 1989, eine Versicherung bei einem privaten Krankenversicherungsunternehmen, eine Versicherung bei der Postbeamtenkrankenkasse oder der Krankenversorgung der Bundesbahnbeamten gewährt.

und damit gemäß § 23 Abs. 1 SGB XI i.V.m. § 193 Abs. 3 S. 1 VVG verpflichtet, eine private Pflegeversicherung abzuschließen beziehungsweise fortzuführen.

Gemäß § 49 Abs. 2 SGB XI bleibt die Mitgliedschaft in der Pflegeversicherung für Versicherungspflichtige fortbestehen, wenn sie ihrer Arbeitspflicht gemäß § 2 PflegeZG kurzfristig nicht nachkommen und Pflegeunterstützungsgeld nach § 44a Abs. 1 SGB XI beziehen.

### c) *Einweisungsnorm § 44 SGB XI*

Über den als Einweisungsnorm[298] ausgestalteten § 44 SGB XI sind nicht erwerbsmäßig tätige Pflegepersonen nach § 44 Abs. 1 SGB XI in die gesetzliche Rentenversicherung (SGB VI),[299] nach § 44 Abs. 2a SGB XI die Unfallversicherung (SGB VII)[300] und gemäß § 44 Abs. 2b SGB XI die Arbeitslosenversicherung (SGB III)[301] einbezogen. § 44 SGB XI legt hierbei fest, dass lediglich Pflegepersonen im Sinn des § 19 SGB XI, die einen Pflegebedürftigen mit mindestens Pflegegrad 2 pflegen, einbezogen werden und verweist darüber hinaus im Wesentlichen auf die Normen der einzelnen Sozialgesetzbücher, in denen wiederum die sozialrechtliche Absicherung der Pflegepersonen geregelt ist. § 44 SGB XI normiert die materiell rechtlichen Voraussetzungen der sozialen Absicherung nur eingeschränkt, legt hauptsächlich das Meldeverfahren[302] fest und verweist auf die jeweils einschlägigen Bücher der Sozialversicherung.[303]

### d) *Zusätzliche Leistungen bei Pflegezeit und kurzfristiger Arbeitsverhinderung – § 44a SGB XI*

Durch § 44a SGB XI[304] wurden zunächst Unterstützungsleistungen für Personen eingeführt, die eine vollständige oder teilweise Pflegezeit nach § 3 PflegeZG in Anspruch nehmen. So erhalten Pflegepersonen i.S.d. § 3 PflegeZG, die vollständig von der Arbeitsleistung befreit sind oder deren Beschäftigung durch

298 BT-Drs. 12/5262, S. 116; für alle: *Dalichau*, SGB XI § 44 Rn. 14.
299 § 44 Abs. 1 S. 1 SGB XI.
300 § 44 Abs. 2a SGB XI.
301 § 44 Abs. 2b SGB XI.
302 § 44 Abs. 3–7 SGB XI.
303 BT-Drs. 12/5262, S. 116; BSG, 5.5.2010, BSGE 106, 126 (132); KassKomm/*Koch*, SGB XI, § 44 Rn. 2.
304 Eingeführt durch Art. 1 Nr. 25 des Gesetzes zur strukturellen Weiterentwicklung der Pflegeversicherung (Pflege-Weiterentwicklungsgesetz) v. 28. 5.2008, BGBl. 2008 I 874.

Reduzierung zu einer geringfügigen wird, gemäß § 44a Abs. 1 SGB XI finanzielle Zuschüsse zu ihrer Kranken- und Pflegeversicherung.

Diese Regelung wurde durch die Einführung des Pflegeunterstützungsgeldes für Beschäftigte in kurzzeitiger Arbeitsverhinderung nach § 2 PflegeZG ergänzt.[305] Gemäß § 2 Abs. 3 S. 2 PflegeZG i.V.m. § 44a Abs. 3 bis 7 SGB XI erhalten Personen, die bis zu 10 Tage an der Erbringung der Arbeitsleistung gehindert sind, um für einen nahen Angehörigen in einer akut aufgetretenen Pflegesituation eine bedarfsgerechte Pflege zu organisieren oder zu übernehmen, eine Lohnersatzleistung[306] in Form des Pflegeunterstützungsgeldes.

#### *aa) Finanzielle Zuschüsse zu Kranken- und Pflegeversicherung nach § 44a Abs. 1 SGB XI*

Bei einer vollständigen Befreiung von der Arbeitsleistung nach § 3 Abs. 1 S. 1 PflegeZG entfällt die Versicherungspflicht in der sozialen Pflegeversicherung nach § 20 Abs. 1 S. 2 Nr. 1 SGB XI, da keine Beschäftigung gegen Arbeitsentgelt mehr vorliegt. In diesen Fällen haben die Beschäftigten gemäß § 44a Abs. 1 S. 1 SGB XI auf Antrag einen Anspruch auf einen finanziellen Zuschuss zu den Beitragszahlungen zur sozialen Pflegeversicherung, die durch die Pflegeversicherung des Pflegebedürftigen zu tragen sind.[307] Der Anspruch besteht nur insoweit, die Pflegeperson nicht im Rahmen des § 25 SGB XI über eine beitragsfreie Familienversicherung in die soziale Pflegeversicherung einbezogen ist.

---

305 § 44a Abs. 3 SGB XI, eingeführt durch Art. 8 Nr. 4b) des Gesetzes zur besseren Vereinbarkeit von Pflege und Beruf v. 23.12.2014, BGBl. 2014 I 2462.

306 KassKomm/*Süsskind*, SGB XI, § 44a Rn. 2.

307 Die Zuschüsse belaufen sich auf die Höhe der Mindestbeiträge, die von freiwillig in der gesetzlichen Krankenversicherung versicherten Personen zur gesetzlichen Krankenversicherung (§ 240 Abs. 4 S. 1 SGB V) und zur sozialen Pflegeversicherung (§ 57 Abs. 4 SGB XI) zu entrichten sind und dürfen die tatsächliche Höhe der zu entrichtenden Beiträge nicht übersteigen. Für die Berechnung der Mindestbeiträge wird für die Versicherung in der gesetzlichen Krankenversicherung der allgemeine Beitragssatz nach § 241 SGB V sowie der kassenindividuelle Zusatzbeitragssatz nach § 242 Abs. 1 SGB V zugrunde gelegt. Bei Mitgliedern der landwirtschaftlichen Krankenversicherung sowie bei Personen, die nicht in der gesetzlichen Krankenversicherung versichert sind, wird der allgemeine Beitragssatz nach § 241 SGB V sowie der durchschnittliche Zusatzbeitragssatz nach § 242a SGB V zugrunde gelegt.

### *bb) Pflegeunterstützungsgeld nach § 44a Abs. 3 bis 7 SGB XI*

Nach § 2 Abs. 1 PflegeZG haben Beschäftigte das Recht, der Arbeit bis zu zehn Tagen fern zu bleiben, um für einen nahen Angehörigen in einer akut aufgetretenen Pflegesituation eine bedarfsgerechte Pflege zu organisieren oder zu übernehmen. Für diesen Zeitraum besteht ein Anspruch auf Pflegeunterstützungsgeld nach § 44a Abs. 3 SGB XI. Dieses wird auf Antrag von der gesetzlichen oder privaten Pflegeversicherung des Pflegebedürftigen übernommen. Die Höhe des Pflegeunterstützungsgeldes entspricht der Höhe des Kinderkrankengeldes, zur Berechnung wird auf § 45 Abs. 2 S. 3 bis 5 SGB V verwiesen. Demnach berechnet sich die Höhe des jeweils zu zahlenden Pflegeunterstützungsgeldes aus dem während der Freistellung ausgefallenen Nettoarbeitsentgelt aus beitragspflichtigem Arbeitsentgelt des Beschäftigten. Es beträgt 90 % des tatsächlich ausgefallenen Arbeitsentgelts. Hat der Beschäftigte während der vorangegangen zwölf Monate Einmalzahlungen bezogen, kann das Pflegeunterstützungsgeld bis zu 100 % des tatsächlich ausfallenden Nettoarbeitsentgelts betragen. Schließlich darf das Pflegeunterstützungsgeld 70 % der Beitragsbemessungsgrenze nach § 223 Abs. 3 SGB V nicht übersteigen.[308]

Ein Anspruch auf Pflegeunterstützungsgeld ist nachrangig zu einem Anspruch auf Lohnfortzahlung gegenüber dem Arbeitgeber oder einem Anspruch auf Kranken- oder Verletztengeld im selben Zeitraum für dieselbe zu betreuende Person zur Sicherstellung der Versorgung eines Kindes nach § 45 SGB V oder § 45 Abs. 4 SGB VII.

## *2. Krankenversicherung – Sozialgesetzbuch V*

Pflegepersonen, die die Pflege unentgeltlich und damit informell erbringen und keiner Erwerbstätigkeit nachgehen, werden nicht über § 44 SGB XI in die Krankenversicherung einbezogen. Es besteht auch keine Versicherungspflicht in der Krankenversicherung nach § 5 SGB V. Zu klären ist deshalb, wie sich die Situation der Pflegepersonen in der Krankenversicherung bei einer unentgeltlichen Pflege im Rahmen von Familienpflege- und Pflegezeit darstellt.

308 Landwirten, die ihr landwirtschaftliches Unternehmen nicht führen können, da sie für einen nahen Angehörigen in einer akut aufgetretenen Pflegesituation eine bedarfsgerecht Pflege organisieren oder übernehmen, wird gemäß § 9 KVLG 1989 analog eine Betriebshilfe für 10 Tage gewährt.

### a) *Historische Entwicklung*

Die Absicherung Einzelner gegen das Risiko Krankheit entwickelte sich in Grundzügen bereits im Mittelalter. Damals waren hauptsächlich die Kirchen für die Versorgung der Kranken und Gebrechlichen zuständig.[309] Innerhalb vieler Zünfte entwickelte sich aber auch schon eine Art Versicherung, die sich jedoch nur um Mitglieder der jeweiligen Zunft kümmerte. Die erste gesetzliche Krankenversicherung wurde dann Ende 1883 beziehungsweise Ende 1884 im Rahmen der Industrialisierung eingeführt.[310] Etwa zur gleichen Zeit entstanden auch die ersten privaten Krankenversicherungsunternehmen.[311] 1911 wurden die Regelungen in die Reichsversicherungsordnung überführt.[312] Schließlich wurde das Recht der Krankenversicherung mit Wirkung zum 1. Januar 1989 als SGB V in das Sozialgesetzbuch aufgenommen und grundlegend überarbeitet.[313] Die Versicherungspflicht wurde von Beginn an kontinuierlich ausgedehnt, während 1884 nur ca. 10 % der Bevölkerung[314] in einer der Krankenkassen versicherungspflichtig waren, sind heute ca. 88 % der Bevölkerung[315] in der gesetzlichen Krankenversicherung versichert.

Die Absicherung von Pflegepersonen in der gesetzlichen Krankenversicherung wurde erstmals 1962 durch § 69 Abs. 2 S. 2 BSHG a.F. möglich.[316] Ziel des Gesetzgebers war es, darauf hinzuwirken, dass die Pflege durch dem Pflegebedürftigen nahestehende Personen oder im Rahmen der Nachbarschaftshilfe

309 *Peters*, Die Geschichte der sozialen Versicherung, 3. Aufl., S. 19 f.

310 Gesetz betreffend die Krankenversicherung der Arbeiter v. 15.6.1883, RGBl. 1883 Nr. 9, 73.

311 *Peters*, Die Geschichte der sozialen Versicherung, 3. Aufl. S. 58.

312 Reichsversicherungsordnung v. 19.7.1911, RGBl. 1911 Nr. 42, 509.

313 Art. 1 des Gesetzes zur Strukturreform im Gesundheitswesen (Gesundheits-Reformgesetz – GRG) v. 20.12.1988, BGBl. 1988 I 2477. Eine Überarbeitung war notwendig, da das Recht der GKV seit der Aufnahme in die RVO weder sprachlich noch systematisch ergänzt worden war. Das Krankenversicherungsrecht war hierdurch unübersichtlich und kompliziert geworden, vgl. Hauck/Noftz, SGB V, Einführung E 010 III, S. 3.

314 Bundesministerium für Gesundheit, Geschichte der gesetzlichen Krankenversicherung, abrufbar unter: https://www.bundesgesundheitsministerium.de/themen/krankenversicherung/grundprinzipien/geschichte.html, zuletzt abgerufen am: 26.5.2024.

315 Abrufbar unter: https://www.vdek.com/presse/daten/b_versicherte.html, zuletzt abgerufen am: 26.5.2024.

316 Eingeführt durch das Bundessozialhilfegesetz vom 30.6.1961, BGBl. 1961 I 815; in Kraft getreten am 1.6.1962.

erfolgt.[317] Hierzu sollten den Pflegebedürftigen die angemessenen Aufwendungen der Pflegeperson erstattet werden.[318] Darüber hinaus konnten im Einzelfall angemessene Beihilfen gewährt werden. Dies sollte dazu dienen, den Angehörigen oder sonstigen nahestehenden Personen die Übernahme der Pflege überhaupt zu ermöglichen.[319] So konnten aufgrund dieser Regelung auch Beiträge zur Krankenversicherung der Pflegeperson übernommen werden.[320]

### *b) Einbeziehung in die Krankenversicherung*

Wer in der gesetzlichen Krankenversicherung versicherungspflichtig ist, wird durch einen umfangreichen Katalog in § 5 SGB V geregelt. Hauptsächlich erfasst werden Arbeiter, Angestellte und die zu ihrer Berufsbildung Beschäftigten, die gegen Arbeitsentgelt beschäftigt sind, aber auch Rentner und Personen, die Arbeitslosengeld I oder II beziehen.

Arbeitnehmer und zu ihrer Berufsausbildung Beschäftigte (§ 7 Abs. 1 Nrn. 1, 2 PflegeZG) sind gemäß § 5 Abs. 1 Nr. 1 SGB V auch während der Inanspruchnahme einer Familienpflegezeit in der Krankenversicherung versicherungspflichtig. Aufgrund der Festschreibung eines Mindestumfangs der reduzierten Arbeitszeit auf mindestens 15 Stunden pro Woche in § 2 Abs. 1 S. 2 FPfZG kann die Geringfügigkeitsgrenze des § 8 Abs. 1 SGB IV nicht unterschritten werden. Im Gegensatz hierzu wurde für die Inanspruchnahme einer teilweisen Freistellung von der Arbeitszeit im Rahmen des Pflegezeitgesetzes kein Mindestumfang der Arbeitszeit festgeschrieben. Wenn die Geringfügigkeitsschwelle des § 8 Abs. 1 SGB IV im Rahmen einer Pflegezeit unterschritten wird, sind die Beschäftigten gemäß § 7 SGB V dann in der Krankenversicherung versicherungsfrei. Arbeitnehmerähnliche Personen und ihnen Gleichgestellte sind nicht in der Krankenversicherung versicherungspflichtig.[321]

Pflegepersonen, die die Pflege im Rahmen unentgeltlich erbringen oder lediglich einer geringfügigen Erwerbstätigkeit nachgehen, können auf unterschiedlichen Wegen in der gesetzlichen oder privaten Krankenversicherung einbezogen sein, diese Möglichkeiten gelten auch für Beschäftigte, die eine Pflegezeit in Anspruch nehmen. Die Pflege eines nahen Angehörigen allein

317 BT-Drs. 3/1799, S. 49.

318 In der Gesetzesbegründung werden hier beispielhaft die Fahrtkosten der Pflegeperson erwähnt, BT-Drs. 3/1799, S. 49.

319 BT-Drs. 3/1799, S. 49.

320 LPK-BSHG § 96 Rn. 12; 3. Aufl. 1990.

321 Siehe auch *Runkel*, FA 2016, 260 ff. (262).

stellt allerdings keinen Versicherungspflichttatbestand in der Krankenversicherung dar.[322]

Für Pflegepersonen, die keiner Erwerbstätigkeit nachgehen, ist zunächst an eine Versicherung im Rahmen einer Familienversicherung nach § 10 SGB V zu denken. Demnach sind die Ehegatten, Lebenspartner und Kinder sowie die Kinder von familienversicherten Kindern der Mitglieder der Krankenversicherung ebenfalls versichert.[323]

Kommt eine Familienversicherung nicht in Betracht, besteht für Pflegepersonen die Möglichkeit, sich gemäß § 9 SGB V freiwillig in der Krankenversicherung zu versichern. Voraussetzung für eine freiwillige Versicherung ist, dass eine bestimmte Vorversicherungszeit besteht.[324]

Ist auch eine freiwillige Versicherung nicht möglich, sind die betroffenen Pflegepersonen in der Regel gemäß § 5 Abs. 1 Nr. 13 SGB V in der Krankenversicherung pflichtversichert.[325] Die Beiträge hat die Pflegeperson in den beiden letztgenannten Fällen selbst zu entrichten.

Beschäftigte, die eine Pflegezeit in Anspruch nehmen und ihre Arbeitszeit in diesem Rahmen auf null reduzieren oder durch die Reduzierung nur eine geringfügige Beschäftigung im Sinn des § 8 Abs. 1 SGB IV ausüben, sind somit unter Umständen zur Tragung der Krankenversicherungsbeiträge verpflichtet.

War der Beschäftigte vor Inanspruchnahme einer Familienpflege- beziehungsweise Pflegezeit versicherungsfrei in der gesetzlichen Krankenkasse,

---

322 Vgl. zum Ganzen *Brose*, NZS 2012, 499 ff. (500 f.).

323 Die Familienversicherung von Kindern ist gemäß § 10 Abs. 2 Nr. 1 SGB V bis zur Vollendung des achtzehnten Lebensjahres, gemäß Abs. 2 Nr. 2, wenn sie nicht erwerbstätig sind bis zur Vollendung des dreiundzwanzigsten Lebensjahres, gemäß Abs. 2 Nr. 3 in der Regel bis zur Vollendung des fünfundzwanzigsten Lebensjahres, wenn sie sich in Schul- oder Berufsausbildung befinden oder ein freiwilliges soziales Jahr oder ein freiwilliges ökologisches Jahr im Sinne des JFDG oder Bundesfreiwilligendienst nach dem BFDG leisten. Eine Mitversicherung ohne Altersgrenze besteht gemäß § 10 Abs. 2 Nr. 4 SGB V, wenn es sich bei dem Kind um einen Behinderten im Sinne des § 2 Abs. 1 S. 1 SGB IX handelt, der außerstande ist, sich selbst zu unterhalten. Die Behinderung muss allerdings bereits zu einem Zeitpunkt vorgelegen haben, zu dem die Mitversicherung noch bestand.

324 Gemäß § 9 Abs. 1 Nr. 1 SGB V müssen die betroffenen Personen unmittelbar vor Beginn der freiwilligen Versicherung mindestens 12 Monate oder in den letzten fünf Jahren mindestens 24 Monate versichert gewesen sein. Der Versicherungsbeginn bestimmt sich dann nach § 188 Abs. 4 SGB V.

325 Zum gesamten siehe *Marburger*, Die Beiträge 2008, 449 ff.

so soll sich die Inanspruchnahme einer Familienpflege- oder Pflegezeit nach dem Willen des Gesetzgebers nicht nachteilig auf die bereits bestehende Versicherungsfreiheit der Pflegeperson und die damit einhergehende Absicherung in einer privaten Krankenversicherung auswirken.[326] War eine Pflegeperson vor Inanspruchnahme der Pflegezeit durch Überschreiten der Jahresarbeitsentgeltgrenze gemäß § 6 Abs. 1 Nr. 1 SGB V in der Krankenversicherung versicherungsfrei und tritt die Versicherungspflicht aufgrund des geringeren Arbeitseinkommens wieder ein, kann gemäß § 8 Abs. 1 Nr. 2a SGB V die Befreiung von der Versicherungspflicht beantragt werden. Damit kann ein bestehender privater Krankenversicherungsschutz beibehalten werden, obwohl gemäß § 5 SGB V Versicherungspflicht in der gesetzlichen Krankenversicherung besteht.[327] Gleiches gilt gemäß § 8 Abs. 1 Nr. 3 SGB V für Personen, die nach der Inanspruchnahme einer Pflege- beziehungsweise Familienpflegezeit ein Beschäftigungsverhältnis mit einer regelmäßigen Wochenarbeitszeit von (weniger) als der Hälfte eines entsprechend Vollzeitbeschäftigten aufnehmen und bei Vollbeschäftigung die Voraussetzungen für eine Befreiung von der Versicherungspflicht erfüllen würden. Voraussetzung für eine Befreiung von der Versicherungspflicht ist jeweils der Nachweis des Bestehens eines anderweitigen Anspruchs auf Absicherung im Krankheitsfall.[328]

Eine beitragsfreie Pflichtmitgliedschaft in der gesetzlichen Krankenversicherung, wie sie im Rahmen des Bezugs von Kranken-, Mutterschafts- und Elterngeld nach §§ 192 Abs. 1 Nr. 2, 224 Abs. 1 SGB V für Personen vorgesehen ist, deren Beschäftigungsverhältnis fortbesteht, obwohl sie keine Arbeitsleistung erbringen und keine Entgeltzahlung erhalten,[329] wurde weder für die Bezieher von Pflegeunterstützungsgeld eingeführt,[330] noch für Personen, die ihre Arbeitszeit im Rahmen der Pflegezeit auf null reduzieren.[331]

326 BT-Drs. 18/3124, S. 43.

327 LPK-SGB V/*Moritz-Ritter* § 8 Rn. 1.

328 § 8 Abs. 2 S. 2 SGB V.

329 LPK-SGB V/*Hebeler* § 192 Rn. 4; siehe auch zur Bedeutung des § 224 SGB V, LPK-SGB V/*Hebeler* § 224 Rn. 1 f. Beitragsfreiheit wird nur für das Kranken-, Mutterschafts- oder Elterngeld gewährt. Für darüber hinausgehende Einkünfte müssen auch hier Beiträge entrichtet werden, vgl. etwa Urteil des BSG v. 26.5.2004, B 12 P 6/03 R, SozR 4-2500 § 224 Nr. 1.

330 Für Bezieher von Pflegeunterstützungsgeld bleibt die Mitgliedschaft gemäß § 192 Abs. 1 Nr. 2 SGB V fortbestehen, Beitragsfreiheit ist nicht gegeben.

331 Vgl. zum Pflegezeitgesetz *von Plettenberg*, Die Arbeitsbefreiung nach dem Pflegezeitgesetz, 228; *Stuhlmann*, AuA 2008, 332 ff. (332).

### 3. *Rentenversicherung – Sozialgesetzbuch VI*

#### a) *Historische Entwicklung*

Schon nach der bis zum Inkrafttreten des SGB XI geltenden Gesetzeslage war es nach § 1233 Abs. 1 RVO a.F. auch für Pflegepersonen möglich, freiwillig in der gesetzlichen Rentenversicherung zu versichern, die Beiträge selbst aufzubringen und so Anwartschaften für die eigene Altersvorsorge zu erwerben. Die Träger der Sozialhilfe konnten gemäß § 69 Abs. 2 S. 2 2. HS BSHG a.F.[332] Beiträge der Pflegeperson für eine angemessene Alterssicherung übernommen werden.

Mit Überführung der Regelungen zur Rentenversicherung in das SGB VI wurden die Zeiten der Pflege gemäß § 57 Abs. 2 SGB VI a.F.[333] auf Antrag in der Rentenversicherung berücksichtigt,[334] sodass diese beitragsfreien Zeiten nicht als Lücke in der gesetzlichen Rentenversicherung gewertet wurden.[335] Pflegepersonen, die nicht erwerbstätig waren, konnten sich außerdem gemäß § 7 Abs. 1 SGB VI[336] freiwillig in der gesetzlichen Rentenversicherung versichern; sie hatten die Beiträge nach § 171 SGB VI[337] allerdings selbst zu entrichten. Beiträge, die im Rahmen einer freiwilligen Versicherung entrichtet wurden, waren gemäß § 177 Abs. 1 SGB VI a.F.[338] für Pflegepersonen in Pflichtbeiträge umgewandelt worden, wenn die Pflegebedürftigkeit nicht nur vorübergehend bestand und die Pflegetätigkeit wöchentlich mindestens für 10 Stunden ausgeübt wurde. Zusätzlich konnten Pflegepersonen, die eine in ihrem zeitlichen Umfang eingeschränkte Beschäftigung ausübten, gemäß § 177 Abs. 2 S. 2 SGB VI a.F. auf Antrag für jeden Betrag zwischen dem tatsächlich erzielten Arbeitsentgelt und dem Doppelten dieses Arbeitsentgelts höchstens bis zur

---

332 Eingeführt durch die Neufassung des Bundessozialhilfegesetzes vom 13.2.1976, BGBl. 1976 I 289.

333 Eingeführt durch Art. 1 des Gesetzes zur Reform der gesetzlichen Rentenversicherung v. 18.12.1989, BGBl. 1989 I 2261, in Kraft getreten am 1.1.1992; Berichtigung des Reformgesetzes v. 27.6.1990, BGBl. 1990 I 1336.

334 Auf Antrag werden gemäß § 249b SGB VI auch Zeiten für Pflege berücksichtigt, die im Zeitraum vom 1.1.1992 bis zum 31.3.1995 erbracht wurden.

335 Vgl. etwa KassKomm/*Gürtner*, SGB VI, § 57 Rn. 1, 3.

336 Eingeführt durch Art. 1 des Gesetzes zur Reform der gesetzlichen Rentenversicherung v. 18.12.1989, BGBl. 1989 I 2261, 1990 I 1337.

337 Eingeführt durch Art. 1 des Gesetzes zur Reform der gesetzlichen Rentenversicherung v. 18.12.1989, BGBl. 1989 I 2261, 1990 I 1337.

338 Eingeführt durch Art. 1 des Gesetzes zur Reform der gesetzlichen Rentenversicherung v. 18.12.1989, BGBl. 1989 I 2261; 1990 I 1337.

Beitragsbemessungsgrenze Pflichtbeiträge zahlen.[339] Gleiches galt gemäß § 177 Abs. 3 S. 2 SGB VI für Pflegepersonen, die nachweisen konnten, dass sie ohne die Pflegetätigkeit mehr als das Doppelte des tatsächlich erzielten Arbeitsentgelts erzielt hätten.[340]

Auch in der ehemaligen DDR wurde die Pflege von Familienangehörigen bei der Alterssicherung berücksichtigt. Die Pflege wurde als versicherungspflichtige Tätigkeit angerechnet, wenn die Pflege zu einer vollständigen Aufgabe der Erwerbstätigkeit führte. Vor Einführung dieser Regelung zum 1. Dezember 1985 wirkte sich die Pflegetätigkeit für Frauen verkürzend auf die Wartezeit hinsichtlich ihrer Alters- und Invalidenrente aus.[341]

Mit Einführung der Pflegeversicherung sind auch nicht erwerbsmäßig tätige Pflegepersonen in der gesetzlichen Rentenversicherung pflichtversichert. Es spielt dabei keine Rolle, ob sie schon zuvor Anwartschaften in der Rentenversicherung erworben hatten oder nicht,[342] denn mit Einführung der sozialen Pflegeversicherung sollte auch die Absicherung der Pflegepersonen in der Rentenversicherung verbessert werden.[343] Während eine Beitragszahlung in die gesetzliche Rentenversicherung für Pflegepersonen im ursprünglichen Gesetzentwurf eines Gesetzes zur sozialen Absicherung des Risikos der Pflegebedürftigkeit in § 40 des Entwurfs ab einer wöchentlichen Erwerbstätigkeit von mehr als 20 Stunden entfallen sollte,[344] wurde diese Grenze bereits in den Beschlussempfehlungen des Ausschusses für Arbeit und Sozialordnung auf 30 Stunden pro Woche angehoben[345] und als § 44 Abs. 1 S. 1 SGB XI auch so beschlossen.[346]

---

339 Eingeführt durch Art. 1 des Gesetzes zur Reform der gesetzlichen Rentenversicherung v. 18.12.1989, BGBl. 1989 I 2261; 1990 I 1337.

340 Die Regelung des § 177 SGB VI a.F. wurden gemäß § 279e SGB VI auch für Pflegezeiten zwischen dem 1.1.1992 und dem 31.3.1995 übernommen.

341 Seit dem Jahr 1974, *Petersen*, DAngVers 1994, 260, ff. (266).

342 Siehe auch: *Winkel*, SozSich 2012, 165 ff. (169); KassKomm/*Guttenberger*, SGB VI, § 3 Rn. 5.

343 BT-Drs. 12/5262, S. 82, 116.

344 BT-Drs. 12/5262, S. 22, 101, 116.

345 BT-Drs. 12/5920, S. 42.

346 BGBl. 1994 I 1014.

*b) Pflichtversicherung in der gesetzlichen Rentenversicherung*

Pflegepersonen sind über die Einweisungsnorm des § 44 Abs. 1 S. 1 SGB XI[347] in die gesetzliche Rentenversicherung einbezogen. Sie sind gemäß § 3 S. 1 Nr. 1a) SGB VI versicherungspflichtig. Voraussetzung für eine Pflichtversicherung nach § 44 Abs. 1 S. 1 SGB XI i.V.m. § 3 S. 1 Nr. 1a) SGB VI ist, dass eine Pflegeperson im Sinne des § 19 SGB XI einen in der Pflegeversicherung versicherten Pflegebedürftigen für mindestens 10 Stunden wöchentlich, verteilt auf regelmäßig wenigstens zwei Tage in der Woche in häuslicher Umgebung pflegt und gleichzeitig regelmäßig nicht mehr als 30 Stunden pro Woche erwerbstätig ist. Liegen diese Voraussetzungen vor, können Versicherungspflicht aufgrund Erwerbstätigkeit und Versicherungspflicht aufgrund informeller Pflege parallel bestehen. Durch die Einbeziehung in die gesetzliche Rentenversicherung soll der persönliche Aufwand und die Mehrbelastung der Pflegepersonen anerkannt und ein Anreiz zur Übernahme der Pflege von Verwandten, Bekannten und Nachbarn gesetzt werden.[348] Der Gesetzgeber geht dabei davon aus, dass eine Absicherung der Pflegeperson im Rahmen der gesetzlichen Rentenversicherung ab einer regelmäßigen Erwerbstätigkeit von mehr als 30 Stunden wöchentlich nicht notwendig ist, da die Pflegeperson in diesen Fällen bereits eine angemessene Altersversorgung aus eigener Kraft erreicht.[349]
Die Beiträge zur Rentenversicherung sind gemäß § 170 Abs. 1 Nr. 6 SGB VI von der sozialen oder privaten Pflegekasse, bei der der Pflegebedürftige versichert ist, an die gesetzliche Rentenversicherung abzuführen. Die Höhe der beitragspflichtigen Einnahmen und damit der von der Pflegekasse des Pflegebedürftigen zu entrichtenden Beiträge ist gemäß § 166 Abs. 2 SGB VI abhängig von dem Pflegegrad des Pflegebedürftigen.

---

347 Gemäß § 44 Abs. 1 S. 1 SGB XI entrichten die Pflegekassen und die privaten Versicherungsunternehmen, bei denen eine private Pflege-Pflichtversicherung durchgeführt wird, sowie die sonstigen in § 170 Abs. 1 Nr. 6 SGB VI genannten Stellen zur Verbesserung der sozialen Sicherung der Pflegepersonen im Sinne des § 19 SGB XI Beiträge an den zuständigen Träger der gesetzlichen Rentenversicherung, wenn die Pflegeperson regelmäßig nicht mehr als dreißig Stunden wöchentlich erwerbstätig ist. Näheres regeln die §§ 3, 137, 166 und 170 SGB VI. Der Verweis auf § 137 SGB VI läuft hierbei ins Leere, da § 137 SGB VI den Sachverhalt der Pflege eines nahen Angehörigen nicht erfasst.

348 BT-Drs. 12/5262, S. 3, 82.

349 Hauck/Noftz/*Fichte*, SGB VI, K § 3 Rn. 56; Hauck/Noftz/*Reimer*, SGB XI, K § 44 Rn. 21.

### c) *Absicherung in berufsständischen Versorgungseinrichtungen*

Gemäß § 6 Abs. 1 S. 1 Nr. 1 SGB VI besteht für Angestellte und selbstständig Tätige, die Mitglied einer berufsständischen Versorgungseinrichtung und gleichzeitig Pflichtmitglied in einer berufsständischen Kammer sind, die Möglichkeit, auf Antrag von der Versicherungspflicht in der gesetzlichen Rentenversicherung befreit zu werden. Voraussetzung für eine Befreiung ist, dass die Pflichtmitgliedschaft in der berufsständischen Kammer am Ort der Beschäftigung bereits am 1. Januar 1995 bestand, eine einkommensgerechte Beitragszahlung[350] vorgeschrieben und beitragsbezogene Leistungen[351] erbracht werden.[352] Die Befreiung kann darüber hinaus nur für Tätigkeiten erfolgen, aufgrund derer die Pflichtmitgliedschaft in der berufsständischen Kammer besteht.[353]

Die Versicherungsfreiheit in der gesetzlichen Rentenversicherung kann sich für Personen, die in einer berufsständischen Versorgungseinrichtung versicherungspflichtig sind, gemäß § 6 Abs. 5 S. 2 SGB VI auch auf die Pflege erstrecken,[354] da es sich bei der Pflege gemäß § 3 S. 1 Nr. 1a) SGB VI um eine versicherungspflichtige Tätigkeit handelt. Voraussetzung ist lediglich, dass die jeweilige versicherungspflichtige Tätigkeit infolge ihrer Eigenart oder vertraglich im Voraus zeitlich begrenzt ist. Dies ist bei einer Pflegetätigkeit meist der Fall. Die Befreiung von der Versicherungspflicht gilt in diesen Fällen auch für die Zeiten der Pflege, es soll im Wesentlichen sichergestellt werden, dass auch Mitglieder einer berufsständischen Versorgungseinrichtung, die die Pflege eines Angehörigen übernehmen, ihre Alterssicherung ausbauen können.[355] Gemäß § 44 Abs. 2 SGB XI können Pflegepersonen, die aufgrund ihrer Pflichtmitgliedschaft in einem berufsständischen Versorgungswerk von der Versicherungspflicht in der gesetzlichen Rentenversicherung befreit sind, bei den für die Beitragstragung der Rentenversicherungsbeiträge zuständigen Stellen beantragen, den entsprechenden Beitrag unmittelbar an die berufsständische Versorgungseinrichtung abzuführen.[356]

---

350 Eine solche liegt vor, wenn sich die Beiträge an den nach § 165 SGB VI für Selbstständige vorgeschriebenen Beiträgen orientieren.

351 Diese Voraussetzung ist erfüllt, wenn Leistungen im Fall verminderter Erwerbsfähigkeit, des Alters und des Todes vorgesehen sind.

352 Siehe zum Ganzen etwa LPK-SGB VI/*Reinhardt*, § 6, Rn. 4 ff.

353 Siehe etwa: KassKomm/*Guttenberger*, SGB VI, § 6 Rn. 4 ff.

354 Siehe etwa: Kreickebohm/*Schmidt*, § 6 SGB VI Rn. 137 ff.

355 BT-Drs. 13/3696, S. 14 f.

356 LPK-SGB XI/*Kuhn-Zuber*, § 44 Rn. 43 f.

### 4. *Arbeitslosenversicherung – Sozialgesetzbuch III*

#### *a) Historische Entwicklung*

Im Arbeitsförderungsrecht wurde die Betreuung pflegebedürftiger Personen bereits 1975 gewürdigt. Gemäß § 103 Abs. 1 S. 1 Nr. 1 AFG a.F.[357] führte die Beschränkung auf bestimmte Arbeitszeiten, die aufgrund der Betreuung pflegebedürftiger Personen bestand, nicht dazu, dass der Betroffene dem Arbeitsmarkt nicht zur Verfügung stand. Eine Vermittlung war damit – unter Berücksichtigung der Pflegezeiten – weiterhin möglich.[358] Die Betreuung pflegebedürftiger Personen fand darüber hinaus bei der Gewährung von Unterhaltsgeld für die Teilnahme an beruflichen Fortbildungen mit ganztägigem Unterricht beziehungsweise Teilzeitunterricht gemäß § 44 Abs. 2 und 2b AFG a.F. Berücksichtigung.[359] Seit dem 1. Januar 1998 konnten Pflegepersonen bei Teilnahme an Maßnahmen der beruflichen Weiterbildung Unterhaltsgeld nach Maßgabe der §§ 20, 78, 153 SGB III erhalten.[360]

Mit Einführung des Pflegezeitgesetzes waren Beschäftigte, die ihre Erwerbstätigkeit zugunsten der Pflege eines nahen Angehörigen im Rahmen einer Pflegezeit nach § 3 Abs. 1 S. 1 PflegeZG aufgaben, gemäß § 26 Abs. 2b SGB III a.F. in der Arbeitslosenversicherung versicherungspflichtig, wenn sie unmittelbar vor der Pflegezeit versicherungspflichtig waren oder eine als Arbeitsbeschaffungsmaßnahme geförderte Beschäftigung ausgeübt haben.[361] Pflegepersonen, die ihre Arbeitsleistung nicht im Rahmen einer Pflegezeit auf null reduziert hatten und keiner Erwerbstätigkeit nachgingen, hatten über § 28a Abs. 1 S. 1 Nr. 1 SGB III a.F. die Möglichkeit, sich durch ein Versicherungspflichtverhältnis auf Antrag freiwillig gegen Arbeitslosigkeit zu versichern.[362] Die Beträge

---

357 Eingeführt als § 103 Abs. 1 S. 3 Nr. 2 AFG durch Art. 1 § 1 Nr. 23c) des Gesetzes zur Verbesserung der Haushaltsstruktur im Geltungsbereich des Arbeitsförderungs- und des Bundesversorgungsgesetzes v. 18.12.1975, BGBl. 1975 I 3113.

358 Hauck/Noftz/*Reimer*, SGB XI, K § 44 Rn. 14.

359 § 44 Abs. 2 und 2b AFG a.F. eingeführt durch Art. 1 Nr. 15 des Ersten Gesetzes zur Umsetzung des Spar-, Konsolidierungs- und Wachstumsprogramms v. 21.12.1993, BGBl. 1993 I 2353.

360 Hauck/Noftz/*Reimer*, SGB XI, K § 44, Rn. 14.

361 Diese wiederum muss ein Versicherungspflichtverhältnis oder eine Entgeltersatzleistung nach dem SGB III unterbrochen haben; Hauck/Noftz/*Reimer*, SGB XI, K § 44a Rn. 94.

362 Hauck/Noftz/*Timme*, SGB III, K § 28a Rn. 9.

waren in diesem Fall gemäß § 349a S. 1 SGB III von den Versicherten selbst zu tragen.[363]

Bis 1. Januar 2017 waren Pflegepersonen, die eine Pflegezeit mit vollständiger Freistellung von der Arbeitspflicht gemäß § 3 Abs. 1 S. 1 PflegeZG in Anspruch nahmen über § 44a Abs. 2 SGB XI a.F. in die Arbeitslosenversicherung einbezogen.[364]

### *b) Einbeziehung von Pflegepersonen in die Arbeitslosenversicherung*

Pflegepersonen im Sinne des § 19 SGB XI, die einen in der Pflegeversicherung versicherten Pflegebedürftigen für mindestens 10 Stunden wöchentlich verteilt auf regelmäßig wenigstens zwei Tage in der Woche in häuslicher Umgebung pflegen, sind gemäß § 44 Abs. 2b SGB XI i.V.m. § 26 Abs. 2b S. 1 SGB III in der Arbeitslosenversicherung versicherungspflichtig, wenn sie unmittelbar vor Beginn der Pflegetätigkeit versicherungspflichtig in der Arbeitslosenversicherung waren oder Anspruch auf eine laufende Entgeltersatzleistung aus dem SGB III hatten. Personen, die Pflegeunterstützungsgeld nach § 44a Abs. 3 SGB XI für eine kurzfristige Arbeitsverhinderung nach § 2 PflegeZG beziehen, sind gemäß § 26 Abs. 2 Nr. 2b SGB III versicherungspflichtig.

Die Beiträge sind gemäß § 349 Abs. 4a i.V.m. § 347 Nr. 10 SGB III von der Stelle zu tragen, die für die Leistungen an den Pflegebedürftigen zuständig ist. Regelmäßig wird es sich dabei um den Träger der gesetzlichen Pflegeversicherung, ein privates Pflegeversicherungsunternehmen oder den Träger der Beihilfe handeln. Als beitragspflichtige Einnahmen werden gemäß § 345 Nr. 8 SGB III 50 % der Bezugsgröße nach § 18 SGB IV zu Grunde gelegt.

Beschäftigte, die eine Familienpflegezeit nach § 2 Abs. 1 FPfZG oder eine Pflegezeit mit teilweiser Freistellung von der Arbeitspflicht nach § 3 Abs. 1 S. 1 PflegeZG in Anspruch nehmen, sind bereits gemäß § 25 Abs. 1 S. 1 SGB III versicherungspflichtig. Diese Versicherungspflicht geht nach § 26 Abs. 3 S. 5 SGB III der Versicherungspflicht aus § 26 Abs. 2b SGB III vor. Durch die Einbeziehung von Pflegepersonen im Sinn des § 19 SGB XI soll die Vereinbarkeit von Familie und Beruf abgesichert und die Übergänge zwischen den Erwerbsphasen erleichtert werden.[365]

---

363 Hauck/Noftz/*Reimer*, SGB XI, K § 44 Rn. 14.

364 Aufgehoben durch Art. 2 Nr. 28 des Zweiten Gesetzes zur Stärkung der pflegerischen Versorgung und weiterer Vorschriften v. 21.12.2015, BGBl. 2015 I 2424.

365 BT-Drs. 18/5926, S. 146 f.

Über diese Absicherung im Rahmen der Arbeitslosenversicherung hinaus soll sichergestellt werden, dass Personen, die ihre Erwerbstätigkeit einschränken, um einen nahen Angehörigen pflegen zu können, im Fall einer anschließenden Arbeitslosigkeit keine Nachteile bei der Berechnung des Arbeitslosengeldes erleiden.[366] Deshalb bleiben bei der Ermittlung des Bemessungszeitraums gemäß § 150 Abs. 2 S. 1 Nr. 4 SGB III Zeiten außer Betracht, in denen die Versicherten eine Pflege- beziehungsweise Familienpflegezeit in Anspruch genommen haben. Des Weiteren führen Zeiten, in denen ein pflegebedürftiger Angehöriger betreut wurde, gemäß § 18 Abs. 2 Nr. 3 SGB III nicht dazu, dass keine Langzeitarbeitslosigkeit mehr vorliegt. Die Zeiten der Arbeitslosigkeit vor und nach dem Zeitraum der Pflege werden damit zusammengezählt.[367] Schließlich zählen auch Pflegepersonen als Berufsrückkehrende im Sinne von § 20 i.V.m. § 8 SGB III. Demnach können auch sie die zu ihrer Rückkehr in die Erwerbstätigkeit notwendigen Leistungen der aktiven Arbeitsförderung in Anspruch nehmen. Voraussetzung ist lediglich, dass die Rückkehr in die Erwerbstätigkeit in angemessener Zeit nach der Unterbrechung erfolgen soll. Betroffenen stehen damit insbesondere Leistungen der beruflichen Weiterbildung zur Verfügung.[368]

### 5. *Unfallversicherung – Sozialgesetzbuch VII*

Im Rahmen der Unfallversicherung werden die versicherten Personen gegen das Risiko von Arbeitsunfällen, Berufskrankheiten und arbeitsbedingten Gesundheitsgefahren abgesichert.[369] Ziel des Gesetzes ist es, diese soweit möglich zu verhindern[370] beziehungsweise nach deren Eintritt die Leistungsfähigkeit wieder herzustellen oder den Betroffenen beziehungsweise seine Nachkommen zu entschädigen.[371] Demnach hat Prävention Vorrang vor Rehabilitation und Kompensation.[372] Gemäß § 44 Abs. 2a SGB XI sind Pflegepersonen im Sinne des § 19 SGB XI, die einen Pflegebedürftigen mit mindestens Pflegegrad 2 pflegen, nach Maßgabe des § 2 Abs. 1 Nr. 17 SGB VII in den Versicherungsschutz der gesetzlichen Unfallversicherung einbezogen.

366 BT-Drs. 16/7439, S. 9.
367 LPK-SGB III/*Kruse/Reinhard*, § 18 Rn. 3.
368 LPK-SGB III/*Kruse/Reinhard*, § 8 Rn. 9 f.
369 § 7 Abs. 1 SGB VII.
370 § 1 Nr. 1 SGB VII.
371 § 1 Nr. 2 SGB VII.
372 V. Koppenfels-Spies/Wenner/SGB VII/*v. Koppenfels Spies*, § 1 Rn. 6.

### a) *Historische Entwicklung*

Die Ursprünge der Unfallversicherung gehen auf die Mitte des 19. Jahrhunderts zurück.[373] Im Jahr 1884 trat das Unfallversicherungsgesetz vom 6. Juli 1884[374] in Kraft. Eine Ausweitung des Versicherungsschutzes erfolgte durch die Verordnung über Ausdehnung der Unfallversicherung auf gewerbliche Berufskrankheiten vom 12. Mai 1925[375] und das zweite Gesetz über Änderung des Unfallgesetzes vom 14. Juli 1925.[376] In den Schutzbereich der Unfallversicherung einbezogen waren ab diesem Zeitpunkt auch Wegeunfälle, einige Berufskrankheiten und Unfälle, die im Rahmen der Verwahrung, Instandhaltung und Beförderung des Arbeitsgeräts erfolgten.[377] Zu einer weiteren Ausdehnung des Versicherungsschutzes führte das Sechste Gesetz über Änderungen in der Unfallversicherung vom 9. März 1942.[378] Ab diesem Zeitpunkt waren in Arbeits-, Dienst- oder Lehrverhältnissen stehende Beschäftigte gemäß § 537 Nr. 1 RVO a.F. in die gesetzliche Unfallversicherung einbezogen.[379] Im Lauf der Zeit haben sich die Personengruppen, die in der gesetzlichen Unfallversicherung einbezogen sind, noch weiter verändert, so wurden 1971 Schüler, Studenten sowie Kinder in Kindergärten in den Schutz der Unfallversicherung einbezogen.[380] Die Personengruppen, die neben Beschäftigten und mit ihnen Gleichzustellenden ebenfalls in die Unfallversicherung einbezogen wurden, werden entweder im Interesse der Allgemeinheit tätig oder werden vom Gesetzgeber als besonders sozial schutzbedürftig eingestuft.[381] Die Einbeziehung der Pflegepersonen in die gesetzliche Unfallversicherung erfolgte mit § 539 Abs. 1 Nr. 19 RVO a.F. zum 1. April 1995.[382]

---

373 Zur Geschichte der Unfallversicherung siehe *Wiekenhagen*, Geschichte der gewerblichen Unfallversicherung.

374 RGBl. 1884 Nr. 19, 69. Geschützt wurden zunächst ausschließlich Arbeiter in besonders gefährdeten Betrieben.

375 RGBl. 1925 I 69.

376 RGBl. 1925 I 97.

377 Hauck/Noftz/*Keller*, SGB VII, Einführung E 010 S. 2.

378 RGBl. 1942 I 107.

379 *Ricke*, VSSR 2010, 425 ff. (428 f.), der eine fehlende Rezeption der Motive der Ausweitung des Versicherungsschutzes während des Dritten Reiches kritisiert.

380 Gesetz über Unfallversicherung für Schüler und Studenten sowie Kinder in Kindergärten v. 18.3.1971, BGBl. 1971 I 237.

381 Siehe Hauck/Noftz/*Keller*, SGB VII, Einführung, E 010 S. 4.

382 Art. 7 Nr. 1, Art. 68 Abs. 2 des Gesetzes zur Absicherung des Risikos der Pflegebedürftigkeit (Pflege-VersicherungsG) v. 26.5.1994, BGBl. 1994 I 1014.

Diese Regelung wurde dann zum 1. Januar 1997 in § 2 Abs. 1 Nr. 17 SGB VII überführt.[383]

Gem. § 2 Abs. 1 Nr. 17 SGB XI a.F. waren Pflegetätigkeiten im Bereich der Körperpflege und – so weit diese Tätigkeiten überwiegend dem Pflegebedürftigen zugutekamen – Pflegetätigkeiten in den Bereichen der Ernährung, der Mobilität sowie der hauswirtschaftlichen Versorgung über die gesetzliche Unfallversicherung versichert.

### b) *Einbeziehung in die gesetzliche Unfallversicherung*

Pflegepersonen im Sinne des § 19 S. 1 und 2 SGB XI sind gemäß § 2 Abs. 1 Nr. 17 SGB VII in die gesetzliche Unfallversicherung einbezogen, wenn die Pflegebedürftigkeit der betreuten Person gemäß §§ 14, 15 Abs. 3 SGB XI mindestens mit Pflegegrad 2 eingestuft wurde[384] und die pflegebedürftige Person für mindestens 10 Stunden verteilt auf regelmäßig mindestens zwei Tage pro Woche gepflegt wird. Die Absicherung der Pflegepersonen tritt mit Übernahme der Pflegetätigkeit kraft Gesetzes ein; eine Meldung der Übernahme der pflegerischen Tätigkeit an die Unfallversicherung ist nicht notwendig,[385] allerdings hat die Pflegeversicherung des Pflegebedürftigen die Pflegeperson gemäß § 44 Abs. 3 SGB XI bei der Unfallversicherung zu melden, diese Meldung hat jedoch keine konstituierende Wirkung.[386]

Versicherte Tätigkeiten sind: pflegerische Maßnahmen in den Bereichen des § 14 Abs. 2 SGB XI und Hilfen bei der Haushaltsführung nach § 18 Abs. 5a S. 3 Nr. 2 SGB XI.

Im Rahmen der Inanspruchnahme einer Familienpflegezeit nach § 2 Abs. 1 FPfZG und einer Pflegezeit mit teilweiser Freistellung nach § 3 Abs. 1 S. 1 PflegeZG sind Arbeitnehmer und zu ihrer Berufsbildung Beschäftigte während ihrer beruflichen Tätigkeit weiterhin gemäß § 2 Abs. 1 Nr. 1 SGB VII in die Unfallversicherung einbezogen. Arbeitnehmerähnliche Personen sind in der Regel nach § 2 Abs. 2 S. 1 i.V.m. Abs. 1 Nr. 1 SGB VII in die Unfallversicherung einbezogen.[387] Heimarbeiter sind nach § 2 Abs. 1 Nr. 6 SGB VII

---

383 Gesetz zur Einordung des Rechts der gesetzlichen Unfallversicherung in das Sozialgesetzbuch v. 7.8.1996, BGBl. 1996 I 1254.

384 *Leube*, ZFSH SGB 2017, 204 ff. (205).

385 *Winkel*, SozSich 2012, 165 ff. (172); anders noch BT-Drs. 12/5262, S. 116.

386 *Bereiter-Hahn/Mehrtens*, § 2 SGB VII Rn. 33.8.

387 Vgl. etwa LPK-SGB VII/*Hedermann*, § 2 Rn. 208 ff. Voraussetzung ist demnach, dass es sich um eine wirtschaftliche Tätigkeit handelt (1), diese einem fremden Unternehmen dient (2), dem wirklichen oder mutmaßlichen Willen des

versicherungspflichtig; Selbstständige sind nur dann in die Unfallversicherung einbezogen, wenn sie gemäß § 6 SGB VII eine freiwillige Versicherung beantragt haben.

Durch die Einbeziehung der nichterwerbsmäßig tätigen Pflegeperson in die gesetzliche Unfallversicherung wird darüber hinaus nach § 106 Abs. 2 i.V.m. §§ 104, 105 SGB VII die Haftung für die Verursachung von Versicherungsfällen gemäß § 7 SGB VII im Verhältnis zwischen Pflegebedürftigem und Pflegeperson sowie im Verhältnis mehrerer Pflegepersonen desselben Pflegebedürftigen untereinander auf vorsätzliches Handeln beschränkt.[388]

Anders als im Fall der Absicherung in der Rentenversicherung werden keine Beiträge von der Pflegeversicherung des Pflegebedürftigen an die Träger der Unfallversicherung erbracht; gemäß § 129 Abs. 1 Nr. 7 SGB VII sind die kommunalen Unfallversicherungsträger zuständig. Die Aufwendungen werden gemäß § 185 Abs. 2 S. 1 SGB VII von den Kommunen getragen.[389]

---

Unternehmers entspricht (3), sie ihrer Art nach auch von einem Beschäftigten verrichtet werden kann und die Arbeitnehmerähnlichkeit im Einzelfall gegeben ist.

388 Hauck/Noftz/*Reimer*, SGB XI, K § 44, Rn. 34.

389 LPK-SGB VII/*Möller*, § 185 Rn. 7 ff.; *Winkel*, SozSich 2012, 165 ff. (172); *Leube*, ZFSH SGB 2017, 204 ff. (204).

# Zweiter Teil: Rechtsanspruch auf Familienpflegezeit

Durch das Gesetz zur besseren Vereinbarkeit von Familie, Pflege und Beruf vom 23. Dezember 2014[390] wurden – wie bereits dargestellt – die unterschiedlichen Möglichkeiten zur Freistellung von der Arbeitspflicht im Rahmen von Pflege- und Familienpflegezeit gemeinsam weiterentwickelt und miteinander verzahnt.[391] Die Freistellung aufgrund beider Gesetze darf gemäß § 4 Abs. 1 S. 4 PflegeZG und § 2 Abs. 2 FPfZG 24 Monate nicht überschreiten. Beschäftigte haben seitdem einen Rechtsanspruch auf Gewährung einer Familienpflegezeit.[392]

## A. Historische Entwicklung eines Rechtsanspruchs auf Freistellung zur Pflege

Während Beschäftigten mit der Einführung des Pflegezeitgesetzes ein Rechtsanspruch auf Freistellung von der Arbeitspflicht eingeräumt wurde, enthielt das Familienpflegezeitgesetz 2012 keinen Rechtsanspruch auf Familienpflegezeit. Bereits während des Gesetzgebungsverfahrens im Jahr 2011 wurde Kritik an dieser Tatsache geübt. So wurde eingewandt, dass nur ein Rechtsanspruch zur Akzeptanz der Familienpflegezeit führen werde. Beschäftigte würden sich aller Wahrscheinlichkeit nach davor scheuen, überhaupt in Verhandlungen über eine Familienpflegezeit einzutreten, wenn ihnen kein gesetzlicher Anspruch zur Seite stünde oder sie vom Arbeitgeber ausdrücklich dazu ermutigt würden.[393]

Dennoch hatte sich der Gesetzgeber mit der Regelung zur freiwilligen Vereinbarung der Familienpflegezeit zwischen Arbeitgeber und Beschäftigtem nach § 3 Abs. 1 Nr. 1 FPfZG 2012 an den Regelungen des Altersteilzeitgesetzes (ATG 1996)[394] orientiert und keinen Rechtsanspruch auf Familienpflegezeit

390 BGBl. 2014 I 2462.

391 BT-Drs. 18/3124, S. 2, 28.

392 Zur Abgrenzung von Rechtsanspruch und Gestaltungsrecht siehe *Sudhof*, Arbeitnehmerseitige Rechte auf Veränderung der Arbeitszeit, S. 56 ff.

393 Vgl. Stellungnahme des DGB, abrufbar unter: https://webarchiv.bundestag.de/cgi/show.php?fileToLoad=2939&id=1223, zuletzt abgerufen am: 26.5.2024.

394 Art. 1 des Gesetzes zur Förderung eines gleitenden Übergangs in den Ruhestand vom 23.7.1996, BGBl. 1996 I 1078.

eingeführt.[395] Ausdrücklich wurde darauf hingewiesen, dass die Erfahrungen mit der Altersteilzeit eine große Akzeptanz sowohl der Beschäftigten als auch der Arbeitgeber hinsichtlich der Möglichkeit zeigen, die Modalitäten einer Freistellungsvereinbarung innerhalb des gesetzlichen Rahmens vertraglich auszuarbeiten.[396] Es war jedoch von Beginn an fraglich, ob sich die Akzeptanz der freiwilligen Vereinbarung im Rahmen der Altersteilzeit ohne weiteres auf die Vereinbarung einer Familienpflegezeit übertragen ließ, da sich die zugrunde liegenden tatsächlichen Umstände erheblich voneinander unterscheiden.

Ziel des ATG 1996[397] war in erster Linie, das Sozialversicherungssystem und den Arbeitsmarkt zu entlasten. Die Regelungen sollten einen gleitenden Übergang vom Erwerbsleben in den Ruhestand ermöglichen und gleichzeitig zu einem Abbau der Arbeitslosenzahlen beitragen.[398] So sollten bestehende gesetzliche Umgehungsmöglichkeiten durch sog. „Frühverrentungen"[399] beseitigt werden.[400] Auch das Ziel der Vorgängerregelungen des ATG 1996 war es, für ältere Arbeitnehmer einen gleitenden Übergang in den Ruhestand zu ermöglichen und einen Anreiz zum Abbau der Arbeitslosenzahlen zu geben.[401]

---

395 BT-Drs. 17/6000, S. 13.

396 BT-Drs. 17/6000, S. 13.

397 Art. 1 des Gesetzes zur Förderung eines gleitenden Übergangs in den Ruhestand vom 23.7.1996, BGBl. 1996 I 1078; in Kraft getreten zum 1.8.1996.

398 *Rittweger*, Altersteilzeit, Vor § 1 ATG Rn. 16.

399 Durch die Verknüpfung bereits bestehender gesetzlicher Regelungen zur Gewährung von Arbeitslosengeld und Rentenbezug war es Arbeitgebern möglich, ihre Belegschaft ohne finanzielle Einbußen zu verkleinern oder zu verjüngen. Siehe *Diller*, NZA 1996, 847 ff. (847 f.), *Recht*, NZS 1996, 552 ff. (553); *Bäcker/Naegele*, Ältere Arbeitnehmer zwischen Langzeitarbeitslosigkeit und Frühverrentung, WSI-Mitteilungen 1995, 777 ff.; ähnlich *Rottke*, Das Modell der Altersteilzeitarbeit, S. 13.

400 Seit Mitte der 1980er Jahre war die Praxis der sogenannten „Frühverrentung" weit verbreitet und verstärkte die Belastung der Sozialversicherungssysteme, die sich aus einer ohnehin hohen Arbeitslosenquote ergab. Für ältere Arbeitnehmer wurde bewusst die Arbeitslosigkeit herbeigeführt. Das Arbeitslosengeld wurde nach § 106 AFG a.F. an ältere Arbeitslose ab der Vollendung des 45. Lebensjahres für 364 Tage und ab der Vollendung des 57. Lebensjahres bis zu einer Höchstdauer von 832 Tagen, das sind ca. zwei Jahre und acht Monate, gezahlt. Die Arbeitnehmer konnten dann nahtlos in die Rente nach Arbeitslosigkeit gemäß § 1248 Abs. 2 RVO a.F. beziehungsweise § 38 SGB VI a.F. übergehen, die ab Vollendung des 60. Lebensjahres bezogen werden konnte. Voraussetzung war, dass sie zuvor in einem Zeitraum von 1 ½ Jahren mindestens 52 Wochen arbeitslos waren.

401 *Rittweger*, Altersteilzeit, Vor § 1 ATG Rn. 11.

Die Regelungen des ATG 1989[402] und des zuvor geltenden Vorruhestandsgesetzes[403] wurden in der Praxis jedoch kaum genutzt.[404] Die Inanspruchnahme der Altersteilzeit nach dem ATG 1996 und die damit verbundene Akzeptanz der Möglichkeit, die gesetzlichen Regelungen auf vertraglicher Grundlage auszufüllen,[405] beruhten zu einem Großteil darauf, dass andere Möglichkeiten, einen vorzeitigen Ruhestand zu vereinbaren, beseitigt wurden,[406] eine Förderung der Altersteilzeit durch die Bundesagentur für Arbeit eingeführt wurde und sowohl Arbeitnehmer als auch Arbeitgeber ein Interesse daran hatten, einen gleitenden Übergang in den Ruhestand zu ermöglichen. Es kann davon ausgegangen werden, dass ohne die Änderung der Gesetzeslage hinsichtlich des Bezugs von Arbeitslosengeld und Arbeitslosenhilfe sowie der Einführung einer Rente nach Altersteilzeit auch das ATG 1996 in der Praxis kaum zur Anwendung gelangt wäre, da im Wesentlichen die Regelungen des ATG 1989 übernommen wurden.[407] Seitdem die Förderung der Altersteilzeit durch die Bundesagentur für

402 Art. 2 des Gesetzes zur Änderung des Arbeitsförderungsgesetzes und zur Förderung eines gleitenden Übergangs älterer Arbeitnehmer in den Ruhestand vom 20.12.1989, in Kraft getreten am 1.1.1989, BGBl. 1988 I 2343.

403 Art. 1 des Gesetzes zur Erleichterung des Übergangs vom Arbeitsleben in den Ruhestand vom 13.4.1984, in Kraft getreten am 1.5.1984, BGBl. 1984 I 601.

404 Sowohl für das VRG als auch für das ATG 1989 beliefen sich die Fallzahlen während ihrer Geltungsdauer auf 165.000 (*Pröbsting*, DB 1989, 724 ff. (724)) beziehungsweise ca. 1.000 (*Recht*, NZS 1996, 552 ff. (553)) Arbeitnehmer.

405 BT-Drs. 16/7000, S. 13.

406 Mit der Neufassung des ATG 1996 wurden dann im Wesentlichen die Regelungen zum Bezug von Arbeitslosengeld und einer Rente nach Arbeitslosigkeit angepasst. Die Änderungen ermöglichten den Arbeitnehmern zum einen eine Rente nach Altersteilzeit (§ 38 S. 1 Nr. 2b) SGB VI a.F.), sahen aber zum anderen auch vor, dass 50 % der Abfindungszahlung, die ein Arbeitnehmer bei einer vorzeitigen Beendigung des Arbeitsverhältnisses erhielt, auf das Arbeitslosengeld angerechnet werden musste (§ 115a AFG a.F.). Siehe Art. 2 und Art. 3 des Gesetzes zum gleitenden Übergang in den Ruhestand vom 23.7.1996, BGBl. 1996 I 1078. Dies führte dazu, dass eine „Frühverrentung“ mit anschließender Inanspruchnahme einer Rente nach Arbeitslosigkeit mit hohen Kosten für den Arbeitgeber beziehungsweise finanziellen Einbußen für den Arbeitnehmer verbunden war. Das ATG 1996 und die darin vorgesehenen finanziellen Leistungen der Bundesagentur für Arbeit griffen nur, wenn der Arbeitsplatz mit einem zuvor arbeitslos gemeldeten oder einem Auszubildenden wiederbesetzt wurde.

407 Vgl. *Rittweger*, Altersteilzeit, Vor § 1 ATG Rn. 45 ff.

Arbeit[408] ausgelaufen ist,[409] ist die Zahl der geschlossenen Altersteilzeitverträge wieder erheblich zurückgegangen.[410]

Ziel des Familienpflegezeitgesetzes war es dagegen von Beginn an ausschließlich, eine bessere Vereinbarkeit von Berufstätigkeit und häuslicher Pflege durch eine Abmilderung der finanziellen Einbußen für die Beschäftigten zu erreichen. Für die Arbeitgeber bedeutet eine weitere Möglichkeit der Freistellung, die den Beschäftigten zusteht, in erster Linie zusätzlichen Verwaltungsaufwand. Eventuell entstehen auch zusätzliche Kosten durch die befristete Einstellung personellen Ersatzes. Vor Inkrafttreten des Familienpflegezeitgesetzes hatten nur wenige Unternehmen die Möglichkeit einer unbezahlten Auszeit zur Pflege naher Angehöriger in ihren Betriebsvereinbarungen vorgesehen.[411] Ein ökonomischer Nutzen, der für Arbeitgeber durch die Möglichkeit eintritt, Beschäftigte an den Betrieb beziehungsweise das Unternehmen zu binden, zeigt sich jedoch nicht unmittelbar und ist nicht genau zu beziffern.[412] In der Praxis fand das Familienpflegezeitgesetz 2012 daher auch kaum Anwendung.[413] So wurden seit in Kraft treten des Gesetzes am 1. Januar 2012 bis zum 28. Januar 2013 lediglich 147 Familienpflegezeitvereinbarungen geschlossen.[414] Im Jahr 2013 wurden insgesamt 116 Anträge, davon 75 für weibliche und 41 für männliche Beschäftigte gestellt.[415] Die Bundesregierung weist hinsichtlich

408 §§ 4 und 16 ATG 1996.

409 Diese kann nur noch für Arbeitnehmer in Anspruch genommen werden, die am 31.12.2009 das 55. Lebensjahr vollendet und zu diesem Zeitpunkt bereits mit der Altersteilzeit begonnen hatten (§ 16 ATG); damit läuft die Förderung der Altersteilzeit durch die Bundesagentur für Arbeit spätestens am 30.12.2015 aus.

410 Siehe die Statistik der Arbeitsagentur zur Inanspruchnahme von Altersteilzeit, abrufbar unter: http://statistik.arbeitsagentur.de/Statistikdaten/Detail/201112/iiia4/altersteilzeit-altersteilzeit/altersteilzeit-d-0-pdf.pdf, zuletzt abgerufen am: 26.5.2024.

411 *Bäcker*, in: Naegele/Reichert (Hrsg.), Vereinbarkeit von Erwerbstätigkeit und Pflege – Nationale und internationale Perspektiven I, 36 ff. (47 ff.).

412 So sind etwa die finanziellen Vorteile, die dadurch entstehen, dass Beschäftigte an einen Arbeitgeber beziehungsweise ein Unternehmen gebunden werden, nicht genau zu beziffern, siehe etwa *Vedder*, in Krell/Wächter, Diversity Management – Impulse aus der Personalforschung, 1 ff. (12 f.); *Stuber*, in: *Koall/Bruchhagen/Höher* (Hrsg.), Diversity outlooks, 428 ff. (429 u. 438); vgl. auch *Lehmann*, Familienpflegezeitgesetz, S. 7, 44.

413 BT-Drs. 17/12330, S. 2.

414 BT-Drs. 17/12330, S. 2.

415 BT-Drs. 17/14837, S. 34.

der geringen Inanspruchnahme darauf hin, dass allein die Zahl der Anträge beim BAFzA auf ein zinsloses Darlehen keine abschließende Auskunft über die Inanspruchnahme der Familienpflegezeit geben könne, da diese auch ohne eine Beteiligung des BAFzA möglich sei.[416] Es ist jedoch nicht davon auszugehen, dass eine Familienpflegezeit ohne Inanspruchnahme des zinslosen Darlehens des BAFzA in erheblich größerem Maße vereinbart wurde.

Aus der Entstehungsgeschichte der unterschiedlichen Regelungen, die einen Anspruch auf zeitweilige oder dauerhafte Freistellung von der Arbeitspflicht gewähren – wie das TzBfG oder das BEEG – lässt sich erkennen, dass die Zahl der Freistellungen erst ab dem Zeitpunkt gestiegen ist, ab dem ein Anspruch gewährt wurde. Das ATG stellt insoweit eine Ausnahme dar, da der vorzeitige Ruhestand in vielen Fällen auch im Interesse der Arbeitgeber lag.

Die Gewährung eines Rechtsanspruchs auf Familienpflegezeit zum 1. Januar 2015 wurde dementsprechend als Verbesserung für die Beschäftigten begrüßt.[417] Im Folgenden soll zunächst die Verfassungsmäßigkeit des Rechtsanspruchs auf Familienpflegezeit analysiert werden. Im Anschluss wird die Ausgestaltung des Rechtsanspruchs dargestellt und auf die systematischen Brüche der Reglung eingegangen.

## B. Verfassungsrechtliche Zulässigkeit des Rechtsanspruchs auf Familienpflegezeit

Die Einführung eines Rechtsanspruchs auf Familienpflegezeit könnte einen Eingriff in unterschiedliche Grundrechte darstellen. So ist an eine Verletzung der Berufsfreiheit des Arbeitgebers aus Art. 12 GG zu denken, da die Beschäftigten eine Änderung am „arbeitgeberischen Organisationskonzept" durchsetzen können.[418] Mit Blick auf die statistischen Zahlen, nach denen häusliche Pflege zu 90 %[419] von Frauen erbracht wird, kann auch an einen Verstoß gegen das Diskriminierungsverbot aus Art. 3 Abs. 2 GG gedacht werden. Auf der anderen Seite könnte ein Rechtsanspruch auf Familienpflegezeit aus Art. 6 Abs. 1 GG verfassungsrechtlich geboten sein, wonach Ehe und Familie unter dem besonderen Schutz der staatlichen Ordnung stehen.

---

416 BT-Drs. 17/12330, S. 2.

417 Vgl. etwa *von Koppenfels-Spies*, Angehörigenpflege und Beschäftigung, Rn. 2 f.; *Thüsing/Pötters*, BB 2015, 281 ff. (282); *Sasse*, DB 2015, 310 ff. (311).

418 Vgl. zu § 8 TzBfG *Hanau*, RdA 2005, 301 ff. (303).

419 Barmer GEK Pflegereport 2012, abrufbar unter: https://www.barmer.de/presse/infothek/studien-und-reports/pflegereport, zuletzt abgerufen am: 26.5.2024.

## I. Vereinbarkeit mit der Berufsfreiheit des Arbeitgebers aus Art. 12 Abs. 1 GG

Gemäß Art. 12 Abs. 1 S. 1 GG haben alle Deutschen das Recht, Beruf, Arbeitsplatz und Ausbildungsstätte frei zu wählen. Satz 2 legt fest, dass die Berufsausübung durch Gesetz oder aufgrund eines Gesetzes geregelt werden kann. Eine arbeitsrechtliche Regelung, wie es der Anspruch der Beschäftigten auf eine Freistellung von der Arbeitspflicht im Rahmen der Familienpflegezeit ist, ermöglicht den Beschäftigten ohne Zustimmung des Arbeitgebers eine vorübergehende Vertragsänderung zu erreichen.[420] Die Gewährung eines Rechtsanspruchs könnte daher in die Berufsfreiheit der Arbeitgeber eingreifen und ist damit an Art. 12 Abs. 1 GG zu messen.

Im Folgenden wird geprüft, ob ein Rechtsanspruch auf Familienpflegezeit einen verfassungsrechtlich nicht gerechtfertigten Eingriff in die durch Art. 12 Abs. 1 GG geschützte Berufsfreiheit des Arbeitgebers darstellt.

### *1. Schutzbereich – Berufsfreiheit der Arbeitgeber aus Art. 12 Abs. 1 GG*

#### *a) Persönlicher Schutzbereich*

Das Grundrecht der Berufsfreiheit erfasst gemäß Art. 12 Abs. 1 GG lediglich Deutsche im Sinne von Art. 116 Abs. 1 GG. Für ausländische Staatsangehörige oder Staatenlose ist Art. 2 Abs. 1 GG heranzuziehen, der allerdings einen weniger weitreichenden Schutz vermittelt.[421] Um eine Inländerdiskriminierung zu vermeiden, sind hierbei auch die Schranken des Art. 12 Abs. 1 GG zu übertragen.[422]

Auch juristische Personen genießen Berufsfreiheit (Art. 19 Abs. 3 GG), wenn eine Tätigkeit ausgeübt wird, die Erwerbszwecken dient und in gleicher Weise natürlichen wie auch juristischen Personen offensteht.[423]

---

420 Vgl. *Sößner*, ArbR 1991, 45 ff. (46).

421 BVerfGE 7, 377 ff. (397); Umbach/Clemens/*Umbach*, Art. 12 GG Rn. 31 f.; v. Münch/Kunig/*Kämmerer*, Art. 12 GG Rn. 10; Schmidt-Bleibtreu/Hofmann/Henneke/*Hofmann* Art. 12 GG Rn. 6 u. 20; Sachs/*Mann*, Art. 12 GG Rn. 33; *Oetker*, RdA 1997, 9 ff. (12); *Hergenröder*, ZfA 2002, 355 ff, (357 f.). Zur Diskussion über die Einbeziehung von EU-Ausländern in Art. 12 GG, siehe *Wernsmann*, Jura 2000, 657 ff.

422 V. Münch/Kunig/*Kämmerer*, Art. 12 GG Rn. 21.

423 Siehe nur BVerfGE 21, 261 ff. (266); 30, 292 ff. (312); 50, 290 ff. (363); Umbach/Clemens/*Umbach*, Art. 12 GG Rn. 67; v. Münch/Kunig/*Kämmerer*, Art. 12 GG Rn. 12 ff.

### *b) Sachlicher Schutzbereich*

Ein Beruf ist jede auf eine gewisse Dauer angelegte und auf Schaffung und Erhaltung des Lebensunterhalts gerichtete Tätigkeit.[424] Der Wortlaut des Art. 12 Abs. 1 GG deutet darauf hin, dass lediglich die Berufsausübung gesetzlich geregelt werden kann und Berufswahl, Wahl des Arbeitsplatzes und der Ausbildungsstätte schrankenlos gewährt werden.[425] Allerdings hat das Bundesverfassungsgericht bereits in seinem „Apotheken-Urteil" aus dem Jahr 1958 dargelegt, dass Art. 12 Abs. 1 GG das Grundrecht auf Berufsfreiheit über seinen Wortlaut hinaus als einheitliches Recht gewährleistet.[426] Dies sei notwendig, da sich insbesondere Berufswahl- und Berufsausübungsfreiheit gegenseitig bedingen und häufig nicht klar voneinander abzugrenzen seien.[427] Dabei umfasst die freie Berufswahl die Freiheit der Entscheidung (überhaupt) einen Beruf zu ergreifen, während durch den Schutz der Berufsausübung die gesamte berufliche Tätigkeit und dadurch insbesondere Form, Mittel, Umfang und die konkrete Ausgestaltung erfasst werden.[428] Nach der Rechtsprechung des BVerfG bezieht sich der Schutzzweck des Art. 12 Abs. 1 GG nicht auf bestimmte Berufsbilder, sondern ist offen für Veränderungen[429] und umfasst auch ein „[...] breites Spektrum sonstiger individuell bestimmter, untypischer, den Bedürfnissen des Lebens entsprechend frei entwickelter Tätigkeitsformen."[430]

Das BVerfG hat auch festgestellt, dass allein die Stellung als Arbeitgeber kein „Beruf" im Sinne von Art. 12 Abs. 1 GG ist. Vielmehr muss der Stellung als Arbeitgeber ein Beruf zugrunde liegen.[431] Darüber hinaus hat das BVerfG in

424 BVerfGE 7, 377 ff. (397); Umbach/Clemens/*Umbach*, Art. 12 GG Rn. 39.

425 Vgl. auch *Sößner*, ArbR 1991, 45 ff. (45); *Müller*, Die Berufsfreiheit des Arbeitgebers, S. 1.

426 BVerfGE 7, 377 ff. (401); Dürig/Herzog/Scholz/*Remmert*, Art. 12 GG Rn. 74. Der Gesetzesvorbehalt des Art. 12 Abs. 1 S. 2 GG wurde darüber hinaus auch auf die freie Wahl des Ausbildungs- und Arbeitsplatzes erstreckt; BVerfGE 33, 303 ff. (330); BVerfGE 84, 133 ff. (148).

427 BVerfGE 7, 377 ff. (401); Umbach/Clemens/*Umbach*, Art. 12 GG Rn. 31.

428 V. Münch/Kunig/*Kämmerer*, Art. 12 GG Rn. 26 f.

429 Siehe nur BVerfGE 7, 377 ff. (397), „... der Begriff ‚Beruf' [ist] weit auszulegen. Er umfasst nicht nur alle Berufe, die sich in bestimmten, traditionell oder sogar rechtlich fixierten ‚Berufsbildern' darstellen, sondern auch die vom Einzelnen frei gewählten untypischen (erlaubten) Betätigungen, aus denen sich dann wieder neue, feste Berufsbilder ergeben mögen ..."

430 *Tettinger*, AöR 108 (1983), 92 ff. (95).

431 *Müller*, Die Berufsfreiheit des Arbeitgebers, S. 16.

seinem Urteil vom 1. März 1979[432] dargelegt, dass die Gewerbefreiheit, die in Art. 151 Abs. 3 WRV gewährleistet wurde, in der Berufsfreiheit des Art. 12 Abs. 1 GG inbegriffen ist.[433] Demnach beinhaltet die „Berufsfreiheit der Arbeitgeber“ unabhängig vom konkret gewählten Beruf, insbesondere die Möglichkeit, die Arbeitsbedingungen mit den Arbeitnehmern im Rahmen der Gesetze frei auszuhandeln und zu gestalten[434] und im gesetzlichen Rahmen über die Arbeitskraft der Arbeitnehmer zu bestimmen.[435]

Wenn Arbeitgeber eine Tätigkeit ausüben, die Erwerbszwecken dient, ist auch die Unternehmerfreiheit im Sinne freier Gründung und Führung von Unternehmen durch Art. 12 Abs. 1 GG geschützt.[436] „Sie ermöglicht [dem Unternehmer], autonom zu bestimmen, ob und wie er eine Tätigkeit ausüben möchte, mithin auch die privatautonome Begründung, Beendigung und inhaltliche Ausgestaltung des Arbeitsverhältnisses.“[437] Die Möglichkeit, Arbeitnehmer beziehungsweise Beschäftigte einzustellen und die Art und Weise des Arbeits- beziehungsweise Beschäftigungsverhältnisses zu bestimmen, ist damit Teil der Berufsausübung des Arbeitgebers und unterfällt dem Schutzbereich des Art. 12 GG.[438]

Mit der Gewährung eines Rechtsanspruchs auf Familienpflegezeit nach § 2 Abs. 1 FPfZG schränkt der Gesetzgeber die Möglichkeit des Arbeitgebers, autonom über Begründung, Beendigung und inhaltliche Ausgestaltung des Beschäftigungsverhältnisses zu bestimmen, zumindest zeitweise ein. Denn Arbeitgeber von 25 oder mehr Beschäftigten sind verpflichtet, die Reduzierung der Arbeitszeit zu ermöglichen, wenn keine dringenden betrieblichen Gründe entgegenstehen. Den Beschäftigten ist es dann möglich, eine befristete Arbeitszeitreduzierung zur Pflege eines nahen Angehörigen auch ohne Einverständnis und Mitwirkung des Arbeitgebers durchzusetzen. Der sachliche Schutzbereich des Art. 12 Abs. 1 GG ist somit eröffnet.

---

432 BVerfGE 50, 290 ff.

433 BVerfGE 50, 290 ff. (362); v. Münch/Kunig/*Kämmerer*, Art. 12 GG Rn. 12.

434 BVerfGE 77, 84 ff. (114 f.); BVerfGE 116, 202 ff. (221); Sachs/*Mann*, Art. 12 GG Rn. 79.

435 BVerfGE 77, 308 ff. (332); Sachs/*Mann*, Art. 12 GG Rn. 79.

436 BVerfGE 50, 290 ff. (363); siehe auch v. Münch/Kunig/*Kämmerer*, Art. 12 GG Rn. 20; *von Hoyningen-Huene*, FS Birk 2008, 217 ff. (218 f.).

437 *Rudolf*, Die Verlängerung der Arbeitszeit gemäß § 9 TzBfG; S. 59.

438 *Papier*, RdA 1989, 137 ff. (139); *Rudolf*, Die Verlängerung der Arbeitszeit gemäß § 9 TzBfG; S. 59.

## 2. *Eingriff in Art. 12 Abs. 1 S. 1 GG*

Wie bei allen Freiheitsrechten handelt es sich auch bei dem Grundrecht auf Berufsfreiheit nach Art. 12 Abs. 1 GG vor allem um ein Abwehrrecht des Einzelnen gegen staatliche Eingriffe.[439] Der Bürger soll dabei nicht nur vor direkten Eingriffen geschützt werden, sondern soll sich auch gegen gesetzliche Regelungen wehren können, die das Berufsrecht nur mittelbar oder faktisch beeinträchtigen.[440] Somit können sich auch gesetzliche Regelungen als Eingriff in die Berufsfreiheit darstellen, mit denen der Gesetzgeber einen ganz anderen Lebensbereich regeln wollte.[441]

Gesetzliche Regelungen, die die Gestaltung von Arbeitsbeziehungen und/oder den Einsatz der Arbeitskraft der Arbeitnehmer auch nur mittelbar betreffen, stellen einen Eingriff in die Berufsfreiheit nach Art. 12 Abs. 1 GG dar,[442] wenn sie „in einem engen Zusammenhang mit der Ausübung eines Berufes stehen und – objektiv – eine berufsregelnde Tendenz deutlich erkennen lassen."[443] Dies ist immer dann der Fall, wenn die entsprechende Regelung ausschließlich auf berufliche Tätigkeiten angewandt werden kann.[444]

Nach der „Drei-Stufen-Theorie" des BVerfG kann sich ein Eingriff in Art. 12 Abs. 1 GG als Berufsausübungs- oder subjektive beziehungsweise objektive Berufszugangsregelung darstellen.[445] Bei der Regelung eines Rechtsanspruchs auf Gewährung einer Familienpflegezeit handelt es sich um eine Berufsausübungsregelung, denn Form, Mittel, Umfang und Inhalt der beruflichen Betätigung sind betroffen.

Durch die Einführung eines Rechtsanspruchs auf Familienpflegezeit soll es Beschäftigten, die einen nahen Angehörigen pflegen, erleichtert werden, Berufstätigkeit und Pflege miteinander zu vereinbaren. Ziel des Gesetzes ist es dabei insbesondere die finanzielle Lebensgrundlage der Beschäftigten durch die teilweise staatliche Aufstockung des Arbeitsentgelts während der Familienpflegezeit aufrecht zu erhalten.[446] Bei den Regelungen des Familienpflegezeitgesetzes

---

439 Umbach/Clemens/*Umbach*, Art. 12 GG Rn. 33.

440 Schmidt-Bleibtreu/Hofmann/Henneke/*Hofmann*, Art. 12 GG Rn. 10.

441 *Müller*, Die Berufsfreiheit des Arbeitgebers, S. 36 ff.

442 BVerfGE 77, 308 ff. (332).

443 BVerfGE 13, 181 ff. (186); ähnlich auch BVerfGE 70, 191 ff. (214); BVerfGE 75, 108 ff. (153 f.).

444 BVerfGE 109, 64 ff. (85); vgl. BVerfGE 116, 202 ff. (222).

445 Umbach/Clemens/*Umbach*, Art. 12 GG Rn. 81; BVerfGE 7, 377 ff. (405).

446 BT-Drs. 17/6000, S. 1.

handelt es sich somit nicht um solche, die eine Berufstätigkeit ganz oder teilweise unterbinden oder die Art und Weise einer beruflichen Tätigkeit verbindlich vorgeben und damit nicht um eine berufsbezogene Regelung, sondern um eine mittelbar berufsregelnde Maßnahme. Eine berufsregelnde Tendenz dieser Regelung muss nicht gesondert festgestellt werden, da das Familienpflegezeitgesetz gemäß § 2 Abs. 3 FPfZG i.V.m. § 7 Abs. 1 PflegeZG ausschließlich zugunsten von Arbeitnehmern, zu ihrer Berufsbildung Beschäftigten, arbeitnehmerähnlichen Personen, Heimarbeitern und diesen gleichgestellten Personen im Rahmen von Arbeits- und Beschäftigungsverhältnissen anzuwenden ist.

Die Gewährung eines Rechtsanspruchs auf Familienpflegezeit ermöglicht es den Beschäftigten, die Reduzierung ihrer Arbeitszeit – bei Vorliegen der gesetzlichen Voraussetzungen – auch gegen den Willen ihres Arbeitgebers gerichtlich durchzusetzen. Arbeitgeber können dann für die Dauer der Familienpflegezeit nicht in vollem Umfang über die Arbeitskraft der Beschäftigten verfügen. Auch die Planung und Ausgestaltung der Arbeitszeit und damit ein Teil der betrieblichen Organisation sind in diesem Zeitraum eingeschränkt. Arbeitgeber können während der Familienpflegezeit weder die Arbeitsbedingungen mit den Beschäftigten frei aushandeln und gestalten noch gemäß § 106 GewO frei über die Arbeitskraft der Beschäftigten bestimmen.

Der Rechtsanspruch auf teilweise Freistellung von der Arbeitspflicht während einer Familienpflegezeit stellt einen Eingriff in die Berufsfreiheit aus Art. 12 Abs. 1 S. 1 GG der Arbeitgeber dar, da die Verpflichtung zur teilweisen Freistellung durch einen Antrag des Beschäftigten direkt ausgelöst wird und es keiner weiteren Vollziehungsakte bedarf.[447] Das bedeutet, dass Arbeitgeber schon im Vorfeld organisatorische und finanzielle Vorkehrungen treffen müssen, um die zu erwartenden Anträge auf Familienpflegezeit erfüllen zu können.

Ein Rechtsanspruch auf Familienpflegezeit stellt somit einen Eingriff in die Berufsfreiheit der Arbeitgeber aus Art. 12 Abs. 1 GG dar.

### 3. *Verfassungsrechtliche Rechtfertigung des Eingriffs*

Gemäß Art. 12 Abs. 1 S. 2 GG kann die Berufsausübung durch Gesetz oder aufgrund eines Gesetzes geregelt werden.

447 Vgl. BVerfGE 77, 308 ff. (326), zu der Pflicht der Arbeitgeber ihren Arbeitnehmern Bildungsurlaub zu gewähren.

### a) *Formelle Anforderungen*

Die Einschränkung der Berufsfreiheit durch das Familienpflegezeitgesetz erfolgt aufgrund eines formell verfassungsgemäßen Gesetzes. Die Regelungen des Familienpflegezeitgesetzes unterfallen nach Art. 74 Abs. 1 Nr. 12 GG der konkurrierenden Gesetzgebungskompetenz des Bundes für das Arbeitsrecht einschließlich der Betriebsverfassung, des Arbeitsschutzes und der Arbeitsvermittlung sowie der Sozialversicherung einschließlich der Arbeitslosenversicherung.[448] Nach der Rechtsprechung des BVerfG erfolgt die Zuordnung einer bestimmten Regelung zu einer Kompetenznorm des Grundgesetzes anhand des unmittelbaren Regelungsgegenstands, des Normzwecks, der Wirkung und der Adressaten der zuzuordnenden Norm.[449] Die hier in Rede stehende Regelung des Familienpflegezeitgesetzes gewährt den Beschäftigten bei Vorliegen der Voraussetzungen einen Anspruch auf teilweise Freistellung von der Arbeitspflicht und regelt somit einen Teilbereich der Vertragsbeziehungen zwischen Arbeitgeber und Beschäftigten und damit des Arbeitsrechts.

Anhaltspunkte für formale Fehler im Rahmen des Gesetzgebungsverfahrens liegen nicht vor.

### b) *Materielle Anforderungen*

Ein Gesetz, das die Berufsausübung regelt beziehungsweise einschränkt, muss nach den Grundsätzen, die das Bundesverfassungsgericht in seiner Rechtsprechung entwickelt hat, vernünftigen Erwägungen des Allgemeinwohls dienen sowie zur Erreichung des Zwecks geeignet, erforderlich und angemessen sein.[450] Schließlich darf ein solches Gesetz nicht unverhältnismäßig in die Grundrechte der Betroffenen eingreifen oder Grundrechte Dritter unverhältnismäßig einschränken. Bei der Beurteilung der Rechtmäßigkeit einer Regelung, die die Berufsausübungsfreiheit einschränkt, kommt es somit wesentlich auf das Verhältnis zwischen dem Zweck der Regelung und der Intensität der Einschränkung an.[451]

Zur Einordnung der Intensität des Eingriffs in die Berufsfreiheit hat das BVerfG die „Drei-Stufen-Theorie" entwickelt. Danach steigen die Anforderungen an die einen Eingriff rechtfertigenden Gründe mit der Eingriffsintensität,

---

448 Vgl. zu den Regelungen des Pflegezeitgesetzes, *Schiefer/Hilgenfeld/Krogull*, Das Pflegezeitgesetz in der Praxis, Einleitung, Rn. 1; *Kossens*, § 1 PflegeZG Rn. 1.

449 Siehe nur BVerfGE 121, 30 ff. (47).

450 Für alle: BVerfGE 77, 288 ff. (332).

451 Vgl. BVerfGE 65, 116 ff. (126).

also mit der Stufe der Berufsfreiheit, der der Eingriff zugeordnet werden kann. Eine Schwäche der „Drei-Stufen-Theorie" wurde insbesondere darin gesehen, dass sich ein Eingriff in das Grundrecht nicht immer zweifelsfrei einer der genannten Stufen zuordnen lässt.[452] Nach einer stetigen Weiterentwicklung dieser Theorie muss der Eingriff daher nicht mehr zwangsläufig einer bestimmten Stufe zugeordnet werden.[453] Vielmehr wird eine umfassende Verhältnismäßigkeitsprüfung durchgeführt, in deren Rahmen in Anlehnung an die „Drei-Stufen-Theorie" und das Übermaßverbot nach Intensität des Eingriffs gewichtete Gründe des Gemeinwohls zur Rechtfertigung gefordert werden.[454] So sind der Rechtfertigung gesetzlicher Eingriffe „in die Berufsfreiheit, wegen des engen Zusammenhangs der Berufsfreiheit mit der freien Entfaltung der Persönlichkeit [...] grundsätzlich enge Grenzen zu ziehen."[455] Berufsausübungsregelungen können gerechtfertigt sein, wenn vernünftige Erwägungen des Allgemeinwohls es zweckmäßig erscheinen lassen, eine solche Regelung zu treffen.[456] Dem Gesetzgeber kommt hierbei ein großer Einschätzungs- und Prognosespielraum zu.[457]

Die Regelung eines Rechtsanspruchs auf Gewährung einer Familienpflegezeit müsste demnach durch entgegenstehende Grundrechte Dritter oder vernünftige Gründe des Allgemeinwohls geboten sein, wofür ausreichend ist, dass die Erwägungen des Allgemeinwohls die Regelung zweckmäßig erscheinen lassen.[458]

### *aa) Vernünftige Gründe des Allgemeinwohls*

Durch die Einführung einer Familienpflegezeit soll – wie dargestellt – im Wesentlichen die Vereinbarkeit von Berufstätigkeit und Pflege beziehungsweise Familie verbessert werden. So sollen sowohl die Interessen der Pflegebedürftigen

---

452 Siehe nur: Umbach/Clemens/*Umbach*, Art. 12 GG Rn. 119.

453 *Tettinger*, AöR 108 (1983), 92 ff. (117 ff.).

454 Vgl. BVerfGE 30, 292 ff. (316); BVerfGE 76, 196 ff. (207 f.); BVerfGE 80, 1 ff. (29 f.); BVerfGE 87, 287 ff. (321).

455 BVerfGE 7, 377 ff. (400).

456 Auch zu vorstehendem BVerfGE 7, 377 ff. (402 f.); Umbach/Clemens/*Umbach*, Art. 12 GG Rn. 81 ff.

457 Umbach/Clemens/*Umbach*, Art. 12 GG Rn. 96; v. Münch/Kunig/*Kämmerer*, Art. 12 GG Rn. 57 f.

458 Siehe nur BVerfGE 7, 377 ff. (405); BVerfGE 57, 139 ff. (158 f.); BVerfGE 65, 116 ff. (126); BVerfGE 70, 1 ff. (28); BVerfGE 77, 308 ff. (332); BVerfGE 81, 156 ff. (188 f.); Sachs/*Mann*, Art. 12 GG Rn. 125 ff.

als auch der pflegenden Beschäftigten gestärkt werden.[459] Ziel ist es, die häusliche Pflege zu fördern, indem Möglichkeiten eröffnet werden, die dem Wunsch vieler Pflegebedürftiger und deren Angehörigen nach einer häuslichen Pflege entsprechen.[460]

(1) Erfordernisse der Pflege

Durch die Familienpflegezeit soll die Verringerung der Arbeitszeit besser an die konkreten Erfordernisse der einzelnen Pflegesituationen angepasst werden, um so eine Unterbrechung oder gar Beendigung der Erwerbstätigkeit der Pflegepersonen zu verhindern und die Erwerbsquote von Frauen noch weiter zu steigern.[461] Darüber hinaus kann das Gesetz auch dazu beitragen, die die Finanzierbarkeit des umlagefinanzierten Sozialversicherungssystems – die aufgrund des demografischen Wandels unter Druck gerät – langfristig sicherzustellen, da so die Erwerbstätigenquote gesteigert werden kann.[462]

(2) Schutz der Familie

Der Gesetzgeber könnte sich des Weiteren auf seine Verpflichtung zum besonderen Schutz von Ehe und Familie aus Art. 6 Abs. 1 GG berufen und damit den Eingriff in die Berufsfreiheit der Arbeitgeber zur besseren Vereinbarkeit von Berufstätigkeit und Pflege rechtfertigen.

Durch Art. 6 Abs. 1 GG werden „Ehe und Familie als die Keimzelle jeder menschlichen Gemeinschaft, deren Bedeutung mit keiner anderen menschlichen Bindung verglichen werden kann, unter den besonderen Schutz der staatlichen Ordnung gestellt."[463] Der Regelung kommt dabei eine „dreifache verfassungsrechtliche Bedeutung"[464] zu. Zunächst handelt es sich um eine Instituts- beziehungsweise Einrichtungsgarantie.[465] Demnach ist der Staat zunächst

---

459 BT-Drs. 17/6000, S. 2, 11; BT-Drs. 18/3124, S. 25 f.

460 BT-Drs. 17/6000, S. 1.

461 BT-Drs. 17/6000, S. 11.

462 Bertelsmann-Stiftung, Demographischer Wandel, soziale Sicherung und öffentliche Finanzen: Langfristige Auswirkungen und aktuelle Herausforderungen, abrufbar unter: https://www.bertelsmann-stiftung.de/fileadmin/files/BSt/Publikationen/GrauePublikationen/DemoWandel_Werding__2018_final3.pdf, zuletzt abgerufen am: 26.5.2024.

463 BVerfGE 6, 55 ff. (71).

464 Schmidt-Bleibtreu/Hofmann/Henneke/*Hofmann*, Art. 6 GG Rn. 4.

465 Schmidt-Bleibtreu/Hofmann/Henneke/*Hofmann*, Art. 6 GG Rn. 4; Dürig/Herzog/Scholz/*Badura*, Art. 6 GG Rn. 6 ff.; *Brosius-Gersdorf*, Demografischer Wandel und Familienförderung, S. 199.

dazu verpflichtet, Ehe und Familie als Institutionen in Staat und Gesellschaft in ihren wesentlichen Grundzügen zu garantieren und somit ihren Bestand zu sichern.[466] Das Institut der Familie beinhaltet dabei „die umfassende Gemeinschaft zwischen Eltern und Kindern",[467] geschützt wird sowohl die Gründung einer Familie als auch deren Zusammenleben.[468] Wesentlich für die Institutsgarantie ist damit insbesondere das Achten und Zulassen familiärer Solidarität.[469] Darüber hinaus enthält Art. 6 Abs. 1 GG auch ein klassisches Abwehrrecht gegen schädigende oder störende Eingriffe des Staates[470] und eine Verpflichtung des Staates, Eingriffe Dritter in Ehe und Familie abzuwehren.[471] Neben diesen Funktionen handelt es sich bei Art. 6 Abs. 1 GG um „eine verbindliche Wertentscheidung für den gesamten Bereich des Ehe und Familie betreffenden privaten und öffentlichen Rechts",[472] die den Staat zur Förderung der Familie verpflichtet und Diskriminierung in gesetzlichen Regelungen verhindern soll.[473] Nach allgemeiner Ansicht kann aus diesem Gebot zur Förderung allerdings kein subjektiver Anspruch auf eine bestimmte Leistung des Staates abgeleitet werden.[474] Dem Gesetzgeber kommt vielmehr ein erheblicher Gestaltungsspielraum hinsichtlich der Ausgestaltung des Schutzes beziehungsweise der Förderung von Ehe und Familie zu.[475]

---

466 BVerfGE 6, 55 ff. (72); v. Münch/Kunig/*Heidenhoff*, Art. 6 GG Rn. 45; Schmidt-Bleibtreu/Hofmann/Henneke/*Hofmann*, Art. 6 GG Rn. 4.

467 BVerfGE 10, 59 ff. (66).

468 Huber/Voßkuhle/*Robbers* Art. 6 GG Rn. 82 ff.

469 Huber/Voßkuhle/*Robbers*, Art. 6 GG Rn. 7 ff.; vgl. auch Schmidt-Bleibtreu/Hofmann/Henneke/*Hofmann*, Art. 6 GG Rn. 4 ff.; siehe auch *Brosius-Gersdorf*, Demografischer Wandel und Familiengerechtigkeit, S. 202, m.w.N.

470 BVerfGE 6, 55 ff. (76); Schmidt-Bleibtreu/Hofmann/Henneke/*Hofmann*, Art. 6 GG Rn. 4; Dürig/Herzog/Scholz/*Badura*, Art. 6 GG Rn. 10; *Tünnemann*, Der verfassungsrechtliche Schutz der Familie, S. 115; *Kingreen*, Jura 1997, 401 ff. (401).

471 V. Münch/Kunig/*Heidenhoff*, Art. 6 GG Rn. 49, 88, 98 f.; *Brosius-Gersdorf*, Demografischer Wandel und Familienförderung, S. 199.

472 BVerfGE 6, 55 ff. (72).

473 Siehe u.a. Beschluss des BVerfG vom 16.12.2010 – 2 BvL 16/09, NVwZ-RR 2011, 387 ff. (390).

474 Vgl. etwa BVerfGE 39, 316 ff. (326); BVerfGE 82, 60 ff. (81); *Kingreen*, Jura 1997, 401 ff. (406).

475 BVerfGE 39, 316 ff. (326); BVerfGE 82, 60 ff. (81); BVerfGE 103, 242 ff. (259); Schmidt-Bleibtreu/Hofmann/Henneke/*Hofmann*, Art. 6 Rn. 35; *Kingreen*, Jura 1997, 401 ff. (406).

Die Rechtsprechung des Bundesverfassungsgerichts[476] wie auch die Ausführungen in der Literatur[477] sehen in den grundrechtlichen Wertungen eine grundsätzliche Verpflichtung des Gesetzgebers für deren Durchsetzung zu sorgen, auch wenn der einzelne Bürger keinen konkreten Anspruch auf einzelne Grundrechte stützen kann.[478] Für den Geltungsbereich des Art. 6 GG wird festgestellt, dass „[...] die Lebenshilfe, die der Einzelne in Ehe und Familie erhalten kann, von grundlegender Bedeutung für die Ordnung des Gemeinschaftslebens“[479] sei.

Für die hier zu klärende Frage, ob Art. 6 Abs. 1 GG einen Eingriff in die Berufsfreiheit der Arbeitgeber rechtfertigen kann, ist demnach zu untersuchen, ob die Betreuung und Pflege älterer Menschen innerhalb der Familie vom Schutzbereich des Art. 6 Abs. 1 GG erfasst wird.

*(a) Schutzbereich des Art. 6 Abs. 1 GG*

Art. 6 Abs. 1 GG stellt Ehe und Familie unter den besonderen Schutz der staatlichen Ordnung. Der grundrechtliche Schutz bezieht sich dabei nach einhelliger Meinung auf die Kernfamilie – bestehend aus Eltern und minderjährigen Kindern.[480] Streitig ist bereits, ob auch die Verbindung erwachsener Kinder und ihrer Eltern erfasst wird.[481] Darüber hinaus wird auch diskutiert, ob das Verhältnis von Geschwistern untereinander und die Beziehung von (erwachsenen) Kindern zu ihren Großeltern vom Schutzbereich des Art. 6 Abs. 1 GG erfasst ist.[482] Aus unterschiedlichen Entscheidungen geht hervor, dass auch familiäre Bindungen außerhalb des Verhältnisses zwischen Eltern und ihren minderjährigen Kindern einbezogen sein können, allerdings sei die Schutzintensität für Familien unterschiedlich zu beurteilen, je nachdem, ob es sich um eine Lebens- und Erziehungs-, Haus-, Beistands- oder Begegnungsgemeinschaft handelt.[483]

---

476 Siehe etwa BVerfGE 87, 1 ff. (34).

477 V. Münch/Kunig/*v. Münch/Kunig*, Vorb. Art. 1–19 GG, Rn. 23.

478 Vgl. *Hesse*, EuGRZ 1978, 427 ff. (433):

479 BVerfGE 76, 1 ff. (51).

480 So etwa Schmidt-Bleibtreu/Hofmann/Henneke/*Hofmann*, Art. 6 GG Rn. 35; *Renner*, Familienlasten- oder Familienleistungsausgleich?, S. 57 ff., wonach die Erstreckung des Familienbegriffs auf die Drei-Generationen-Familie zu weitreichend sei, da Reproduktions- und Sozialisationsfunktion ausschließlich in der Kleinfamilie – bestehend aus Eltern und Kindern – stattfinde; BVerfGE 48, 327 ff. (339); BVerfGE 59, 52 ff. (63).

481 Bejahend BVerfGE 57, 170 ff.

482 Näher hierzu siehe etwa *Otte*, FamRZ 2013, 585 ff.; *Uhle*, NVwZ 2015, 272 ff.

483 Sachs/*von Coelln*, Art. 6 GG Rn. 20 m.w.N.

Für den Bereich der familiären Pflege ist dieser Diskurs von besonderem Interesse, da informelle Pflege überwiegend im familiären Bereich und dabei häufig von erwachsenen (Schwieger)Kindern für ihre pflegebedürftigen (Schwieger)Eltern erbracht wird.[484]

*(aa) Schutz der „Kernfamilie"*

Bei der Beschreibung der Bedeutung der Familie für die staatliche Ordnung wird meist die Reproduktions- und Sozialisationsfunktion besonders hervorgehoben und ins Zentrum gerückt.[485] So wird etwa betont, dass Familie die maßgebliche Institution sei, die der Erhaltung des personellen Bestands der Gesellschaft diene.[486] Im Gegensatz zu kinderlosen Ehepaaren und

---

484 *Franke/Reichert*, Carers@Work – Zwischen Beruf und Pflege: Konflikte oder Chance? – Ein europäischer Vergleich, S. 31.

485 Vgl. nur *Renner*, Familienlasten- oder Familienleistungsausgleich?, S. 57 ff.; *Haeberle*, Verfassungsschutz der Familie, S. 56 f.; Gutachten des Bundesministeriums für Familie, Senioren, Frauen und Jugend, Gerechtigkeit für Familien, S. 23 f. m.w.N.

486 *Zuleeg*, NVwZ 1986, 800 ff. (806). Noch in der Weimarer Republik wurde mit Art. 119 WRV (*(1) Die Ehe steht als Grundlage des Familienlebens und der Erhaltung und Vermehrung der Nation unter dem besonderen Schutz der Verfassung. Sie beruht auf der Gleichberechtigung der beiden Geschlechter. (2) Die Reinhaltung, Gesundung und soziale Förderung der Familie ist Aufgabe des Staates und der Gemeinden. Kinderreiche Familien haben Anspruch auf ausgleichende Fürsorge. (3) Die Mutter hat Anspruch auf den Schutz und die Fürsorge des Staates.*) die Ehe als Grundlage des Familienlebens angesehen. Ehe und Familie wurden als einheitliches Grundrecht betrachtet (*Tünnemann*, Der verfassungsrechtliche Schutz der Familie, S. 111 f.; *Idel*, Der Familienbegriff grund- und einfachrechtlicher Normen, S. 27; *Brosius-Gersdorf*, Demografischer Wandel und Familienförderung, S. 203) Mit der Formulierung des Art. 119 Abs. 1 WRV sollte der Tatsache Rechnung getragen werden, dass die Existenz eines Staates von der Reproduktion der Bevölkerung abhänge (Vgl. etwa: *Pechstein*, Familiengerechtigkeit als Gestaltungsgebot für die staatliche Ordnung, S. 62;), was „sogar ausschließlich in Familien statt[findet]" (*Renner*, Familienlasten- oder Familienleistungsausgleich?; S. 46; *Pechstein*, Familiengerechtigkeit als Gestaltungsgebot für die staatliche Ordnung, S. 62 f.; 112). Die Gesellschaft sei grundlegend von dem Bestehen der jüngeren Generation abhängig, da auch die wirtschaftliche Zukunftsfähigkeit einer Gesellschaft darauf beruhe (So *Pechstein*, Familiengerechtigkeit als Gestaltungsgebot für die staatliche Ordnung, S. 62, unter Verweis auf *BMJFG*, Konsequenzen des Geburtenrückgangs für ausgewählte Politikbereiche, Stuttgart 1971 und *BMWi* Implikationen eines Bevölkerungsrückgangs, Gutachten des wissenschaftlichen Beirats für Wirtschaft v. 29.2.1980, Göttingen 1980).

Erwachsenen gewährleiste Familie in stärkerem Maße Kontinuität und diene dem Erhalt des Gemeinwesens, da sie aufgrund der Kinder generationsübergreifend und zukunftsorientiert denke und handle.[487] Familie sei der zentrale Ort, an dem Kinder auf das Zusammenleben in der Gemeinschaft vorbereitet würden.[488] Der Schutzbereich des Art. 6 Abs. 1 GG wird daher häufig nur aus dem Blickwinkel der Betreuung und Unterstützung minderjähriger Kinder betrachtet.[489] Allerdings wird auch festgestellt, dass es dem Staat untersagt sei, „[…] die Familie auf ihre ‚Reproduktionsfunktion' [zu] reduzier[en] […]. Wird die Familie wegen ihrer zahlreichen Funktionen für das Gemeinwesen auch vielfach als ‚Keimzelle der Gesellschaft' bezeichnet und kommt ihr für den Fortbestand des Staatsvolkes unzweifelhaft entscheidende Bedeutung [zu], so ist sie dennoch nicht erst um dieser Funktion zu schützen, sondern bereits schon deshalb, weil sie Ausdruck gemeinschaftlicher Freiheitswahrung ist und weil sie einen Raum für die freie Persönlichkeitsentfaltung ihrer Mitglieder bietet."[490] Fraglich ist daher, ob eine enge Auslegung des Familienbegriffs der tatsächlichen Funktion von Familien – auch in der modernen Gesellschaft – gerecht wird.

Das Idealbild von Familie als gelebte Einheit von Eltern und minderjährigen Kindern stand auch dem Parlamentarischen Rat vor Augen und wurde bei den Verhandlungen zu Art. 6 Abs. 1 GG zugrunde gelegt.[491] Die Verfassungsväter und -mütter diskutieren insbesondere darüber, ob Ehe und Familie naturgegebene Konzepte seien,[492] entschieden sich letztlich aber dagegen.[493] Vielmehr werden sowohl Ehe als auch Familie neben den tatsächlichen gesellschaftlichen Gegebenheiten wesentlich von staatlichen Regelungen mitgestaltet.[494] Bei deren Ausgestaltung müssen „[…] die wesentlichen, [die Institute] bestimmenden

---

487 Gutachten des Bundesministeriums für Familie, Senioren, Frauen und Jugend, Gerechtigkeit für Familien, S. 24 f. mit Verweis auf *Starck*, Essener Gespräche zum Thema Staat und Kirche, Bd. 21, S. 53.

488 *P. Kirchhof* in *Jans/Zimmermann*, Familienlastenausgleich? Plädoyers für eine gerechte Familienpolitik, S. 7 ff. (8 f.).

489 Siehe zum Beispiel: *Classen*, DVBl. 2013, 1086 ff.

490 *Westermeyer*, Die Herausbildung des Subsidiaritätsverhältnisses zwischen Familie und Staat und seine heutige Bedeutung im Grundgesetz, S. 225.

491 *Gröpl/Georg*, AöR 2014, 125 ff. (140 ff.); *Wapler*, Familie und Familienschutz im Wandel, RW 2014, S. 57 ff. (58 ff.).

492 *Wapler*, Familie und Familienschutz im Wandel, RW 2014, S. 57 ff. (59 f.).

493 Vgl. *Poscher*, Grundrechte als Abwehrrechte, S. 132.

494 Huber/Voßkuhle/*Robbers*, Art. 6 GG Rn. 7; Dürig/Herzog/Scholz/*Badura*, Art. 6 GG Rn. 4.

Strukturprinzipien [beachtet werden], die sich aus der Anknüpfung des Art. 6 Abs. 1 GG an vorgefundene, überkommene Lebensformen in Verbindung mit dem Freiheitscharakter des verbürgten Grundrechts und anderen Verfassungsnormen ergeben […]".[495] Die vom Parlamentarischen Rat schließlich gewählte weite Formulierung des Art. 6 Abs. 1 GG ermöglicht eine Einbeziehung zukünftiger Lebensverhältnisse, die über den engen Familienbegriff hinausgehen.[496] Der Schutzbereich des Grundrechts ist demnach offen für eine Veränderung der sozialen Verhaltensformen in diesem Bereich.[497]

Der Familienbegriff des Art. 6 Abs. 1 GG ist damit nicht auf die Kernfamilie, bestehend aus Eltern und ihren minderjährigen Kindern, beschränkt. Da sich die tatsächlichen Lebensverhältnisse und das gesellschaftliche Verständnis der Familie seit der Verabschiedung des Grundgesetzes durch den Parlamentarischen Rat gewandelt hat,[498] muss über die Institution Familie immer wieder neu gesprochen werden.

Während in der Vergangenheit die Reproduktion der Bevölkerung und die Sozialisierung der Kinder durch die Familie in den Mittelpunkt der Debatte gerückt wurde, wird nun „die auf Lebenszeit ausgerichtete, wechselseitige Verantwortlichkeit im familiären Verbund" als Hauptaufgabe der Familie und „gesellschaftliches und gleichzeitig staatliches Stabilisierungselement"[499]

495 Zum Institut der Ehe, BVerfGE 31, 58 ff. (69).

496 Vgl. *Wapler*, Familie und Familienschutz im Wandel, RW 2015, 58 ff. (59 ff.).

497 Vgl. v. Münch/Kunig/*Coster-Waltjen*, Art. 6 GG Rn. 3.

498 Diese gesellschaftlichen Änderungen lassen sich vor allem außerhalb der Rechtsprechung zu Art. 6 Abs. 1 GG festmachen, so sind heute Alleinerziehende, unverheiratete und auch gleichgeschlechtliche Elternpaare keine Seltenheit mehr, vgl. m.w.N. *Classen*, DVBl. 2013, 1086 ff. (1086). So handelte es sich im Jahr 2011 bei ca. 20 % der Familien (8,2 Mio.) mit minderjährigen Kindern um alleinerziehende Mütter oder Väter, Bundesministerium für Familie, Senioren, Frauen und Jugend, Alleinerziehende in Deutschland – Lebenssituationen und Lebenswirklichkeiten von Müttern und Kindern, 5, abrufbar unter: https://www.bmfsfj.de/blob/76232/4abcbfc3b6124fccc2766fd4cc11e87c/monitor-familienforschung-ausgabe-28-data.pdf, zuletzt abgerufen am: 26.5.2024.

499 *Renner*, Familienlasten- oder Familienleistungsausgleich?, S. 48, dort als Fußn. 218: *Kaufmann*, 125, sieht das Vorhandensein von Kindern als für die Stabilisierung von starker Bedeutung an, nach Auffassung des BVerfG (E 76, S. 1, 71) ist die „Lebenshilfe, die der einzelne in Ehe und Familie erhalten kann, von grundlegender Bedeutung für die Ordnung des Gemeinschaftslebens", auch *P. Kirchhof*, in: *Jans/Zimmermann*, Familienlastenausgleich? Plädoyers für eine gerechte Familienpolitik, S. 7 ff. (8) sagt, dass der freiheitliche Staat in seiner Existenz auf die Familie angewiesen sei.

angesehen. Dies könnte ein Anzeichen dafür sein, dass sich das Verständnis des Schutzbereichs von Art. 6 Abs. 1 GG im Lauf der Zeit verändert hat.

*(bb) Schutzbereich über die „Kernfamilie" hinaus*

Das Grundgesetz schützt Ehe und Familie mit Art. 6 Abs. 1 GG im Unterschied zur Weimarer Reichsverfassung als jeweils eigenständiges Institut.[500] Zu Beginn der verfassungsgerichtlichen Rechtsprechung wurde der Schutzbereich des Grundrechts auf Familie auf die Beziehung zwischen verheirateten Eltern und ihren minderjährigen Kindern reduziert,[501] dies wandelte sich jedoch rasch dahingehend, dass unter dem verfassungsrechtlichen Begriff der Familie die Gemeinschaft von Eltern und ihren minderjährigen Kindern verstanden wird,[502] gleichgültig ob es sich um verheiratete oder nicht verheiratete Eltern handelt, ob die Eltern zusammen oder getrennt leben oder ob überhaupt nur ein Elternteil aktiv am Leben des Kindes teilnimmt.[503] Auch das Verhältnis zwischen Adoptiveltern und -kindern,[504] Stiefeltern und -kindern[505] sowie Pflegeeltern und -kindern[506] wird selbstverständlich als Familie im Sinne des Art. 6 Abs. 1 GG angesehen.[507]

Da „Familie" weder eine feststehende Tatsache noch ein feststehender Begriff ist, muss geklärt werden, ob das besondere Verhältnis und die daraus resultierende Einstandspflicht auch über die Kernfamilie hinaus oder unter volljährigen Mitgliedern der Kernfamilie besteht.

---

500 Vgl. v. Münch/Kunig/*Coester-Waltjen*, Art. 6 GG Rn. 4 f.; Dürig/Herzog/Scholz/*Badura*, Art. 6 GG Rn. 3 ff.; *Brosius-Gersdorf*, Demografischer Wandel und Familienförderung, S. 203; *P. Kirchhoff*, in: *Jans/Zimmermann*, Familienlastenausgleich? Plädoyers für eine gerechte Familienpolitik, S. 7 ff. (9).

501 Siehe u.a. BVerfGE 10, 59 ff. (66); BVerfGE 24, 119 ff. (135); BVerfGE 25, 167 ff. (196).

502 BVerfGE 18, 97 ff. (105 f.); BVerfGE 48, 327 ff. (339).

503 *Tünnemann*, Der verfassungsrechtliche Schutz der Familie, S. 111 ff.; *Brosius-Gersdorf*, Demografischer Wandel und Familienförderung, S. 202 f.; *Idel*, Der Familienbegriff grund- und einfachrechtlicher Normen, S. 45 ff.

504 *Meyer* in Althammer/Klammer, Ehe und Familie in der Steuerrechts- und Sozialordnung, 123 ff. (130); *Moritz*, Die (zivil-)rechtliche Stellung Minderjähriger, S. 109.

505 BVerfGE 18, 97 ff. (106).

506 BVerfGE 68, 176 ff. (187).

507 *Tünnemann*, Der verfassungsrechtliche Schutz der Familie, S. 113; *Brosius-Gersdorf*, Demografischer Wandel und Familienförderung, S. 202; v. Münch/Kunig/*Heidenhoff*, Art. 6 GG Rn. 69; *Pechstein*, Familiengerechtigkeit als Gestaltungsgebot für die staatliche Ordnung, S. 86 ff.

*(i) Volljährige „Kernfamilie“*

Das Bundesverfassungsgericht stellte fest, dass Art. 6 Abs. 1 GG über den für die insbesondere für den Staat wichtige Reproduktions- und Sozialisationsfunktion hinaus weitere Bereiche abdeckt. So reicht der „Schutz des Familiengrundrechts [...] über den Zweck hinaus, einen besonderen personellen Raum kindlicher Entfaltungsmöglichkeiten zu sichern. Er zielt generell auf den Schutz spezifisch familiärer Bindungen,[508] wie sie auch zwischen erwachsenen Familienmitgliedern[509] und auch – wenngleich regelmäßig weniger ausgeprägt – über mehrere Generationen hinweg zwischen den Mitgliedern einer Großfamilie bestehen können.“[510]

Demnach bietet Familie für jeden einen wertvollen Schutzraum, der die Entfaltungsmöglichkeit des Einzelnen gewährleistet[511] und Beistand in schwierigen Situationen bietet.[512] Dieser Beistand wird auch noch erbracht, wenn die Kinder volljährig und die Eltern alt oder pflegebedürftig geworden sind. Damit besteht der besondere Schutzraum der Familie auch noch fort, wenn die Kinder nicht mehr auf die Betreuung und Zuwendung der Eltern angewiesen sind und sich das Eltern-Kind Verhältnis von einer Betreuungsgemeinschaft zu einer Lebens- oder sogar zu einer bloßen Begegnungsgemeinschaft gewandelt hat.[513]

Die Rechtsprechung differenziert die Intensität des Schutzes den Art. 6 Abs. 1 GG gewährt dabei danach, ob es sich um eine Lebens-, Haus- oder Begegnungsgemeinschaft handelt,[514] d.h. danach, ob sich die Familienmitglieder tatsächlich Beistand leisten, unter einem Dach zusammenleben oder sich „nur“ gelegentlich treffen. Bei der Pflege eines Familienmitglieds handelt es sich entsprechend der Rechtsprechung des Bundesverwaltungsgerichts stets um eine Beistands- und Betreuungsgemeinschaft, damit kommt es anders als bei einer Haus- oder Lebensgemeinschaft, die immer dann gegeben ist, wenn Unterhalt und Beistand im Rahmen der §§ 1612 Abs. 1, 1618a BGB geleistet wird und die Beteiligten in einer Hausgemeinschaft leben,[515] nicht auf das Zusammenleben von Pflegebedürftigem und Pflegeperson an.[516] Die Beziehung ist dann vielmehr

---

508 Vgl. BVerfGE 133, 59 ff. (82 f.) m.w.N.

509 Vgl. BVerfGE 80, 81 ff. (91) m.w.N.

510 BVerfGE 136, 382 ff. (388).

511 *P. Kirchhof*, in: *Jans/Zimmermann*, Familienlastenausgleich? Plädoyers für eine gerechte Familienpolitik, 7 ff. (8 f.).

512 *Moderegger*, Der verfassungsrechtliche Familienschutz, S. 25.

513 Siehe nur BVerfG v. 25.10.1995 – 2 BvR 901/95, NVwZ 1996, 1099 ff. (1099 f.).

514 BVerfGE 80, 81 ff. (90 f.).

515 BVerfGE 80, 81 ff. (91).

516 BVerfG v. 9.1.2009 – 2 BvR 1064/08, NVwZ 2009, 387 ff. (387 f.).

dadurch gekennzeichnet, dass die volljährigen Kinder Verantwortung für ihre Eltern übernehmen und diese existenziell auf die Unterstützung angewiesen sind. Aufgrund der „lebenslange[n] Verpflichtung […], einander Beistand zu leisten“[517] ist auch diese Beziehung schutzbedürftig im Sinne des Art. 6 Abs. 1 GG.

*(ii) Erweiterte Kernfamilie*

Der Schutzbereich des Art. 6 Abs. 1 GG könnte sich auch auf die familiäre Bindung zwischen (Ur-)Enkeln sowie Groß- und Urgroßeltern beziehen. Diese Beziehung soll im Folgenden als erweiterte Kernfamilie bezeichnet werden und Personen umfassen, die in gerader Linie im Sinne des § 1598 Abs. 1 S. 1 BGB miteinander verwandt sind. Anhaltspunkte für eine Einbeziehung in den Schutzbereich liefert nicht zuletzt die gesetzliche Unterhaltspflicht aus § 1601 BGB, wonach Verwandte in gerader Linie – Kinder, Eltern sowie Groß- und Urgroßeltern – wechselseitig unterhaltspflichtig sind.[518]

Die Frage, ob auch die familiäre Bindung zwischen Enkeln sowie Groß- und Urgroßeltern vom Familienbegriff des Art. 6 Abs. 1 GG erfasst wird, wird weder in Rechtsprechung noch Literatur einheitlich beantwortet. Teilweise wird der besondere Schutz des Art. 6 Abs. 1 GG auch für die sogenannte „Großfamilie“ bejaht,[519] „jedenfalls soweit die Großfamilie tatsächlich der Kleinfamilie vergleichbare Aufgaben wahrnimmt und entsprechende Entlastungs- und Reproduktionsfunktionen erfüllt“.[520] Denn während die Geburt von Kindern tatsächlich nur in einer Kleinfamilie stattfindet, erbringt eine Großfamilie über diese „Funktion“ hinaus in großem Maß Pflege-, Erziehungs- und Beistandsaufgaben.[521] Auch die Verbindung zwischen Enkeln, Großeltern und Urgroßeltern kann demnach als Familie im Sinne des Art. 6 Abs. 1 GG besonders schutzbedürftig sein.[522]

Wie auch bei dem Grundrechtsschutz hinsichtlich der Gemeinschaft zwischen Eltern und ihren erwachsenen Kindern kann bei der Beziehung zwischen Enkeln, Groß- und Urgroßeltern zwischen Lebens-, Haus- und Begegnungsgemeinschaft[523]

517 BVerfGE 57, 170 ff. (178).

518 § 1601 BGB.

519 BVerfGE 136, 382 ff.(389) m.w.N.

520 *Brosius-Gersdorf*, Demografischer Wandel und Familienförderung, S. 206.

521 Vgl. *Brosius-Gersdorf*, Demografischer Wandel und Familienförderung, S. 205.

522 *Otte*, FamRZ 2013, 585 ff.; im Umkehrschluss v. Münch/Kunig/*Coester-Waltjen*, Art. 6 GG Rn. 11; Vgl. Urteil des EGMR vom 13.6.1979 – 6833/74 – NJW 1979, 2449 ff. (2452); für die Beziehung zwischen Enkelkindern und Großeltern auch BVerfG vom 24.6.2014 – 1 BvR 2926/13, FamRZ 2014, 1435 ff.

523 BVerfGE 80, 81 ff. (90 f.).

unterschieden werden. Die Intensität des Schutzes nimmt dabei entsprechend der Intensität der jeweiligen Gemeinschaft kontinuierlich ab.[524]

#### *bb) Resümee*

Die Pflege eines nahen Angehörigen wird vom Schutzbereich des Art. 6 Abs. 1 GG erfasst. Familie kann nicht allein auf ihre Reproduktionsfunktion verwiesen werden. Die besondere Schutzbedürftigkeit der Familie beruht auch auf den vielfältigen Aufgaben, die sie in der Gesellschaft jenseits von Geburt und Erziehung der Kinder erfüllt. Die Förderpflicht des Staates erfasst somit nicht allein die Kernfamilie, sondern geht darüber hinaus, so weit im Rahmen der Familie Verantwortung füreinander übernommen wird.

Die Förderpflicht aus Art. 6 Abs. 1 GG ist geeignet, einen Eingriff in die Berufsfreiheit der Arbeitgeber aus Art. 12 Abs. 1 GG zu rechtfertigen. Auch bei den Zielen Arbeitszeit und Pflege miteinander in Einklang zu bringen und eine Beendigung beziehungsweise Unterbrechung der Erwerbstätigkeit zu verhindern, handelt es sich um vernünftige Erwägungen des Allgemeinwohls, die die Regelung eines Rechtsanspruchs auf Familienpflegezeit zweckmäßig erscheinen lassen. Auch die geringe Inanspruchnahme des Familienpflegezeitgesetzes vor Inkrafttreten des Rechtsanspruchs[525] und die demgegenüber hohe Zahl pflegender Angehöriger[526] weist in diese Richtung.

### *c) Verhältnismäßigkeit*

Die Regelung eines Rechtsanspruchs auf Familienpflegezeit dient demnach dem Schutz von Familien und entspricht vernünftigen Gründen des Allgemeinwohls. Die Einschränkung der Berufsfreiheit der Arbeitgeber auf diesem Weg muss allerdings auch verhältnismäßig sein. Der Grundsatz der Verhältnismäßigkeit ergibt sich „[…] aus dem Rechtsstaatsprinzip, im Grunde bereits aus dem Wesen der Grundrechte selbst, die als Ausdruck des allgemeinen Freiheitsanspruchs des Bürgers gegenüber dem Staat von der öffentlichen Gewalt jeweils nur so weit beschränkt werden dürfen, als es zum Schutz öffentlicher

---

524 Vgl. v. Münch/Kunig/*Coester-Waltjen*, Art. 6 GG Rn. 11.

525 BT-Drs. 17/12330, S. 2.

526 Deutsche Rentenversicherung, Versicherungsbericht 2019 – Statistische Analysen zu den Versicherten der Deutschen Rentenversicherung, S. 58 ff., abrufbar unter: https://www.deutsche-rentenversicherung.de/SharedDocs/Downloads/DE/Statistiken-und-Berichte/Berichte/versichertenbericht_2019.pdf?__blob=publicationFile&v=2, zuletzt abgerufen am: 26.5.2024.

Interessen unerläßlich ist."[527] Die Verhältnismäßigkeit liegt demnach dann vor, wenn die Regelung zur Erreichung des vom Gesetzgeber verfolgten Zwecks – hier der besseren Vereinbarkeit von Berufstätigkeit und Pflege – geeignet und erforderlich ist, und wenn bei einer Gesamtabwägung zwischen Schwere des Eingriffs und Gewicht der rechtfertigenden Gründe die Grenze der Zumutbarkeit gewahrt bleibt.[528]

Die Geeignetheit einer Regelung ist nach der Rechtsprechung des BVerfG bereits dann gegeben, wenn das Erreichen des Zwecks möglich erscheint[529] und die Regelung des Gesetzgebers den gewünschten Erfolg fördern kann.[530] Der Grundsatz der Erforderlichkeit gebietet es, bei mehreren gleichgeeigneten Maßnahmen diejenige zu wählen, die die Betroffenen am wenigsten beeinträchtigen wird.[531] Bei der Einschätzung kommt dem Gesetzgeber ein erheblicher Beurteilungs- und Prognosespielraum zu.[532]

Mit dem Familienpflegezeitgesetz soll eine Reduzierung der Arbeitszeit zur Pflege eines nahen Angehörigen ermöglicht und durch die Regelung eines Rechtsanspruchs die Akzeptanz und tatsächliche Inanspruchnahme der Familienpflegezeit gestärkt werden. Die gesetzliche Regelung eines Rechtsanspruchs auf Familienpflegezeit ist damit nicht gänzlich untauglich oder ersichtlich ungeeignet, um die Vereinbarkeit von Berufstätigkeit und Pflege zu fördern.

Die Einräumung eines Rechtsanspruchs wäre jedoch dann nicht erforderlich, wenn dem Gesetzgeber mildere, gleichermaßen geeignete Mittel zur Verfügung stünden. Dies wäre etwa dann der Fall, wenn der Arbeitgeber bereits aufgrund seiner Rücksichtnahme- und Schutzpflichten[533] dazu verpflichtete wäre, eine Reduzierung der Arbeitszeit zur Pflege eines nahen Angehörigen zu ermöglichen. Verwiesen werden kann hier auf die alte Fassung des

527 BVerfGE 19, 342 ff. (348).

528 Vgl. BVerfGE 81, 156 ff. (189); BVerfGE 77, 308 ff. (332).

529 BVerfGE, 96, 10 ff. (23); BVerfGE 115, 276 ff. (308).

530 BVerfGE 33, 171 ff. (187).

531 V. Münch/Kunig/*Kämmerer*, Art. 12 GG Rn. 71; Umbach/Clemens/*Clemens*, Vor Art. 2 ff. GG Rn. 78.

532 BVerfGE 30, 292 ff. (319); BVerfGE 121, 317 ff. (354); BVerfGE 81, 156 ff. (193); Umbach/Clemens/*Clemens*, Vor Art. 2 ff. GG Rn. 78; v. Münch/Kunig/*Kämmerer*, Art. 12 GG Rn. 71.

533 Siehe zur Fürsorgepflicht des Arbeitgebers HWK/*Thüsing*, § 611a BGB Rn. 397; ErfK/*Preis*, § 611a BGB Rn. 708 f.; Schaub/*Ahrendt*, § 106 Rn. 1. Demnach sind die Arbeitgeber aus §§ 241 Abs. 2 und 242 BGB allgemein verpflichtet, die Interessen ihrer Arbeitnehmer zu wahren.

Familienpflegezeitgesetzes, wonach eine Familienpflegezeit aufgrund einer freiwilligen schriftlichen Vereinbarung zwischen Arbeitgeber und Beschäftigtem zustande kommen konnte.[534]

Der Rücksichtnahme- und Schutzpflicht der Arbeitgeber unterfallen allerdings nur solche Sachverhalte, die sich aus der vertraglichen Sonderbindung zwischen Arbeitgeber und Arbeitnehmer ergeben.[535] Das bedeutet, die schutzwürdigen Interessen des Beschäftigten müssen einen inneren Bezug zum Arbeitsverhältnis aufweisen. Bei dem Wunsch, die Arbeitszeit zu reduzieren, um die Pflege eines nahen Angehörigen übernehmen zu können, handelt es sich jedoch ausschließlich um ein privates Interesse des Beschäftigten. Arbeitgeber sind nicht verpflichtet, auf die private oder finanzielle Situation ihrer Beschäftigten einzugehen oder sie bei der Bewältigung dieser Probleme zu unterstützen.[536] Ein milderes Mittel zur Erreichung des Ziels, Akzeptanz und tatsächliche Inanspruchnahme zu fördern, ist damit nicht ersichtlich.

Schließlich darf der Eingriff in die Berufsfreiheit der Arbeitgeber durch die gesetzliche Regelung eines Rechtsanspruchs auf Familienpflegezeit für die Arbeitgeber keine übermäßige Belastung darstellen. Die Regelung eines Rechtsanspruchs auf Reduzierung der Arbeitszeit greift – wie dargestellt – in die unternehmerischen Interessen der Arbeitgeber ein. Diese haben ein grundrechtlich geschütztes Interesse daran, den Arbeitsablauf in ihren Betrieben beziehungsweise Unternehmen frei zu organisieren und im Rahmen des Direktionsrechts ungehindert auf die Arbeitskraft der Beschäftigten zurückzugreifen.

Demgegenüber steht die Pflicht des Gesetzgebers, Ehe und Familie besonders zu schützen, das Interesse der Beschäftigten, die Pflege eines nahen Angehörigen zu übernehmen und so den Verbleib in häuslicher Umgebung zu ermöglichen sowie das öffentliche Interesse, Pflege so lange wie möglich in häuslicher Umgebung zu ermöglichen und staatliche Systeme zu entlasten. Die Regelungen der Familienpflegezeit sollen zu einer Entlastung der Pflegeversicherung durch eine Förderung der häuslichen Pflege beitragen.[537] Außerdem soll verhindert werden, dass Pflegepersonen ihre Erwerbstätigkeit aufgeben und die Beitragszahlungen in das Sozialversicherungssystem so komplett entfallen.

---

534 § 3 Abs. 1 Nr. 1 FPfZG a.F.

535 *Kort*, NZA 1996, 854 ff. (854 f.); *Wiese*, ZfA 1996, 439 ff. (460).

536 MüHdB-ArbR/*Reichold*, § 91 Rn. 12 f.

537 Die Kosten für eine ambulante Pflege zu Hause bleiben bei Inanspruchnahme von Pflegegeld nach § 37 SGB XI mit 41 %, 43 % und 45 % des jeweiligen Betrags, der für eine vollstationäre Pflege nach § 43 SGB XI erbracht wird, je nach Pflegegrad weit hinter diesen Leistungen zurück.

Die Regelung eines Anspruchs auf Familienpflegezeit stellt eine Ausprägung des Sozialstaatsprinzips aus Art. 20 Abs. 1 und Art. 28 Abs. 1 GG dar. Danach ist der Gesetzgeber verpflichtet, „für eine gerechte Sozialordnung zu sorgen".[538] Zu einer solchen sollen unter anderem die Regelungen der Sozialversicherung beitragen, die die Versicherten gegen die Wechselfälle des Lebens absichern.[539] Durch die Pflegeversicherung – die sogenannte fünfte Säule der Sozialversicherung – soll lediglich eine Grundsicherung pflegerischer Versorgung sichergestellt werden.[540] Im Wesentlichen soll, wie durch § 3 SGB XI festgehalten, vorrangig die häusliche Pflege unterstützt werden. Darüber hinaus wird in § 8 Abs. 1 SGB XI klargestellt, dass die pflegerische Versorgung der Bevölkerung eine gesamtgesellschaftliche Aufgabe ist.[541] Mit der Regelung eines Rechtsanspruchs auf Familienpflegezeit wird das Sozialstaatsprinzip für den Bereich der Pflege weiter konkretisiert.[542]

Das Ziel des Gesetzgebers, die Vereinbarkeit von Berufstätigkeit und Pflege für pflegende Angehörige zu verbessern, lässt sich nur verwirklichen, wenn die Arbeitgeber in diese Lösung eingebunden werden. Denn Berufstätigkeit und Pflege können in den allermeisten Fällen nicht uneingeschränkt gleichzeitig stattfinden, da die Pflege- und Betreuungstätigkeiten sowie die Pflichten aus dem jeweiligen Arbeitsverhältnis meist während der gleichen Tageszeiten ausgeübt werden müssen.

Wie bereits dargestellt, entspricht es dem Interesse sowohl der Betroffenen als auch der Gesellschaft als Ganzes, wenn Pflegebedürftige möglichst lange in häuslicher Umgebung gepflegt und betreut werden können.[543] Den entgegenstehenden Interessen der Arbeitgeber soll dadurch Rechnung getragen werden, dass ein Anspruch auf Familienpflegezeit nur in Betrieben mit in der Regel mehr als 25 Beschäftigten[544] besteht und bei entgegenstehenden dringenden

---

538 BVerfGE 94, 241 ff. (263).

539 KassKomm/*Wehrhahn*, SGB I, § 4 Rn. 8.

540 BT-Drs. 12/5262, S. 2, 90.

541 Siehe bereits oben unter Erster Teil B. II. 1. d).

542 Die Verantwortung der Gesellschaft, die Betreuung und Versorgung pflegebedürftiger Menschen sicherzustellen, beruht jedoch nicht allein und ausschließlich auf der rechtlichen Grundlage des Sozialstaatsprinzips. So werden beispielsweise in Art. 25 der Charta der Grundrechte der Europäischen Union (2010/C 83/02; Abl. C 83/389) die Rechte älterer Menschen genannt. Darin heißt es, dass die Union das Recht älterer Menschen auf ein würdiges und unabhängiges Leben und auf Teilnahme am sozialen und kulturellen Leben anerkennt und achtet.

543 Siehe bereits oben unter Erster Teil B.

544 § 2 Abs. 1 S. 4 FPfZG. Zur Kritik an dieser Regelung siehe unten unter Zweiter Teil B. I.

betrieblichen Gründen abgelehnt werden kann.[545] Diese können sowohl der Reduzierung der Arbeitszeit als auch der Verteilung der Arbeitszeit entgegengehalten werden. Eine gesetzliche Definition der entgegenstehenden dringenden betrieblichen Gründe erfolgt allerdings auch im Familienpflegezeitgesetz nicht.

#### *d) Zusammenfassung*

Die Regelung eines Rechtsanspruchs auf Familienpflegezeit ist mit der Berufsfreiheit der Arbeitgeber aus Art. 12 Abs. 1 GG vereinbar.

Das Ziel des Gesetzgebers, die Vereinbarkeit von Berufstätigkeit und Familie zu verbessern und häusliche Pflege zu fördern, kommt nicht nur den individuell Betroffenen, sondern der Gesellschaft als Ganzes zugute. Nicht zuletzt der demografische Wandel führt dazu, dass die Zahl der pflegebedürftigen alten Menschen im Verhältnis zu Erwerbstätigen weiter wachsen wird.[546] Gleichzeitig kann die Betreuung und Pflege der Pflegebedürftigen nicht allein durch stationäre Einrichtungen sichergestellt werden.[547] Die Unterstützung der Beschäftigten, die die Pflege eines nahen Angehörigen übernehmen möchten, dient darüber hinaus dem besonderen Schutz der Familie aus Art. 6 Abs. 1 GG. Arbeitgeber werden durch die Einführung eines Rechtsanspruchs nicht übermäßig belastet, da dringende betriebliche Gründe entgegengehalten werden können und ein Anspruch erst in Betrieben mit in der Regel mehr als 25 Beschäftigten besteht.[548] Der Rechtsanspruch auf Familienpflegezeit stellt demnach keinen verfassungswidrigen, da gerechtfertigten Eingriff in die Berufsfreiheit der Arbeitgeber dar.

## II. Vereinbarkeit mit Art. 3 Abs. 2 GG

Informelle Pflege wird aktuellen Zahlen zufolge zu einem weit überwiegenden Teil von Frauen ausgeübt.[549] Daher könnten Arbeitgeber durch die überwiegende Einstellung von Männern zu verhindern suchen, dass in ihren

545 § 2a Abs. 2 S. 2 FPfZG; § 3 Abs. 4 S. 2 PflegeZG.Vgl. zu der Regelung in § 8 TzBfG und in § 15 BEEG, *Reiserer/Penner*, BB 2002, 1962 ff. (1962).

546 Siehe auch unten unter Fünfter Teil.

547 *Maschmann*, SGb 95, 325 ff. (325); vgl. auch *Nägele/Reichert*, in: Naegele/Reichert (Hrsg.), Vereinbarkeit von Erwerbstätigkeit und Pflege – Nationale und internationale Perspektiven I, 14 ff. (16).

548 Vgl. BAG zu der Frage, ob der Aufstockungsbetrag während es Mutterschutzes aus § 14 MuSchG verfassungswidrig ist, BVerfGE 109, 64 ff. (90 f.).

549 Siehe hierzu oben unter Erster Teil A. I. und Zweiter Teil A.

Unternehmen oder Betrieben vermehrt Familienpflegezeit nachgefragt wird.[550] Der Rechtsanspruch auf Familienpflegezeit könnte so einen mittelbaren Verstoß gegen den Gleichheitssatz des Art. 3 Abs. 2 GG darstellen.

In Bezug auf die Rechtmäßigkeit des Zuschussbetrages, den Arbeitgeber nach § 14 Abs. 1 MuSchG a.F. zum Mutterschaftsgeld zahlen mussten, hat das BVerfG entschieden, dass ein Verstoß gegen Art. 3 Abs. 2 GG vorliegt, da durch die Kostenlast für Arbeitgeber „Einstellungschancen von Frauen im gebärfähigen Alter“ gehemmt werden könnten.[551] Allerdings kann die tatsächliche Situation, die Mutterschutz und Familienpflegezeit zugrunde liegt, nicht miteinander verglichen werden. Eine Schwangerschaft kann ausnahmslos Frauen treffen, insofern war es für Arbeitgeber tatsächlich möglich, die Belastungen, die im Rahmen des Mutterschutzgesetzes eintreten konnten, zu vermeiden, indem keine Frauen im gebärfähigen Alter eingestellt wurden.[552]

Bei der Inanspruchnahme einer Familienpflegezeit ist die Verknüpfung mit dem Geschlecht dagegen nicht zwangsläufig gegeben. Die statistischen Zahlen zeigen, dass häusliche Pflege zu einem weit überwiegenden Teil von Frauen erbracht wird.[553] Frauen, die die Pflege eines nahen Angehörigen übernehmen, sind dabei meist zwischen 40 und 65 Jahre alt.[554] Die statistischen Erhebungen der letzten Jahre zeigen aber auch, dass die Zahl der pflegenden Männer stetig steigt.[555] Für einen Arbeitgeber ist damit nicht gewährleistet, dass die Zahl der Beschäftigten in Familienpflegezeit tatsächlich reduziert wird, wenn keine oder weniger weibliche Beschäftigte eingestellt werden. Ein Verstoß gegen das Diskriminierungsverbot aus Art. 3 Abs. 2 GG liegt somit nicht vor.

## III. Fazit

Der Rechtsanspruch auf Gewährung einer Familienpflegezeit verstößt nicht gegen die Berufsfreiheit der Arbeitgeber aus Art. 12 Abs. 1 GG. Zwar greift

550 Vgl. das Urteil des BVerfG zur Vereinbarkeit von § 14 Abs. 1 MuSchG a.F. mit Art. 12 Abs. 1 GG, BVerfGE 109, 64 ff. (84 f.).

551 BVerfGE 109, 64 ff. (90 f.).

552 BVerfGE 109, 64 ff. (90 f.).

553 Siehe bereits oben unter Erster Teil A. I. und Zweiter Teil A.

554 *Nowossadeck/Engstler/Klaus*, Pflege und Unterstützung durch Angehörige, DZA 1/2016, S. 10.

555 In den Jahren 1991–2002 ist die Zahl der männlichen Hauptpflegeperson von 17 % auf 27 % angestiegen, *Schneekloth*, Möglichkeiten und Grenzen selbstständiger Lebensführung in privaten Haushalten (MuG III), S. 77.

die Regelung in dieses Recht der Arbeitgeber ein: Die Beschäftigten haben – bei Vorliegen der Voraussetzungen – einen Anspruch auf Reduzierung ihrer Arbeitszeit zur Pflege eines nahen Angehörigen. Damit können die Arbeitgeber in dieser Zeit nicht uneingeschränkt auf die Arbeitskraft ihrer Beschäftigten zugreifen. Die Planung und Ausgestaltung der Arbeitszeit und damit ein Teil der betrieblichen Organisation sind während der Dauer der Familienpflegezeit eingeschränkt. Der Eingriff in die Berufsfreiheit der Arbeitgeber ist allerdings gerechtfertigt, da auch die Interessen der Arbeitgeber Berücksichtigung finden, indem dringende betriebliche Interessen in die Entscheidung einfließen. So besteht ein Rechtsanspruch auf Familienpflegezeit nur in Betrieben mit in der Regel mehr als 25 Beschäftigten und kann vom Arbeitgeber abgelehnt werden, wenn dringende betriebliche Gründe entgegenstehen. Der Eingriff in den Schutzbereich des Art. 12 Abs. 1 GG ist somit verhältnismäßig.

Auch ein Verstoß gegen den Gleichheitssatz des Art. 3 Abs. 2 GG ist nicht gegeben. Ziel des Gesetzes ist es, die Vereinbarkeit von Erwerbstätigkeit und Pflege für alle Beschäftigten zu erleichtern. Allein die Tatsache, dass die Pflege naher Angehöriger mehrheitlich von Frauen übernommen wird, lässt keinen Rückschluss darauf zu, dass die Gewährung eines Rechtsanspruchs auf Familienpflegezeit zur Diskriminierung von Frauen auf dem Arbeitsmarkt führt. Vielmehr können Arbeitgeber durch die gezielte Einstellung von Männern gerade nicht verhindern, dass in ihren Betrieben Familienpflegezeit in Anspruch genommen wird.

## C. Zur Ausgestaltung des Rechtsanspruchs auf Familienpflegezeit

Ein Anspruch auf Familienpflegezeit besteht gemäß § 2 Abs. 3 FPfZG i.V.m. § 7 Abs. 1 PflegeZG für Beschäftigte. Dies sind gemäß § 7 Abs. 1 Nr. 1–3 PflegeZG Arbeitnehmer (Nr. 1), zu ihrer Berufsbildung Beschäftigte (Nr. 2) und Personen, die wegen ihrer wirtschaftlichen Unselbstständigkeit als arbeitnehmerähnliche Personen anzusehen sind; zu diesen gehören auch die in Heimarbeit Beschäftigten und die ihnen Gleichgestellten (Nr. 3).

Zur Einordnung des Anspruchs auf Familienpflegezeit bietet sich ein Vergleich mit bereits bestehenden Regelungen an, die Arbeitnehmern einen Anspruch auf Reduzierung ihrer Arbeitszeit gewähren. Denn die Gewährung eines Anspruchs auf längerfristige, befristete Reduzierung der Arbeitszeit stellt für sich genommen keine systematische Neuerung innerhalb der arbeitsrechtlichen Gesetzgebung dar. Arbeitnehmer hatten bereits zuvor einen Anspruch auf Freistellung von der Arbeitspflicht gegenüber ihrem Arbeitgeber zur Reduzierung der Arbeitszeit nach dem TzBfG zur Betreuung eines Kindes nach dessen

Geburt bis zum Erreichen des dritten beziehungsweise achten Lebensjahres nach dem BEEG sowie zur Pflege naher Angehöriger nach dem PflegeZG. Sowohl im Rahmen von Eltern- als auch Pflegezeit ist neben einer kompletten Freistellung von der Arbeitsleistung eine befristete Teilzeittätigkeit möglich.[556] Allerdings stellt die Ausweitung des Geltungsbereichs über Arbeitnehmer nach § 611a Abs. 1 BGB auf Beschäftigte bereits im PflegeZG eine Neuerung dar.

Die unterschiedlichen Regelungen, die einen Anspruch auf Reduzierung der Arbeitszeit vermitteln, verfolgen unterschiedliche Ziele, sodass der jeweilige Anspruch zwangsläufig unterschiedlichen Gruppen von Arbeitnehmer beziehungsweise Beschäftigten zugutekommt. Darüber hinaus weichen aber auch die formalen Voraussetzungen, die erfüllt sein müssen, damit ein Anspruch auf die jeweilige Arbeitszeitreduzierung besteht, teilweise erheblich voneinander ab, ohne dass der Gesetzgeber hierfür einen Grund angibt. So sind die Beschäftigten im Rahmen des FPfZG und des PflegeZG zur Durchsetzung ihres Anspruchs auf den Rechtsweg verwiesen,[557] während sich die Arbeitszeit nach BEEG und TzBfG automatisch verringert, wenn der Arbeitgeber der Verringerung nicht fristgerecht widerspricht.[558]

Im Folgenden werden die unterschiedlichen Voraussetzungen kurz skizziert und die systematischen Mängel, die sich daraus teilweise ergeben, dargestellt.

## I. Anspruchsberechtigter Personenkreis

Beschäftigte haben gemäß § 2 Abs. 1 S. 1 FPfZG einen Anspruch auf Familienpflegezeit, wenn sie einen pflegebedürftigen nahen Angehörigen in häuslicher Umgebung pflegen. Nahe Angehörige sind nach § 2 Abs. 3 FPfZG i.V.m. § 7 Abs. 3 PflegeZG Großeltern, Eltern, Schwiegereltern, Stiefeltern, Ehegatten, Lebenspartner, Partner einer eheähnlichen oder lebenspartnerschaftsähnlichen Gemeinschaft, Geschwister, Ehegatten der Geschwister und Geschwister der Ehegatten, Lebenspartner der Geschwister und Geschwister der Lebenspartner sowie Kinder, Adoptiv- oder Pflegekinder, die Kinder, Adoptiv- oder Pflegekinder des Ehegatten oder Lebenspartners, Schwiegerkinder und Enkelkinder.

556 § 3 Abs. 1 S. 1, Abs. 3 S. 2 PflegeZG; § 15 Abs. 4 BEEG.

557 Voraussetzung der Familienpflege- beziehungsweise Pflegezeit ist eine schriftliche Vereinbarung zwischen Arbeitgeber und Beschäftigtem über die Verringerung der Arbeitszeit (§ 2a Abs. 2 S. 1 FPfZG; § 3 Abs. 4 S. 1 PflegeZG). Kommt diese nicht zustande, obwohl keine dringenden betrieblichen Gründe entgegenstehen, hat der Beschäftigte Klage auf Abschluss der Vereinbarung zu erheben; HK-ArbR/*Rühl* § 3 PflegeZG Rn. 12.

558 § 15 Abs. 7 S. 5 BEEG, § 8 Abs. 5 S. 2 TzBfG.

Auch wenn die Regelungen, die die Anspruchsberechtigten eines Anspruchs auf Familienpflege- bzw. Pflegezeit festschreiben, damit über die europarechtlichen Vorgaben hinausgehen, die in Art. 6 Abs. 1 bzw. Art. 9 Abs. 1 i.V.m. Art. 3 Abs. 1e) VereinbarkeitsRL einen Anspruch für Sohn, Tochter, Mutter, Vater, Ehepartner oder, sofern das nationale Recht diese Partnerschaften vorsieht, Partner in einer eingetragenen Partnerschaft vorsieht, besteht weiterhin Umsetzungsbedarf dahingehend, dass pflegende Angehörige nach Art. 3 Abs. 1d) VereinbarkeitsRL auch solche Personen sind, die eine im gleichen Haushalt wie der Arbeitnehmer lebende Person pflegen oder unterstützen. Der Anspruch, den die Vereinbarkeitsrichtlinie auf Urlaub für pflegende Angehörige bzw. flexible Arbeitsregelungen gewährt, geht damit über die Regelungen des Pflege- und Familienpflegezeitgesetzes hinaus. Beide Gesetze fordern in § 2 Abs. 1 S. 1 FPfZG und § 3 Abs. 1 S. 1 PflegeZG die Pflege in häuslicher Umgebung, allerdings besteht kein Anspruch auf Freistellung für Personen, die mit einer Person, die die nicht naher Angehöriger im Sinn des § 7 Abs. 3 PflegeZG ist, in häuslicher Gemeinschaft zusammenleben und diese pflegen möchten. Insoweit besteht nach wie vor Umsetzungsbedarf.[559]

## II. Betriebsgröße

Ein Anspruch auf Familienpflegezeit besteht gemäß § 2 Abs. 1 S. 4 FPfZG nicht in Unternehmen beziehungsweise Betrieben mit in der Regel 25 oder weniger Beschäftigten. Die zu ihrer Berufsbildung Beschäftigten werden bei der Berechnung der Betriebsgröße nicht mitgezählt.[560]

Der Gesetzentwurf der Bundesregierung sah für den Anspruch auf Familienpflegezeit zunächst die Voraussetzung einer Betriebsgröße von dauerhaft mehr als 15 Beschäftigten vor.[561] Die Anhebung der geforderten Betriebsgröße auf in der Regel mehr als 25 Beschäftigt erfolgte im Gesetzgebungsverfahren durch einen Änderungsantrag der Fraktion der CDU/CSU.[562] Hierzu wird ausgeführt,

---

559 Vgl. auch Stellungnahme 22-12 „Vereinbarkeitsrichtlinie endlich vollständig umsetzen" des Deutschen Juristinnenbundes v. 4.8.2022, abrufbar unter: https://www.djb.de/presse/stellungnahmen/detail/st22-12, zuletzt abgerufen am: 26.5.2024; a.A. EuArbRK/*Sprenger* RL (EU) 2019/1158 Art. 3 Rn. 21, 22, der davon ausgeht, dass das Zusammenleben mit dem Arbeitnehmer familiär geprägt sein muss, sodass unter Art. 3 Abs. 1 lit. e Vereinbarkeitsrichtlinie lediglich die bereits vom Angehörigenbegriff des § 7 Abs. 3 PflegeZG umfassten Adoptiv-, Stief- und Schwiegereltern bzw. -kinder fielen.

560 Siehe oben unter Erster Teil B. II. 3. a) cc).

561 BT-Drs. 18/3124, S. 9.

562 BT-Drs. 18/3449, S. 3, 10.

man habe „[…] Verbesserungen für Wirtschaft und Mittelstand erreicht, ohne das Grundanliegen des Gesetzes aufzugeben. Kleine Betriebe könnten den Ausfall von Mitarbeitern in der Regel schwerer verkraften als große. Man dürfe deren Arbeitsplätze nicht gefährden, weshalb die gefundene Regelung ein guter Kompromiss sei.“[563] Insbesondere der Kreis der kleinen und mittleren Unternehmen würde „[…] durch das Organisieren von Vertretungskräften für die Dauer der Familienpflegezeit vor erhebliche Herausforderungen gestellt […]“.[564]

Demgegenüber besteht ein Anspruch auf Pflegezeit nach § 3 Abs. 1 S. 2 PflegeZG gegenüber Arbeitgebern mit in der Regel 15 oder mehr Beschäftigten, die zu ihrer Berufsbildung Beschäftigten werden hier mitgezählt.[565] Für die unterschiedliche Betriebsgröße von dauerhaft mehr als 15 beziehungsweise 25 Beschäftigten, ab deren Erreichen ein Anspruch auf Freistellung nach dem Pflege- beziehungsweise Familienpflegezeitgesetz besteht, wird keine Begründung gegeben.

Zur Umsetzung der Vereinbarkeitsrichtlinie hat der Gesetzgeber mit Wirkung zum 24. Dezember 2022[566] in § 3 Abs. 3 S. 6 PflegeZG und § 2a Abs. 5a FPfZG klargestellt, dass auch Beschäftigte in Betrieben mit 25 beziehungsweise 15 oder weniger Arbeitnehmern einen Antrag auf Pflege- beziehungsweise Familienpflegezeit stellen können. Eine Pflege- beziehungsweise Familienpflegezeit kann in diesen Fällen allerdings nur auf Grundlage einer freiwilligen Vereinbarung in Anspruch genommen werden. Der Arbeitgeber hat den Antrag des Beschäftigten innerhalb von vier Wochen zu beantworten und muss seine Antwort bei einer Ablehnung formlos begründen. Sollte der Arbeitgeber die Frist verstreichen lassen, führt dies jedoch nicht zu einer Zustimmungsfiktion.[567]

Zur Einordnung der im Familienpflegezeitgesetz eingeführten Kleinbetriebsklausel, die kleine und mittlere Unternehmen vor Überforderung schützen soll,[568] bietet sich ein Vergleich mit bereits bestehenden Regelungen an, die Arbeitnehmern einen Anspruch auf Reduzierung ihrer Arbeitszeit gewähren und diesen ebenfalls von einer bestimmten Betriebsgröße abhängig machen. So kann Teilzeitarbeit während der Elternzeit gemäß § 15 Abs. 7

563 BT-Drs. 18/3449, S. 10.
564 BT-Drs. 18/3449, S. 12.
565 ErfK/*Gallner*, § 3 PflegeZG Rn. 1.
566 Gesetz zur weiteren Umsetzung der Richtlinie (EU) 2019/1158 des Europäischen Parlaments und des Rates vom 20.6.2019 zur Vereinbarkeit von Beruf und Privatleben für Eltern und pflegende Angehörige und zur Aufhebung der Richtlinie 2010/18/EU des Rates v. 19.12.2022, BGBl. 2022 I 2510.
567 BT-Drs. 20/3447, S, 18.
568 BT-Drs. 18/3449, S. 12.

Nr. 1 BEEG in Unternehmen mit in der Regel mehr als 15 Arbeitnehmern durchgesetzt werden, wobei die zu ihrer Berufsbildung Beschäftigten hier wiederum nicht mitgezählt werden.[569] Ein Anspruch auf Verringerung der Arbeitszeit gemäß § 8 Abs. 7 TzBfG besteht in Unternehmen beziehungsweise Betrieben mit in der Regel mehr als 15 Arbeitnehmern, unabhängig von der Anzahl der Personen in Berufsbildung. Ein Anspruch auf zeitlich befristete Verringerung der Arbeitszeit nach § 9a Abs. 1 S. 3, Abs. 7 TzBfG dagegen nur, wenn der Arbeitgeber in der Regel mehr als 45 Arbeitnehmer ausschließlich der zu ihrer Berufsbildung Beschäftigten beschäftigt. Ziel der Beschränkung eines Anspruchs auf Reduzierung der Arbeitszeit auf Betriebe beziehungsweise Unternehmen, die eine bestimmte Beschäftigten- beziehungsweise Arbeitnehmerzahl überschreiten, ist es, gerade kleine Unternehmen und (Handwerks)betriebe nicht zu überfordern.[570] Allerdings lässt sich aus den Gesetzesmaterialien nicht erkennen, anhand welcher Kriterien die jeweiligen Betriebsgrößen ermittelt wurden, bei deren Unterschreiten eine Überforderung der Betriebe befürchtet wird.

Auch bei der Berechnung der jeweiligen Betriebsgröße lässt sich keine durchgehende Systematik erkennen. Während die zu ihrer Berufsbildung Beschäftigten im Rahmen des BEEG, des TzBfG und des FPfZG nicht mitgezählt werden, sind sie bei der Berechnung der Betriebsgröße im Rahmen des PflegeZG einzubeziehen. Eine Erklärung ist auch hierfür nicht ersichtlich. So haben etwa zu ihrer Berufsbildung Beschäftigte einen Anspruch auf Elternzeit,[571] da sie als Arbeitnehmer im Sinne des BEEG gelten, werden bei der Berechnung der Betriebsgröße jedoch nicht beachtet. Auch Pflege- beziehungsweise Familienpflegezeit können sie in Anspruch nehmen,[572] trotzdem spielen sie für die Berechnung der Betriebs- beziehungsweise Unternehmensgröße ausschließlich im Rahmen des PflegeZG eine Rolle.

Gerade im Hinblick auf Regelungen, die den Arbeitnehmern zugutekommen sollen, wird immer wieder kritisiert, dass die Ausnahme für kleinere Unternehmen und Betriebe die Anwendbarkeit der entsprechenden Regelungen erheblich einschränke. Im Rahmen der Diskussion zur Änderung des

569 § 15 Abs. 7 Nr. 1 BEEG.

570 Vgl. etwa . BT-Drs. 13/4612, S. 9; BT-Drs. 14/3553, S. 22: mit Verweis auf die Kleinbetriebsklausel in § 23 Abs. 1 S. 2 KSchG; KR/*Bader/Kreuzberg-Kowalczyk*, § 23 KSchG Rn. 16. Siehe auch *Weigand*, FS Etzel, 437 ff. (440 f.); Laux/Schlachter/*Laux*, § 8 TzBfG Rn. 116.

571 § 20 Abs. 1 BEEG.

572 § 7 Abs. 1 Nr. 2 PflegeZG; § 2 Abs. 3 FPfZG i.V.m. § 7 Abs. 1 Nr. 2 PflegeZG.

Familienpflegezeitgesetzes wurde vorgebracht, dass diese Regelung dazu führe, dass ca. 33 % beziehungsweise 8,8 Millionen Beschäftigte nicht von den Regelungen des FPfZG profitieren könnten.[573] Nach Zahlen des Statistischen Bundesamtes handelt es sich bei ca. 99 % der Unternehmen um kleine und mittlere Unternehmen[574] beziehungsweise Kleinstunternehmen,[575] in denen insgesamt ungefähr 57 % aller Beschäftigten angestellt sind.[576] Die Bundesregierung geht davon aus, dass in 92 % der Unternehmen lediglich bis zu 25 Beschäftigte tätig sind.[577] Damit hätten ca. 7,19 Millionen Beschäftigte keinen Anspruch auf Familienpflegezeit.[578]

Auch der europäische Gesetzgeber geht in Erwägungsgrund 48 der Vereinbarkeitsrichtlinie davon aus, dass kleine und mittlere Unternehmen und Kleinstunternehmen vor Überforderung geschützt werden müssen. So werden die Mitgliedstaaten dazu angehalten, „Anreize für KMU zu schaffen und ihnen Orientierung und Beratung bei der Einhaltung der in dieser Richtlinie verankerten Verpflichtungen anzubieten." Die Regelung einer Betriebsgröße, bei deren Unterschreiten kein Anspruch auf Familienpflege- beziehungsweise Pflegezeit besteht, scheint daher nicht europarechtswidrig zu sein.

Allerdings führen die unterschiedlichen Betriebsgrößen ab deren Erreichen Arbeitnehmer beziehungsweise Beschäftigte de lege lata einen Anspruch auf Reduzierung der Arbeitszeit haben und deren unterschiedliche Berechnung für die betroffenen Beschäftigten und Arbeitgeber zu nicht unerheblicher Unsicherheit. Insbesondere die unterschiedlichen Voraussetzungen für die Inanspruchnahme von Familienpflege- beziehungsweise Pflegezeit sind nicht geeignet, die

573 Siehe etwa: https://www.ihre-vorsorge.de/soziales/soziales-allgemein/komplizierte-auszeit-fuer-die-pflege-auf-die-betriebsgroesse-kommt-es-an, zuletzt abgerufen am: 26.5.2024.

574 Nicht mehr als 49 Beschäftigte.

575 Nicht mehr als 9 Beschäftigte; 2018 waren ca. 18 % aller Beschäftigten in Kleinstunternehmen angestellt, siehe die Zahlen des Statistischen Bundesamtes, abrufbar unter: https://www.destatis.de/DE/ZahlenFakten/GesamtwirtschaftUmwelt/UnternehmenHandwerk/KleineMittlereUnternehmenMittelstand/Aktuell_.html, zuletzt abgerufen am: 26.5.2024.

576 Abrufbar unter: https://www.destatis.de/DE/ZahlenFakten/GesamtwirtschaftUmwelt/UnternehmenHandwerk/KleineMittlereUnternehmenMittelstand/Aktuell_.html, zuletzt abgerufen am: 26.5.2024.

577 BT-Drs. 18/7322, S. 4.

578 BT-Drs. 18/7322, S. 4.

Handhabung der Regelungen für Beschäftigte und Arbeitgeber zu vereinfachen.[579] Der Wunsch der Arbeitgeber, Planungssicherheit zu erhalten und durch Freistellungsbegehren der Beschäftigten nicht überfordert zu werden, ist nachvollziehbar und berechtigt. Der Gesetzgeber sollte allerdings auch die Bedürfnisse der Beschäftigten und insbesondere die Praktikabilität von Regelungen berücksichtigen. Es erscheint zumindest zweifelhaft, ob das Ziel des Gesetzgebers, für eine bessere Vereinbarkeit von Beruf und Familie zu sorgen, erreicht werden kann, wenn eine Vielzahl der Beschäftigten keinen Anspruch auf Reduzierung ihrer Arbeitszeit haben.

Eine systematische Regelung des Anspruchs auf Reduzierung der Arbeitszeit würde es erfordern, zunächst zu überprüfen, ob andere Maßnahmen ergriffen werden können, die eine Überforderung der Arbeitgeber verhindern. So wurde etwa in § 3 Abs. 1 Nr. 3 ATG festgelegt, dass die freie Entscheidung des Arbeitgebers bei einer über fünf vom Hundert der Arbeitnehmer des Betriebes hinausgehenden Inanspruchnahme sichergestellt sein oder eine Ausgleichskasse der Arbeitgeber beziehungsweise eine gemeinsame Einrichtung der Tarifvertragsparteien bestehen muss.

Nach der aktuellen Rechtslage läge es nahe, den jeweiligen Rechtsanspruch in Betrieben mit in der Regel mehr als 15 Beschäftigten beziehungsweise Arbeitnehmern zu gewähren. Auch die Berechnung der Betriebsgröße sollte auf dieselbe Art und Weise erfolgen; nach der überwiegenden Systematik der aktuellen Rechtslage würde dies bedeuten, die zu ihrer Berufsbildung Beschäftigten jeweils nicht zu berücksichtigen. Ein Rechtsanspruch auf Familienpflegezeit sollte somit in Betrieben mit in der Regel mehr als 15 Beschäftigten ausschließlich der zu ihrer Berufsbildung Beschäftigten gewährt werden.

## III. Ankündigungsfrist und Durchsetzung

Auch die Regelung zur Ankündigungsfrist der Familienpflegezeit ist in systematischer Hinsicht zu kritisieren.

Die Ankündigungsfrist für die Inanspruchnahme einer Familienpflegezeit nach § 2a FPfZG weicht von der entsprechenden Frist ab, die für die Inanspruchnahme einer Pflegezeit gemäß § 3 Abs. 3 PflegeZG eingehalten werden muss. Des Weiteren müssen nach §§ 3 Abs. 3 S. 5 f. PflegeZG, 2a Abs. 1 S. 5 f FPfZG unterschiedliche Fristen eingehalten werden je nachdem, ob eine

579 Vgl. auch *Koppenfels-Spies*, Angehörigenpflege und Beschäftigung, Rn. 33 ff.; *Schauß*, Der Beitrag des Pflegezeitgesetzes zur besseren Vereinbarkeit von Angehörigenpflege und Beruf, S. 175 ff.

Familienpflegezeit auf eine Pflegezeit folgen soll oder umgekehrt. Da die Freistellungen nur miteinander kombiniert werden können, wenn sie direkt aneinander anschließen, ist eine flexible Inanspruchnahme nur bedingt möglich.

### 1. *Ankündigungsfrist*

Bei der Regelung einer Ankündigungsfrist, die eingehalten werden muss, damit die jeweilige Verringerung der Arbeitszeit eingreifen kann, handelt es sich im Wesentlichen um eine Schutzfrist für den Arbeitgeber.[580] In der jeweiligen Länge spiegelt sich die nach Art. 12 Abs. 1 GG gebotene Abwägung zwischen den Interessen der Arbeitnehmer beziehungsweise Beschäftigten und der Arbeitgeber wieder.

Eine Familienpflegezeit muss gemäß § 2a Abs. 1 S. 1 FPfZG spätestens acht Wochen vor ihrem Beginn schriftlich gegenüber dem Arbeitgeber angekündigt werden. Soll eine Familienpflegezeit unmittelbar an eine Pflegezeit anschließen, muss dies nach § 2a Abs. 3 S. 5 FPfZG i.V.m. § 3 Abs. 3 S. 5 PflegeZG mindestens drei Monate vor Beginn der Familienpflegezeit angekündigt werden.[581]

Eine Pflegezeit ist gemäß § 3 Abs. 3 S. 1 PflegeZG dem Arbeitgeber lediglich 10 Arbeitstage vor Beginn der Freistellung schriftlich anzukündigen. Soll eine Pflegezeit im Anschluss an eine Familienpflegezeit genommen werden, muss dies gemäß § 3 Abs. 3 S. 6 PflegeZG i.V.m. § 2a Abs. 1 S. 6 FPfZG acht Wochen vor Beginn der Pflegezeit schriftlich angekündigt werden.

Die kurze Ankündigungsfrist von lediglich zehn Tagen, die für die Inanspruchnahme einer Pflegezeit eingehalten werden muss, folgt der Systematik des Pflegezeitgesetzes. Demnach haben die Beschäftigten das Recht, der Arbeit bis zu zehn Tagen fern zu bleiben, um die Pflege eines nahen Angehörigen in einer akuten Pflegesituation zu übernehmen oder zu organisieren.[582] Durch die kurze Ankündigungsfrist von lediglich zehn Tagen ist es möglich, eine Pflegezeit auch bei kurzfristig auftretendem Pflegebedarf in Anspruch zu nehmen. Der Gesetzgeber geht somit stillschweigend davon aus, dass eine Familienpflegezeit nicht zur Pflege im Rahmen einer akut auftretenden Pflegesituation in Anspruch genommen werden soll, sondern dass es sich hierbei immer um eine Entscheidung mit zeitlichem Vorlauf handelt. So sei die Ankündigungsfrist von lediglich zehn Tagen für eine Pflegezeit, die im Anschluss an eine Familienpflegezeit genommen werde, nicht notwendig. „Vielmehr ist den Beschäftigten in dieser Situation die Einhaltung der längeren, für die Familienpflegezeit

---

580 Vgl. NK-GA/*Müller*, § 3 PflegeZG Rn. 20 ff.; NK-GA/*Müller*, §§ 1–2a FPfZG Rn. 21.

581 § 3 Abs. 3 S. 6 PflegeZG.

582 § 2 Abs. 1 PflegeZG.

geltenden Ankündigungsfrist von acht Wochen zumutbar."[583] Eine Erklärung, weshalb eine Familienpflegezeit, die im Anschluss an eine Pflegezeit genommen werden soll, drei Monate vor ihrem Beginn angekündigt werden muss, wird jedoch nicht gegeben. Es ist auch nicht ersichtlich, weswegen ein Arbeitgeber während einer laufenden Pflegezeit einen längeren Zeitraum zur Organisation des Arbeitsablaufs beziehungsweise zur Einstellung einer Ersatzkraft benötigt, wie dies der Fall ist, wenn die Familienpflegezeit direkt an den Beschäftigungszeitraum anschließt.

Sowohl für Beschäftigte wie auch für Arbeitgeber können die unterschiedlichen Ankündigungsfristen zu Unsicherheiten beitragen. So sind auch die Ankündigungsfristen für andere Freistellungsansprüche an unterschiedliche Ankündigungsfristen geknüpft; der Anspruch auf Teilzeitarbeit während der Elternzeit für den Zeitraum bis zum vollendeten dritten Lebensjahr des Kindes muss spätestens sieben Wochen und für den Zeitraum zwischen dem vollendeten dritten und dem vollendeten achten Lebensjahr des Kindes spätestens 13 Wochen vor deren Beginn gestellt werden.[584] Eine dauerhafte Arbeitszeitverringerung nach § 8 TzBfG beziehungsweise ein Antrag auf begrenzte Verringerung der Arbeitszeit nach § 9a TzBfG muss jeweils drei Monate vor deren Beginn verlangt werden.[585] Der Arbeitgeber hat so Zeit, das Vorliegen der Anspruchsvoraussetzungen zu überprüfen und die arbeitsorganisatorisch oder personell notwendigen Maßnahmen zu ergreifen. „Dadurch sollen Nachbesetzungsprobleme in den Betrieben vermieden werden."[586] Ziel des allgemeinen Teilzeitanspruchs ist es, Arbeitnehmern die Möglichkeit zu geben, ihre Arbeitszeit an die individuellen Bedürfnisse anzupassen.[587] Es ist dabei unerheblich, ob die Reduzierung der Arbeitszeit aufgrund familiärer Belange erfolgen soll, dem Ausbau ehrenamtlichen Engagements dient, zur Fortbildungszwecken genutzt werden oder für mehr Freizeit sorgen soll.[588] Dem organisatorischen und planerischen Interesse des Arbeitgebers an einem reibungslosen Betriebsablauf stehen deshalb keine besonderen Interessen der Arbeitnehmer gegenüber. Der Gesetzgeber geht davon aus, dass Arbeitnehmer, die ihre Arbeitszeit im Rahmen des TzBfG reduzieren möchten, nicht unter zeitlichem Druck stehen, sondern eine geplante und planbare Entscheidung treffen.

---

583 BT-Drs. 18/3124, S. 34.
584 § 15 Abs. 7 Nr. 5 a) und b) BEEG.
585 §§ 8 Abs. 2 S. 1, 9a Abs. 3 TzBfG.
586 Auch zum vorstehenden BT-Drs. 14/4374, S. 17.
587 BT-Drs. 14/4374, S. 12.
588 *Koppenfels-Spies*, Angehörigenpflege und Beschäftigung, Rn. 383.

Die unterschiedlichen Ankündigungsfristen, die eingehalten werden müssen, je nachdem, ob Teilzeitarbeit aufgrund des TzBfG, im Rahmen des BEEG, des PflegeZG oder aufgrund des FPfZG in Anspruch genommen wird, lassen sich anders als im Bereich der Kleinbetriebsklauseln durch das Ziel und die Systematik der einzelnen Gesetze erklären. So setzen die Regelungen des TzBfG keine besonderen Situationen im Leben der Arbeitnehmer und Beschäftigten voraus, sodass die Abwägung der Bedürfnisse der Arbeitnehmer nach Flexibilität und die der Arbeitgeber nach Planungssicherheit hier zugunsten der Arbeitgeber ausgehen.

Sinnvoll wäre allerdings, wenn wenigstens für die Ankündigung von Familienpflege- und Pflegezeit einheitliche Ankündigungsfristen gelten würden.

### *2. Durchsetzung der Arbeitszeitreduzierung*

Die Reduzierung der Arbeitszeit im Rahmen der Familienpflege- beziehungsweise Pflegezeit setzt eine schriftliche Vereinbarung zwischen Beschäftigtem und Arbeitnehmer voraus. Bei deren Abschluss haben Arbeitgeber den Wünschen der Beschäftigten zu entsprechen, es sei denn, dass dringende betriebliche Gründe entgegenstehen.[589] Verweigert der Arbeitgeber eine solche schriftliche Vereinbarung, hat der Beschäftigte seinen Anspruch auf dem Klageweg durchzusetzen.[590]

Demgegenüber hat der Arbeitgeber im Rahmen von BEEG und TzBfG die Gründe für eine Ablehnung der Arbeitszeitverringerung innerhalb einer bestimmten Frist schriftlich darzulegen. Versäumt er diese Frist, tritt die Arbeitszeitverringerung automatisch in dem vom Arbeitnehmer gewünschten Umfang und der vorgeschlagenen Verteilung ein.

Ziel der gesetzlichen Regelungen ist es, Arbeitnehmern beziehungsweise Beschäftigten einen Anspruch auf Verringerung ihrer Arbeitszeit zu gewähren. Gleichzeitig sollen die Arbeitgeber vor Überforderung und unverhältnismäßigen Nachteilen geschützt werden. Wünschenswert wäre auch hier eine einheitliche Regelung, die dann greift, wenn sich Arbeitgeber und Beschäftigte nicht einvernehmlich auf eine Verringerung der Arbeitszeit einigen können, wie sie etwa in § 15 Abs. 7 BEEG vorgesehen ist.

---

589 § 2a Abs. 2 FPfZG, § 3 Abs. 4 PflegeZG.

590 *Schauß*, Der Beitrag des Pflegezeitgesetzes zur besseren Vereinbarkeit von Angehörigenpflege und Beruf, S. 236 f.

### 3. *Einschätzung*

Insbesondere die unterschiedlichen Ankündigungsfristen, die Beschäftigte einhalten müssen, je nachdem, ob sie eine Pflegezeit oder eine Familienpflegezeit in Anspruch nehmen oder beides miteinander kombinieren möchten, lassen sich nur bedingt mit der Systematik des Gesetzes erklären. Gerade diese unterschiedlichen Fristen stellen eine erhebliche Fehlerquelle dar.[591] Da Pflege- und Familienpflegezeit nur miteinander kombinierbar sind, wenn sie direkt aneinander anschließen, führt das Versäumen einer Ankündigungsfrist dazu, dass die jeweilige Kombination nicht mehr möglich ist und der Anspruch auf Pflege- oder Familienpflegezeit nicht mehr durchgesetzt werden kann.[592] Auch hier ist das Ziel des Gesetzgebers, Pflegezeit- und Familienpflegezeitgesetz besser miteinander zu verzahnen[593] sowie kleine und mittlere Unternehmen vor übermäßigen Belastungen zu schützen,[594] nicht erreicht worden.

Die Ankündigungsfrist sollte für die Inanspruchnahme einer Familienpflegezeit und die Verknüpfung von Pflege- und Familienpflegezeit, unabhängig von deren Reihenfolge acht Wochen betragen. Diese Ankündigungsfrist ist ausreichend, um dem Arbeitgeber zu ermöglichen, eine Ersatzkraft einzustellen beziehungsweise die Arbeitsabläufe anderweitig zu organisieren. Eine solche Regelung hindert die Beschäftigten nicht daran, die Ankündigung bereits früher vorzunehmen, verhindert aber, dass der Anspruch auf Familienpflegezeit allein aufgrund einer unübersichtlichen Fristenregelung nicht durchgesetzt werden kann.

Im Rahmen des PflegeZG muss die Ankündigung gleichzeitig mit der kurzzeitigen Arbeitsverhinderung erfolgen. Auch hier wäre jedoch eine einheitliche Ankündigungsfrist von acht Wochen möglich. Eine Ausnahme könnte für die Fälle vorgesehen werden, in denen die Pflegebedürftigkeit plötzlich auftritt und die Ankündigung der Pflegezeit nicht früher möglich ist.

---

591 Zur allgemeinen Kritik siehe auch *Koppenfels-Spies*, Angehörigenpflege und Beschäftigung, Rn. 10.

592 Vgl. auch *Koppenfels-Spies*, Angehörigenpflege und Beschäftigung, Rn. 228. Der Arbeitgeber kann jedoch auf die Einhaltung der Ankündigungsfrist verzichten (Laux/Schlachter /*Laux* § 8 TzBfG Rn. 76; *Sievers*, § 8 TzBfG Rn. 53; NK-GA/*Müller*, § 3 PflegeZG Rn. 21; HK-ARbR/*Rühl*, § 2a FPfZG Rn. 2; *Lüders*, Teilzeitarbeit nach § 8 TzBfG, S. 83 f.). Wenn eine Pflegezeit auf eine Familienpflegezeit folgen soll, muss darüber hinaus geprüft werden, ob eine Verlängerung der Familienpflegezeit im Sinne des § 2a Abs. 3 FPfZG in Betracht kommt.

593 BT-Drs. 18/3124, S. 26.

594 BT-Drs. 18/3449, S. 12.

## IV. Dauer der Freistellung

Familienpflegezeit kann gemäß § 2 Abs. 1 S. 1 FPfZG für längstens 24 Monate in Anspruch genommen werden. Die Höchstdauer für eine Pflegezeit beträgt gemäß § 4 Abs. 1 S. 1 PflegeZG sechs Monate. Sollen die beiden Freistellungen miteinander kombiniert werden, beträgt die längst mögliche Gesamtdauer ebenfalls 24 Monate.[595]

Auch bei der Dauer der Arbeitszeitreduzierung im Rahmen des FPfZG bietet sich ein Vergleich mit den Regelungen des BEEG an. In der Debatte zur Dauer sowohl von Pflege- als auch von Familienpflegezeit wurde wiederholt auf die maximale Dauer der Elternzeit von drei Jahren hingewiesen. Dieser Vergleich ging jedoch – wenigstens bis zur Einführung des Elterngeld Plus[596] – im Rahmen der Familienpflegezeit fehl, da ein finanzieller Ausgleich nur im ersten Jahr der Elternzeit gewährt wurde. Nunmehr lassen sich Elterngeld Plus und Familienpflegezeit gut miteinander vergleichen.[597]

Im Rahmen der Elternzeit kann sich ein Elternteil für maximal drei Jahre von der Arbeitszeit befreien lassen beziehungsweise die Arbeitszeit reduzieren. Einen finanziellen Ausgleich erhält der Elternteil für maximal 12 Monate bei vollständiger (Elterngeld) und 24 Monate bei teilweiser Reduzierung der Arbeitszeit (Elterngeld Plus). Hinzu kommt ein Anspruch auf zwei beziehungsweise vier Partnermonate. Voraussetzung ist, dass beide Elternteile ihre Arbeitszeit reduzieren, um sich um das Kind zu kümmern oder ein Elternteil alleinerziehend ist. Ein Anspruch auf vier Partnermonate im Rahmen des Elterngeld Plus besteht ausschließlich, wenn beide Elternteile während dieses Zeitraums wenigstens 25 und nicht mehr als 30 Wochenstunden arbeiten.[598]

Im Rahmen der Elternzeit muss der Arbeitnehmer bereits zu Beginn verbindlich angeben, für welchen Zeitraum er Elternzeit beanspruchen möchte.[599] Daraus soll sich für den Arbeitgeber Planungssicherheit auch bei der zwischenzeitlichen

---

595 § 2 Abs. 2 FPfZG, § 4 Abs. 1 S. 4 PflegeZG.

596 § 4 Abs. 3 bis 6 BEEG, eingeführt durch Art. 1 des Gesetzes zur Einführung des Elterngeld Plus mit Partnerschaftsbonus und einer flexibleren Elternzeit im Bundeselterngeld- und Elternzeitgesetz v. 18.12.2014, in Kraft getreten zum 1.1.2015, BGBl. 2014 I 2325.

597 So auch der Erste Bericht des unabhängigen Beirats für die Vereinbarkeit von Pflege und Beruf, S. 46, abrufbar unter: https://www.bmfsfj.de/blob/138138/1aac7b66ce0541ce2e48cb12fb962eef/erster-bericht-des-unabhaengigen-beirats-fuer-die-vereinbarkeit-von-pflege-und-beruf-data.pdf, zuletzt abgerufen am: 26.5.2024.

598 § 4 Abs. 4 S. 3 Nr. 1 BEEG.

599 Zwingend ist dies nur für die ersten zwei Lebensjahre des Kindes vorgeschrieben. Nach § 16 Abs. 3 S. 1 BEEG bedarf eine Verlängerung auf das dritte Lebensjahr

Besetzung der Stelle ergeben.[600] Sollte sich die tatsächliche Situation im Laufe der Elternzeit ändern, kann der Arbeitnehmer deren vorzeitiges Ende wegen eines besonderen Härtefalls im Sinne des § 7 Abs. 2 S. 3 BEEG[601] verlangen. Der Arbeitgeber kann einer solchen Beendigung gemäß § 16 Abs. 3 S. 2 BEEG nur innerhalb von vier Wochen aus dringenden betrieblichen Gründen schriftlich widersprechen. Das vorzeitige Ende der Elternzeit tritt gemäß § 16 Abs. 4 BEEG zwingend drei Wochen nach dem Tod des Kindes ein.[602] Mit der Ankündigung der Elternzeit tritt für den Arbeitgeber somit in der Regel die gewünschte Planungssicherheit ein.

Die Betreuung eines pflegebedürftigen nahen Angehörigen lässt sich hinsichtlich des Zeitmanagements und der Betreuungsintensität abhängig von der Stufe der Pflegebedürftigkeit mit der Betreuung eines Kleinkindes unter drei Jahren vergleichen, allerdings ist die Dauer und Intensität einer Pflegebedürftigkeit kaum planbar. Unterschiedliche Untersuchungen zeigen, dass die Zahl der Pflegebedürftigen, die in stationären Einrichtungen untergebracht sind, mit der Dauer der Pflegebedürftigkeit und bei steigendem Grad der Pflegebedürftigkeit stetig wächst.[603] So werden nach zwei Jahren Pflegebedürftigkeit bereits 50 % der Frauen und ca. 60 % der Männer nicht mehr in häuslicher Umgebung gepflegt.[604]

Anders als im Rahmen der Elternzeit scheint eine einigermaßen sichere Zeitplanung nur schwer möglich zu sein.[605] Für die Beschäftigten ist es kaum möglich, sich zu Beginn der Familienpflegezeit auf einen Zeitraum, der über die nun geltenden 24 Monate hinausgeht, verbindlich festzulegen. Auch für

des Kindes nicht der Zustimmung des Arbeitgebers. Wird die Elternzeit allerdings für drei Jahre beantragt, ist der Arbeitnehmer daran gebunden.

600 BT-Drs. 10/3792, S. 19.

601 Dabei handelt es sich um den Eintritt einer schweren Krankheit, einer Schwerbehinderung, des Todes eines Elternteils oder erheblich gefährdeter wirtschaftlicher Existenz der Eltern, die Aufzählung in § 7 Abs. 2 S. 3 BEEG ist nicht abschließend.

602 Der Tod eines Kindes in den ersten fünf Lebensjahren tritt in Deutschland lediglich bei 0,36 % aller Kinder auf, Statistisches Bundesamt, Sterbetafel 2018/2012 – Methoden- und Ergebnisbericht zur laufenden Berechnung von Periodensterbetafeln für Deutschland und die Bundesländer, S. 12 f., abrufbar unter: https://www.destatis.de/DE/Themen/Gesellschaft-Umwelt/Bevoelkerung/Sterbefaelle-Lebenserwartung/Publikationen/Downloads-Sterbefaelle/periodensterbetafel-erlaeuterung-5126203207004.pdf;jsessionid=DF7A4671748F544CA781B87400368DA1.live722?__blob=publicationFile, zuletzt abgerufen am: 26.5.2024.

603 *Rothgang/Staber*, FPR 2012, 48 ff. (53); *Müller/Unger/Rothgang*, SozSich 2010, 230 ff. (236 f.).

604 *Müller/Unger/Rothgang*, SozSich 2010, 230 ff. (237).

605 *Pfahl/Reuyß*, ArchsozArb 2012, 28 ff. (33).

die Arbeitgeber würde bei einer längeren Dauer der Familienpflegezeit als der nun geltenden 24 Monate keine langfristige Planungssicherheit eintreten, da bei einer längeren Dauer der Pflege die Wahrscheinlichkeit einer stationären Unterbringung oder des Todes des Pflegebedürftigen und damit das Eintreten des vorzeitigen Endes der Familienpflegezeit steigen würde.

Die Zahlen zeigen somit, dass eine 24-monatige Freistellung zur Pflege für ca. 50 % der Personen einen ausreichenden Zeitraum für die Pflege durch Angehörige in häuslicher Umgebung eröffnet.[606]

### V. Fazit

Das Familienpflegezeitgesetz passt sich nur teilweise in die arbeitsrechtliche Systematik der bereits bestehenden gesetzlichen Regelungen ein, die einen Anspruch auf Arbeitszeitverringerung vermitteln.

Insbesondere der von den Regelungen des PflegeZG, des BEEG und des TzBfG, die ebenfalls einen Anspruch auf (befristete) Verringerung der Arbeitszeit vermitteln, abweichende Schwellenwert von in der Regel 25 oder mehr Beschäftigten, der erreicht sein muss, damit ein Anspruch auf Familienpflegezeit besteht, führt zu einer unübersichtlichen Lage, die sowohl die Beschäftigten als auch kleinere Betriebe – die gerade geschützt werden sollen – leicht überfordern kann.

Gleiches gilt für die Festsetzung unterschiedlicher Fristen, die eingehalten werden müssen, um den jeweiligen Anspruch geltend machen zu können. Auch wenn sich diese Regelungen aus den einzelnen Gesetzen heraus erklären lassen, würde eine einheitliche Regelung, die Ausnahmen zugunsten der Beschäftigten für bestimmte Besonderheiten vorsehen kann, zu mehr Rechtssicherheit in diesem Bereich beitragen.

Die Dauer der möglichen Freistellung von 24 Monaten scheint ausreichend zu sein. Allerdings ist festzustellen, dass die existierenden Studien meist keine Aussage dazu treffen, wieso die häusliche Pflege beendet wurde.

## D. Bewertung

Die Einführung eines Rechtsanspruchs auf Familienpflegezeit durch das Gesetz zur besseren Vereinbarkeit von Familie, Pflege und Beruf vom 23. Dezember 2014 gibt den betroffenen Beschäftigten Rechtssicherheit und vor allem

606 Siehe etwa *Müller/Unger/Rothgang*, SozSich 2010, 230 ff. (236).

Planbarkeit für die Betreuung eines pflegebedürftigen nahen Angehörigen. Allerdings führt die Ausgestaltung der Regelung zu erheblichen praktischen Problemen.

Der Rechtsanspruch auf Familienpflegezeit stellt zwar einen Eingriff in die Berufsfreiheit der Arbeitgeber nach Art. 12 Abs. 1 GG dar, ist jedoch gerechtfertigt, da der dem Schutz der Familie aus Art. 6 Abs. 1 GG dient.

Die unterschiedlichen Betriebsgrößen und die diesen zugrunde liegenden Rechenmethoden sowie die unterschiedlichen Ankündigungsfristen erschweren die Anwendbarkeit des Familienpflegezeit- und des Pflegezeitgesetzes sowohl für die betroffenen Beschäftigten als auch die Arbeitgeber erheblich. Während ein Anspruch auf Pflegezeit bereits in Betrieben mit in der Regel mehr als 15 Beschäftigten besteht, ist dies für die Familienpflegezeit erst in Betrieben mit in der Regel mehr als 25 Beschäftigten der Fall. Während zu ihrer Berufsbildung Beschäftigte für die Berechnung der Betriebsgröße im PflegeZG mitgezählt werden, ist dies im Familienpflegezeitgesetz nicht der Fall.

Die unterschiedlichen Antragsfristen, die im Fall von Familienpflege- sowie Pflegezeit und bei einer Kombination von beiden Freistellungsarten von zehn Tagen über acht Wochen bis zu drei Monaten reichen, erschweren den Beschäftigten eine fristgerechte Ankündigung ihres Anspruchs. Bei einer Kombination von Familienpflege- und Pflegezeit führt ein Fristversäumnis dazu führen, dass die Freistellung nicht in Anspruch genommen werden kann, wenn kein unmittelbarer Anschluss möglich ist.

De lege ferenda sollte eine einheitliche Ausgestaltung der Regelungen hinsichtlich Antragsfristen und Betriebsgröße angestrebt werden. So sollte für Pflege- und Familienpflegezeit sowie die Kombination der beiden Freistellungsarten eine einheitliche Ankündigungsfrist von acht Wochen vorgesehen werden. Eine Ausnahme sollte für die Fälle vorgesehen werden, in denen die Pflegebedürftigkeit kurzfristig auftritt und eine Ankündigung der Pflegezeit nicht acht Wochen vor deren Beginn möglich war. Ein Anspruch auf Pflege- und Familienpflegezeit sollte in Betrieben mit in der Regel mehr als 15 Beschäftigten gewährt werden, wobei die zu ihrer Berufsbildung Beschäftigten mitgezählt werden sollten.

Darüber hinaus sollte auch eine Angleichung mit anderen Formen der Freistellung aus TzBfG und BEEG geprüft werden.

# Dritter Teil: Soziale Absicherung der Pflegeperson

Während der Inanspruchnahme der Familienpflegezeit beziehen die Beschäftigten infolge der verringerten Arbeitszeit auch ein verringertes Entgelt. Dies kann sich in unterschiedlicher Weise auf die Absicherung in den verschiedenen Zweigen der Sozialversicherung auswirken. Die unterschiedliche Ausgestaltung der Renten-, Arbeitslosen-, Kranken-, Pflege- und Unfallversicherung führt dabei zu sehr unterschiedlichen Ergebnissen. Über die Einweisungsnorm des § 44 Abs. 1 SGB XI sind Pflegepersonen im Sinne des § 19 S. 1 SGB XI, die kein Entgelt für ihre Pflegetätigkeit erhalten, in die gesetzliche Rentenversicherung (SGB VI), die gesetzliche Unfallversicherung (SGB VII) und die Arbeitslosenversicherung (SGB III) einbezogen.

Im Folgenden sollen die unterschiedlichen Auswirkungen der Einbeziehung von Pflegepersonen in die unterschiedlichen Zweige der Sozialversicherung und die sich hieraus eventuell ergebenden Defizite im Rahmen der Familienpflegezeit dargestellt werden.

## A. Absicherung in der sozialen Pflegeversicherung

Die Inanspruchnahme einer Familienpflegezeit hat keine Auswirkungen auf die Versicherungspflicht und damit die Absicherung in der sozialen Pflegeversicherung, da die Versicherungspflicht nach § 20 Abs. 1 S. 2 Nr. 1 SGB XI aufgrund der Beschäftigung fortbesteht. Im Rahmen der Inanspruchnahme einer Pflegezeit besteht diese Versicherungspflicht dagegen nur fort, wenn lediglich eine teilweise Freistellung von der Arbeitspflicht nach § 3 Abs. 1 S. 1 PflegeZG in Anspruch genommen wird und durch diese Freistellung keine geringfügige Beschäftigung entsteht.[607]

Beschäftigte, die eine Familienpflegezeit nach § 2a ff FPfZG und eine Pflegezeit nach § 3 Abs. 1 S. 1 PflegeZG mit einer Beschäftigungszeit von mindestens 15 Stunden pro Woche in Anspruch nehmen, sind weiterhin in der Pflegeversicherung versicherungspflichtig. Für Arbeitnehmer und zu ihrer Berufsausbildung Beschäftigte ergibt sich dies aus § 20 Abs. 1 S. 2 Nr. 1 SGB XI. Beschäftigte, die im Rahmen einer Pflegezeit aufgrund einer verminderten

607 Siehe dazu oben unter Erster Teil B. II. 1. a).

Beschäftigungszeit von weniger als 15 Stunden pro Woche nicht mehr pflichtversichert sind, können über § 25 SGB XI im Rahmen einer Familienversicherung weiterhin in die Pflegeversicherung einbezogen sein oder sich gemäß § 26 Abs. 1 SGB XI auf Antrag in der Pflegeversicherung weiterversichern.

Die Leistungen der sozialen Pflegeversicherung, die im Versicherungsfall geleistet werden, sind nicht von den zuvor erbrachten Beiträgen abhängig. Ihre Höhe bestimmt sich vielmehr anhand des Pflegegrads des Pflegebedürftigen und rückt so den jeweiligen Bedarf in den Mittelpunkt.[608]

Für Beschäftigte, die eine Familienpflegezeit in Anspruch nehmen, ergeben sich somit keinerlei Besonderheiten hinsichtlich der Versicherung in der Pflegeversicherung.

## B. Absicherung in der gesetzlichen Krankenversicherung

Im Rahmen der Familienpflegezeit bleiben Arbeitnehmer und zu ihrer Berufsausbildung Beschäftigte gemäß § 5 Abs. 1 Nr. 1 SGB V in der Krankenversicherung versicherungspflichtig. Die Versicherungspflicht besteht auch bei einem verminderten Beschäftigungsumfang fort. Gleiches gilt für Beschäftigte, die lediglich eine teilweise Freistellung von der Arbeitspflicht nach § 3 Abs. 1 S. 1 PflegeZG in Anspruch nehmen. Beschäftigte, die im Rahmen einer Pflegezeit vollständig von der Arbeitspflicht befreit sind oder aufgrund einer verminderten Beschäftigungszeit von weniger als 15 Stunden pro Woche nicht mehr pflichtversichert sind, können über § 10 SGB V im Rahmen einer Familienversicherung weiterhin in die gesetzliche Krankenversicherung einbezogen sein oder sich gemäß § 9 Abs. 1 SGB 1 auf Antrag in der gesetzlichen Krankenversicherung weiterversichern,

Durch die gesetzliche Krankenversicherung sind die Versicherten gegen die Risiken einer Erkrankung abgesichert.[609] Die Inanspruchnahme einer Familienpflegezeit oder einer teilweisen Freistellung im Rahmen einer Pflegezeit hat dabei keine Auswirkungen auf die Höhe der Leistungen, die ein in der gesetzlichen Krankenkasse Versicherter im Krankheitsfall für Heilbehandlung und Krankenpflege erhält; diese werden anhand des tatsächlichen Bedarfs ermittelt und müssen ausreichend, zweckmäßig und wirtschaftlich sein.[610] Demgegenüber wird die Leistung, die ein Versicherter im Fall seiner Arbeitsunfähigkeit wegen Krankheit erhält (Krankengeld), anhand des von ihm zuvor erzielten

608 §§ 28 ff. SGB XI.
609 §§ 1, 2 SGB V i.V.m. §§ 11 ff. SGB V; §§ 44 ff. SGB V; LPK-SGB V/*Schuler* § 1 Rn. 1 ff.
610 LPK-SGB V/*Hellkötter-Backes*, § 12 Rn. 3 ff.

Regelentgelts errechnet.[611] Gemäß § 47 Abs. 2 S. 1 SGB V ist für die Berechnung des Regelentgelts das vom Versicherten erzielte Arbeitsentgelt zugrunde zu legen, das im letzten vor Beginn der Arbeitsunfähigkeit abgerechneten Entgeltabrechnungszeitraum erzielt wurde. Dieses ist um einmalig gezahltes Arbeitsentgelt zu vermindern und durch die Zahl der Stunden zu teilen, für die das Entgelt entrichtet wurde. Grundlage für die Berechnung des Krankengeldes ist damit das im Rahmen der Familienpflege- beziehungsweise Pflegezeit verminderte Entgelt.

## C. Absicherung in der gesetzlichen Rentenversicherung

Pflegepersonen, die ihre Erwerbstätigkeit zur Betreuung eines Pflegebedürftigen im Rahmen einer Familienpflegezeit einschränken, erwerben aufgrund des geringeren Erwerbseinkommens in der Regel[612] auch geringere Anwartschaften in der gesetzlichen Rentenversicherung.[613] Dieser Verlust soll durch die entsprechenden Regelungen des SGB XI und SGB VI[614] teilweise ausgeglichen werden; ein vollständiger Ausgleich ist nicht vorgesehen.[615]

Die pflegenden Angehörigen, die eine Familienpflegezeit in Anspruch nehmen, können bis zu 30 Stunden wöchentlich erwerbstätig sein. Im Rahmen des Umfangs ihrer Erwerbstätigkeit erwerben die pflegenden Angehörigen Anwartschaften in der Rentenversicherung nach § 1 S. 1 Nr. 1 SGB VI. Zusätzlich erwerben sie über die Beitragszahlung durch die Pflegekasse[616] des

---

611 LPK-SGB V/*Legde*, § 47 Rn. 11 ff.

612 Geringere Anwartschaften in der gesetzlichen Rentenversicherung werden dann nicht erzielt, wen das Entgelt der Beschäftigten auch bei verminderter Erwerbstätigkeit über der Beitragsbemessungsgrenze in der gesetzlichen Rentenversicherung liegt.

613 Gleiches gilt in noch stärkerem Ausmaß für Personen, die ihre Erwerbstätigkeit zugunsten der Pflege ganz aufgeben. Geringere Anwartschaften führen im Ergebnis zu einer geringeren Rente. Über die persönlichen Entgeltpunkte wird die Höhe des Erwerbseinkommens berücksichtigt, §§ 64, 66 und 70 ff. SGB VI.

614 § 44 Abs. 1 S. 1 SGB XI i.V.m. § 3 S. 1 Nr. 3a) SGB VI.

615 Vgl. BT-Drs. 12/5262, S. 8; maßgebend für die Höhe der Beitragszahlung ist der Schweregrad der Pflegebedürftigkeit und der sich daraus ergebende Umfang der Pflegetätigkeit. Die bisherige Absicherung der Pflegeperson in der gesetzlichen Rentenversicherung spielt dagegen keine Rolle.

616 Gemäß § 44 Abs. 1 S. 1 SGB XI entrichten die Pflegekassen und die privaten Versicherungsunternehmen, bei denen eine private Pflege-Pflichtversicherung durchgeführt wird, sowie die sonstigen in § 170 Abs. 1 Nr. 6 SGB VI genannten Stellen Beiträge nach Maßgabe des § 166 Abs. 2 SGB VI an den zuständigen Träger der

Pflegebedürftigen nach § 44 Abs. 1 S. 1 SGB XI i.V.m. § 3 S. 1 Nr. 1a) SGB VI Anwartschaften im Rahmen ihrer Pflegetätigkeit. Allerdings sind die Beiträge, die für die Dauer der Pflege in die Rentenkasse einbezahlt werden, abhängig von der wöchentlich erbrachten Pflegetätigkeit und dem Pflegegrad des Pflegebedürftigen. Dies führt dazu, dass die Pflegeperson – abhängig von der Höhe des zuvor und während der Familienpflegezeit erzielten Arbeitsentgelts – trotz der Beitragsleistung für die Pflege Einbußen im Rahmen ihrer Altersvorsorge hinnehmen muss.

Im Rahmen der Pflege werden nach § 166 Abs. 2 SGB VI zur Berechnung der Beiträge zwischen 18,9 % und 100 % der Bezugsgröße herangezogen. Die tatsächliche Höhe ist abhängig vom Pflegegrad der zu betreuenden Person und wird innerhalb des Pflegegrades des Weiteren danach gestaffelt, ob der Pflegebedürftige ausschließlich Pflegegeld nach § 37 SGB XI, Kombinationsleistungen nach § 38 SGB XI oder ausschließlich Pflegesachleistungen nach § 36 SGB XI bezieht. Pflegepersonen können demnach zwischen 0,189 und maximal einem Entgeltpunkt in der gesetzlichen Rentenversicherung erzielen.

Für Beschäftigte, die ihre Erwerbstätigkeit für die Pflege eines nahen Angehörigen im Rahmen einer Familienpflege- oder Pflegezeit reduzieren, ist daher nicht gesichert, dass Anwartschaften in der gesetzlichen Rentenversicherung in vergleichbarerer Höhe wie bei Fortführung der Erwerbstätigkeit erworben werden. Dieser Effekt wird dadurch verstärkt, dass die tatsächliche Entwicklung der Pflegebedürftigkeit des nahen Angehörigen und der damit einhergehende Umfang der Pflegetätigkeit schwer vorhersehbar ist. Für die Betroffenen ist eine Prognose hinsichtlich der Höhe ihrer Absicherung in der gesetzlichen Rentenversicherung damit nur schwer möglich.

Im Gegensatz zur Beitragszahlung während Zeiten der Pflege werden dem Elternteil, der die Erziehung des Kindes übernommen hat oder dem die Erziehungszeit gemäß § 56 Abs. 2 SGB VI zugeordnet wird 0,0833 Entgeltpunkte pro Monat – etwa 1 Entgeltpunkt pro Jahr – in der gesetzlichen Rentenversicherung gutgeschrieben.[617] Die Beitragszahlungen werden gemäß § 177 SGB VI vom Bund entrichtet. Die Anrechnung erfolgt – in der Regel bis zum Erreichen der Beitragsbemessungsgrenze – unabhängig davon, ob während des Zeitraums

gesetzlichen Rentenversicherung, wenn die Pflegeperson regelmäßig nicht mehr als 30 Stunden wöchentlich erwerbstätig ist.

617 Bei gleichzeitigem anderweitigem Erwerb von Anwartschaften ggf. nur bis zum Erreichen der Höchstwerte nach Anlage 2b, Kreikebohm/Roßbach-SGB VI/*Dankelmann*, § 56 Rn. 3; Kreikebohm/Roßbach-SGB VI/*von Koch*, § 70 Rn. 11 ff.

der Kindererziehung auch eine Erwerbstätigkeit ausgeübt wird und damit eine anderweitige Absicherung in der Rentenversicherung sichergestellt ist.[618] Für Eltern, die eine Elternzeit in Anspruch nehmen, steht deshalb fest, in welcher Höhe eine Absicherung in der gesetzlichen Rentenversicherung erfolgen wird.

Eine Gleichstellung der Zeiten der Kinderbetreuung und der Pflege naher Angehöriger bei der gesetzlichen Altersvorsorge sollte angestrebt werden. Für die Berücksichtigung der Familienpflege- und Pflegezeitzeit sollte daher eine Regelung getroffen werden, die sich an der Regelung der Berücksichtigung von Kindererziehungszeiten orientiert. Es müsste dabei sichergestellt werden, dass während der Inanspruchnahme einer Familienpflege- oder einer teilweisen Pflegezeit Entgeltpunkte etwa im zuvor erzielten Umfang gutgeschrieben werden. Nur so wird ein Anreiz zur Übernahme der häuslichen Pflege geschaffen werden.

## D. Absicherung in der Arbeitslosenversicherung

Beschäftigte, die eine Familienpflegezeit in Anspruch nehmen, sind sowohl infolge ihrer Erwerbstätigkeit gemäß § 25 Abs. 1 SGB III als auch aufgrund ihrer Pflegetätigkeit gemäß § 26 Abs. 2b SGB III in die Arbeitslosenversicherung einbezogen. Gemäß § 150 Abs. 2 S. 1 Nr. 4 SGB III bleiben Zeiten, in denen die Versicherten eine Pflege- beziehungsweise Familienpflegezeit in Anspruch genommen haben, bei der Ermittlung des Bemessungszeitraums außer Betracht. Die Regelung soll sicherstellen, dass den Beschäftigten bei der Bemessung der Höhe des Arbeitslosengelds durch die Übernahme der Pflege keine Nachteile entstehen. Die Zeiten sind demnach zu berücksichtigen, wenn sie sich für den Beschäftigten positiv auswirken. Insbesondere bei Inanspruchnahme einer Familienpflegezeit wird der Bemessungsrahmen häufig gemäß § 150 Abs. 3 SGB III erweitert oder eine fiktive Bemessung nach § 152 SGB III durchgeführt werden.

Hinsichtlich der Arbeitslosenversicherung und ihrer Leistungen hat die Inanspruchnahme einer Familienpflegezeit demnach kaum Auswirkungen für die Beschäftigten.

## E. Absicherung in der gesetzlichen Unfallversicherung

Beschäftigte, die einen nahen Angehörigen in häuslicher Umgebung pflegen, sind nach § 2 Abs. 1 Nr. 17 SGB VII während ihrer Pflegetätigkeit beitragsfrei in

618 Kreikebohm/Roßbach-SGB VI/*von Koch*, § 70 Rn. 12.

die gesetzliche Unfallversicherung einbezogen, wenn sie die Voraussetzungen von § 19 S. 1 und 2 SGB XI erfüllen und eine Person mit mindestens Pflegegrad 2 gemäß § 14 SGB XI betreuen. Dies gilt auch für Pflegetätigkeiten, die im Rahmen von Familienpflege- und Pflegezeit erbracht werden.

## I. Anforderungen des § 19 SGB XI: Abhängigkeit von zeitlichen Umfang und Verteilung der Pflegetätigkeit

Bis zum Inkrafttreten des Zweiten Gesetzes zur Stärkung der pflegerischen Versorgung und zur Änderung weiterer Vorschriften[619] zum 1. Januar 2017 waren nach dem Wortlaut des § 2 Abs. 1 Nr. 17 SGB VII a.F. Pflegepersonen im Sinne des § 19 SGB XI kraft Gesetzes in die Unfallversicherung einbezogen. Streitig war hierbei, ob der Umfang der Pflegetätigkeit von mindestens 14 Stunden wöchentlich der von § 19 S. 2 SGB XI a.F. gefordert wurde, auch Voraussetzung für die Einbeziehung in die gesetzliche Unfallversicherung war.[620]

In der ursprünglichen Fassung des § 19 SGB XI[621] war Pflegeperson, wer einen Pflegebedürftigen im Sinne des § 14 SGB XI wenigstens 14 Stunden wöchentlich in seiner häuslichen Umgebung in nicht erwerbsmäßiger Weise pflegte. Mit dem Ersten Gesetz zur Änderung des Elften Buches Sozialgesetzbuch vom 14. Juni 1996[622] wurde der Gesetzestext des § 19 SGB XI zur Klarstellung[623] in zwei Sätze geteilt, Pflegeperson ist gemäß § 19 S. 1 SGB XI nunmehr, wer einen Pflegebedürftigen im Sinne des § 14 SGB XI in seiner häuslichen Umgebung in nichterwerbsmäßiger Weise pflegt. Leistungen zur sozialen Sicherung nach § 44 SGB XI erhalten Pflegepersonen gemäß § 19 S. 2 SGB XI allerdings nur dann, wenn sie eine oder mehrere pflegebedürftige Personen wenigstens zehn Stunden verteilt auf regelmäßig zwei Tage in der Woche pflegen.[624]

Da sich der Umfang des Versicherungsschutzes beziehungsweise die Versicherungspflicht in der gesetzlichen Unfallversicherung nach § 2 Abs. 1 Nr. 17 SGB VII allein nach den Vorgaben des SGB XI richtet,[625] war streitig,

---

619 Gesetz v. 21.12.2015, BGBl. 2015 I 2424.

620 Siehe etwa *Leube*, ZFSH SGB 2017, 204 ff. (205); *Schlaeger*, SGb 2013, 199 ff. (200).

621 § 19 SGB XI in der Fassung vom 26.5.1994, Art. 1 des Gesetzes zur sozialen Absicherung des Risikos der Pflegebedürftigkeit, BGBl. 1994 I 1014.

622 BGBl. 1996 I 830.

623 BT-Drs. 13/3696, S. 12.

624 Gemäß § 19 S. 2. SGB XI a.F. war ein Mindestumfang der Pflegetätigkeit von 14 Stunden wöchentlich erforderlich.

625 LPK-SGB XI/*Kuhn-Zuber*, § 19 Rn. 18; v. Koppenfels-Spies/Wenner/SGB VII/*v. Koppenfels-Spies*, § 2 Rn. 125 ff.

ob die Unfallversicherung erst eingriff, wenn auch der Mindestpflegeumfang erfüllt war. In einem Urteil vom 7. September 2004[626] stellte das BSG fest, dass der Begriff „Pflegeperson" ausschließlich durch § 19 S. 1 SGB XI definiert werde. Die Regelung des § 19 S. 2 SGB XI schreibe demgegenüber die Voraussetzung für das Beziehen von Leistungen der Pflegekassen fest. Da es sich bei den Leistungen der Unfallversicherungsträger nicht um Leistungen der Pflegekasse handele, spiele § 19 S. 2 SGB XI im Rahmen der Anwendung des SGB VII auf Pflegepersonen keine Rolle.[627]

Dies führte dazu, dass nach überwiegender Auffassung auch Pflegepersonen in der gesetzlichen Unfallversicherung versichert waren, die weniger als 14 Stunden wöchentlich pflegerisch tätig wurden.[628] Begründet wurde dies mit dem Schutzzweck[629] und der Ausgestaltung der gesetzlichen Unfallversicherung, denn die gesetzlichen Vorschriften der Unfallversicherung forderten bei keiner anderen pflichtversicherten Tätigkeit einen Mindestumfang. Darüber hinaus trüge eine Einbeziehung der Pflegepersonen in die Unfallversicherung unabhängig vom Umfang der Pflegetätigkeit auch der tatsächlichen Schutzbedürftigkeit von Pflegepersonen Rechnung. Anders als bei Renten-, Arbeitslosen- und Krankenversicherung war die Absicherung in der gesetzlichen Unfallversicherung nach dieser Auffassung damit nicht von dem Erreichen bestimmter arbeitszeitlicher oder -entgeltlicher Grenzen abhängig.[630]

Ausweislich der Gesetzesbegründung zum PSG II soll durch die ausdrückliche Inbezugnahme von § 19 S. 1 und 2 SGB XI in § 2 Abs. 1 Nr. 17 SGB VII klargestellt werden, „[...] dass die Pflichtversicherung der nicht erwerbsmäßigen Pflege eines Pflegebedürftigen in seiner häuslichen Umgebung zusätzlich entsprechend den in § 19 S. 2 SGB XI bestimmten Voraussetzungen erfordert, dass die Pflegeperson eine oder mehrere pflegebedürftige Personen wenigstens zehn Stunden wöchentlich, verteilt auf regelmäßig mindestens zwei Tage in der Woche, pflegt."[631] Der Wortlaut von § 2 Abs. 1 Nr. 17 SGB VII deutet darauf hin, dass der Gesetzgeber die Rechtsprechung des BSG korrigiert hat.[632] Demnach

626 B 2 U 46/03 R, NJW 2005, 1148 ff.

627 BSG Urteil v. 7.9.2004, B 2 U 46/03 R, NJW 2005, 1148 ff. (1149).

628 BSG v. 7.9.2004, Az 2 U 46/03 R, NJW 2005, 1146 ff.; *Schlaeger*, SGb 2013, 199 ff. (200); *Günther-Nicolay*, NZS 2006, 17 ff. (17); a.A. *Leube*, ZFSH SGB 2017, 204 ff. (205).

629 Zum Ziel der Unfallversicherung siehe oben unter Teil 1. B. II. 5.

630 V. Koppenfels-Spies/Wenner/SGB VII/*v. Koppenfels-Spies*, § 2 Rn. 125 ff.

631 BT-Drs. 18/5926, S. 117.

632 *Leube*, ZFSH SGB 2017, 204 ff. (206).

sei „[...]die einschränkende Auffassung des BSG widerlegt, es handele sich im Rahmen des § 44 SGB XI mit der Überschrift ‚Leistungen zur sozialen Sicherung der Pflegepersonen' hinsichtlich der Unfallversicherung lediglich um eine Rechtsposition."[633] Auch die gesetzliche Unfallversicherung sei eine „Leistung zur sozialen Sicherung" der Pflegepersonen, jedoch keine Leistung der Pflegeversicherung.

Der ausdrückliche Verweis auf § 19 S. 2 SGB XI und der damit verbundene zeitliche Mindestumfang der Tätigkeit, der ausschließlich für die Einbeziehung der Pflegepersonen in die Unfallversicherung existiert, wird kritisiert,[634] da ein zeitlicher Mindestumfang der Tätigkeit der Systematik des SGB VII widerspreche. Bereiter-Hahn und Mehrtens[635] gehen deshalb davon aus, dass die Pflegeperson auch weiterhin unabhängig von Umfang und Verteilung der Pflegetätigkeit in die gesetzliche Unfallversicherung einzubeziehen ist. Begründet wird dies damit, dass die Rechtsprechung des BSG zu diesem Punkt vom Gesetzgeber in der Gesetzesbegründung nicht erwähnt wurde und auch mit der ausdrücklichen Nennung des § 19 S. 2 SGB XI keine eindeutigere gesetzliche Regelung geschaffen worden sei, die eine Ausnahme hinsichtlich der Einbeziehung in die gesetzliche Unfallversicherung vorsehe. Ansonsten würden der Wortlaut und damit die Auslegung von § 44 Abs. 2a SGB XI und § 2 Abs. 1 Nr. 17 SGB VII in diesem Punkt voneinander abweichen. Demnach bestünden „erhebliche Zweifel, ob der Gesetzgeber überhaupt wusste, was er tat."[636]

Nach dem Wortlaut des § 2 Abs. 1 Nr. 17 SGB VII hängt es neben dem Vorliegen von Pflegegrad 2 der zu betreuenden Person von dem zeitlichen Umfang der pflegerischen Tätigkeit ab, ob Versicherungsschutz in der gesetzlichen Unfallversicherung besteht oder nicht. Neben den von Bereiter-Hahn und Mehrtens vorgebrachten Gesichtspunkten spricht insbesondere Sinn und Zweck der Einbeziehung von Pflegepersonen in die Unfallversicherung gegen ein Eingreifen der Unfallversicherung nur für Pflegepersonen, die einen Pflegebedürftigen ab Pflegegrad zwei regelmäßig zehn Stunden an mindestens zwei Tagen pro Woche pflegen. Ziel des SGB XI ist es, die häusliche Pflege zu stärken und das private Umfeld des Pflegebedürftigen zur Übernahme der Pflege zu ermutigen.[637] Auch

633 *Leube*, ZFSH SGB 2017, 204 ff. (206).

634 SRH/*Spellbrink*, § 16 Rn. 70 f.; v. Koppenfels-Spies/Wenner/SGB VII/*v. Koppenfels-Spies*, § 2 Rn. 126.

635 *Bereiter-Hahn/Mehrtens*, § 2 SGB VII Rn. 33.9.

636 *Bereiter-Hahn/Mehrtens*, § 2 SGB VII Rn. 33.9, dort unter Verweis auf Becker. SGB VII Komm. § 2 Rn. 787b.

637 BT-Drs. 12/5262, S. 3, 63, LPK-SGB XI/*Krahmer/von Kries*, § 3 Rn. 5.

wenn über § 44 SGB XI keine generelle Gleichstellung hinsichtlich der Absicherung von Pflegepersonen in den unterschiedlichen Zweigen der Sozialversicherung mit Beschäftigten erfolgen soll,[638] widerspricht eine Schlechterstellung zu allen anderen in der Unfallversicherung Einbezogenen eklatant dem Vorrang der häuslichen, unentgeltlichen Pflege, der durch § 3 SGB XI festgeschrieben wird. Greift die Unfallversicherung für Pflegepersonen erst ab einer Mindestpflegezeit von zehn Stunden an regelmäßig zwei Tagen pro Woche, stellt dies eine Schlechterstellung insbesondere zu in anderen Bereichen ehrenamtlich Tätigen gemäß § 2 Abs. 1 Nr. 9 SGB XI dar. Bei dieser Personengruppe hat die Dauer und Regelmäßigkeit der ausgeübten Tätigkeit keine Auswirkungen auf den Versicherungsschutz im Rahmen der Unfallversicherung.[639] § 2 Abs. 1 Nr. 17 SGB VII kann dazu führen, dass ein naher Angehöriger, der den Status einer Pflegeperson im Sinne des § 19 S. 1 und S. 2 SGB XI nicht erreicht, weil er den erforderlichen Umfang der Pflegetätigkeit nicht erfüllt, keinen Unfallversicherungsschutz genießt, wohingegen eine außerhalb der Familie stehende Person die Pflegetätigkeiten in gleichem Umfang aber im Rahmen einer ehrenamtlichen Tätigkeit im Gesundheitswesen oder der Wohlfahrtspflege erbringt, gemäß § 2 Abs. 1 Nr. 9 SGB XI kraft Gesetzes in die Unfallversicherung einbezogen ist.

Eine Regelung, die den Unfallversicherungsschutz auf Pflegetätigkeiten beschränkt, die wöchentlich für mehr als zehn Stunden und regelmäßig an zwei Tagen pro Woche erbracht werden, läuft dem Ziel der Pflegeversicherung, häuslicher Pflege den Vorrang einzuräumen, zuwider und stellt Pflegepersonen im Rahmen der Unfallversicherung gegenüber anderen Versicherten schlechter, ohne hierfür eine stichhaltige Begründung zu liefern. Schon der Ausschluss von Pflegepersonen, die einen nahen Angehörigen betreuen, dessen Pflegebedürftigkeit mit Pflegegrad 1 beurteilt wurde, ist unter diesem Blickwinkel fragwürdig, wurde vom Gesetzgeber mit Blick auf den – unterstellten – geringen Pflegebedarf jedoch offenbar bewusst festgesetzt.[640] So haben Pflegebedürftige des Pflegegrads 1 auch keinen Anspruch auf Pflegegeld (§ 37 SGB XI) und Pflegesachleistungen (§ 36 SGB XI).

---

638 So sind nicht erwerbstätige Pflegepersonen nicht in die Kranken- und Pflegeversicherung einbezogen. LPK-SGB XI/*Kuhn-Zuber*, § 44 Rn. 6.

639 Vgl. LPK-SGB VII/*Molkentin/Franke*, § 2 Rn. 92 ff.; *Bereiter-Hahn/Mehrtens*, § 2 SGB VII Rn. 20.5 ff.

640 BT-Drs. 18/5926, S. 149.

## II. Versicherte Tätigkeiten

Gemäß § 2 Abs. 1 Nr. 17 2. HS SGB VII sind pflegerische Maßnahmen in den in § 14 Abs. 2 SGB XI genannten Bereichen sowie Hilfen bei der Haushaltsführung nach § 18 Abs. 5a S. 3 Nr. 2 SGB XI als versicherte Tätigkeiten in die Unfallversicherung einbezogen. Damit kommt es nicht darauf an, dass die Pflegetätigkeit überwiegend dem Pflegebedürftigen zugutekommt. Handlungen, die gleichzeitig dem Pflegebedürftigen sowie der Pflegeperson oder anderen Personen zugutekommen, sind somit nach den Grundsätzen der gemischten Motivationslage zu beurteilen.[641]

Durch den Verweis des § 2 Abs. 1 Nr. 17 2. HS SGB VII auf die Regelungen des SGB XI wird festgelegt, welche Tätigkeiten der Pflegepersonen vom Versicherungsschutz der gesetzlichen Unfallversicherung erfasst werden.[642] Demgemäß umfasst die versicherte Tätigkeit pflegerische Maßnahmen in den in § 14 Abs. 2 SGB XI genannten Bereichen sowie Hilfen bei der Haushaltsführung nach § 18 Abs. 5a S. 3 Nr. 2 SGB XI. Dabei ist nicht jede Tätigkeit, die dem Pflegebedürftigen objektiv zugutekommt, in der gesetzlichen Unfallversicherung versichert. Es ist vielmehr im jeweiligen Einzelfall zu klären, ob es sich bei der in Frage stehenden Tätigkeit um eine Pflegetätigkeit im Sinn des SGB XI handelt. Darüber hinaus ist zu prüfen, ob eine „gemischte Tätigkeit"[643] oder eine solche mit „gemischter Motivationslage"[644] gegeben ist. Eine gemischte Tätigkeit liegt immer dann vor, wenn zwei konkrete Verhaltensweisen unterschieden werden können, diese aber untrennbar miteinander verbunden sind. In diesen Fällen ist zu klären, welche der beiden Verhaltensweisen für den Unfall kausal war.[645] Demgegenüber liegt eine Tätigkeit mit einer gemischten Motivationslage vor, wenn die Tätigkeit untrennbar sowohl im privaten als auch im dienstlichen Interesse liegt.[646]

Gerade im Bereich der häuslichen Pflege kann es sich häufig um gemischte Tätigkeiten oder Tätigkeiten mit gemischter Motivationslage handeln; etwa bei der Zubereitung gemeinsamer Mahlzeiten, dem Einkauf, der sowohl für den Pflegebedürftigen als auch für den Haushalt der Pflegeperson erfolgt, einen

---

641 *Bereiter-Hahn/Mehrtens*, § 2 SGB VII Rn. 33.10.

642 LPK-SGB VII/*Hedermann*, § 2 Rn. 197 f.

643 LPK-SGB VII/*Ziegler*, § 8 Rn. 205.

644 LPK-SGB VII/*Ziegler*, § 8 Rn. 120 ff.

645 Siehe etwa *Hlava*, jurisPR-SozR 14/2018 Anm. 4; *Bereiter-Hahn/Mehrtens*, § 8 SGB VII Rn. 9.5.2.

646 *Bereiter-Hahn/Mehrtens*, § 8 SGB VII Rn. 7.21.

Weg zur Apotheke, bei dem Rezepte für Pflegebedürftigen und Pflegeperson eingelöst werden, gemeinsames Waschen der anfallenden Wäsche usw.[647] Für die Beurteilung, ob eine Tätigkeit mit gemischter Motivationslage in die Unfallversicherung einbezogen ist oder nicht, kommt es hauptsächlich darauf an, welches Ziel der Handelnde hauptsächlich mit ihr verfolgt. Bei Tätigkeiten in der häuslichen Pflege ist fraglich, ob sich die Grundsätze der gemischten Motivationslage ohne weiteres auf diesen Bereich übertragen lassen und wenn dies möglich ist, ob eine derartige Übertragung sinnvoll erscheint.

Das BSG geht für die Beurteilung dieser Fälle der Frage nach, ob die konkrete Verrichtung hypothetisch auch dann vorgenommen worden wäre, wenn die private Motivation des Handelns entfallen wäre.[648] Der Überprüfung, ob die Verletzung eines Beschäftigten im Rahmen seiner beruflichen Tätigkeit erfolgte und demzufolge der gesetzlichen Unfallversicherung unterfällt, liegt die Annahme zugrunde, dass eine klare Trennung zwischen beruflicher und privater Tätigkeit möglich ist beziehungsweise, dass sich anhand objektiver Kriterien klären lässt, ob eine Handlung von beruflichen oder privaten Interessen getragen wurde.

Eine derart klare Trennung scheint im Bereich der unentgeltlichen Pflege durch nahe Angehörige nicht möglich zu sein. Zunächst fällt hierbei ins Auge, dass die häusliche private Pflege gemäß § 3 SGB XI Vorrang vor allen anderen Betreuungsmöglichkeiten haben soll. Privatpersonen sollen ermutigt werden, Pflegeaufgaben zu übernehmen.[649] Ziel des Gesetzgebers war es darüber hinaus auch Pflegebedürftigen so lange wie möglich ein Verbleiben in der privaten Wohnung zu ermöglichen. Dies diene der Förderung eines selbstbestimmten Lebens und der Einbindung Pflegebedürftiger in die Gesellschaft.[650] Sowohl Pflege- als auch Familienpflegezeit sollen Familien bei der Betreuung pflegebedürftiger Angehöriger unterstützen und so einen Anreiz zur Übernahme der Pflege naher Angehöriger setzen.[651]

Eine Anwendung der Grundsätze der gemischten Motivationslage auch auf unentgeltliche pflegerische Tätigkeiten ist diesen Zielen abträglich, da sie zu nicht unerheblichen Unsicherheit für die Pflegepersonen führen. Für die

---

647 Siehe etwa Bayerisches LSG, Urteil v. 11.11.2014, L 2 U 254/14, juris; LSG Niedersachsen-Bremen, Urteil v. 27.3.2012, L 9 U 143/08, juris; LSG NRW, Urteil v. 24.11.2006, L 4 U 60/05, juris.

648 Zuletzt, BSG Urteil v. 26.6.2014, B 2 U 4/13 R, NZS 2014, 788 ff. (790).

649 BT-Drs. 12/5262; S. 3.

650 LPK-SGB XI/*Krahmer/Plantzholz*, Einführung Rn. 20 f.

651 BT-Drs. 16/7439, S. 90 f.; 17/6000, S. 1, 11 f.

Pflegepersonen ist in diesen Fällen nur schwer vorhersehbar, welche ihrer Tätigkeiten von der Unfallversicherung abgedeckt werden und welche nicht. Die Pflege im häuslichen Bereich durch Familienangehörige ist insoweit auch nicht mit der Situation eines Beschäftigten vergleichbar, der nach § 2 Abs. 1 Nr. 1 SGB VII kraft Gesetzes in der gesetzlichen Unfallversicherung versichert ist.

Schon bei Beschäftigten – insbesondere, wenn Arbeiten zu Hause erledigt werden – ist eine Abgrenzung von betrieblichem und privatem Interesse nicht immer eindeutig.[652] Im Rahmen der häuslichen Pflege ist eine derartige Trennung häufig nur im Bereich der tatsächlichen Pflege, wie Körperpflege oder Ankleiden möglich. Des Weiteren darf es für die Absicherung der Pflegeperson keinen Unterschied machen, ob der Pflegebedürftige in den Haushalt der Pflegeperson eingebunden ist oder in seinem eigenen Haushalt betreut und gepflegt wird.

Die Unfallversicherung sollte, um den dargestellten Zielen des Gesetzgebers besser zu entsprechen, immer dann greifen, wenn die Tätigkeit, bei der es zum Unfall kam, mit der Pflege in Zusammenhang steht, und dies unabhängig von der Frage, ob die Tätigkeit zu genau diesem Zeitpunkt auch ohne das private Interesse stattgefunden hätte.

## F. Bewertung

Die Darstellung zeigt, dass die soziale Absicherung von unentgeltlich tätigen Pflegepersonen von unterschiedlichen Regelungen und Voraussetzungen geprägt ist,[653] auch wenn durch das zweite Gesetz zur Stärkung der pflegerischen Versorgung und zur Änderung weiterer Vorschriften,[654] das zum 1. Januar 2017 in Kraft getreten ist, die Voraussetzungen hinsichtlich des Eingreifens der Renten-, der Arbeitslosen- und der Unfallversicherung vereinheitlicht wurden.[655]

Mit den Leistungen zur sozialen Sicherung der Pflegepersonen gemäß § 44 SGB XI soll die Bereitschaft zur Übernahme der Pflege gefördert und der persönliche Einsatz der Pflegepersonen anerkannt werden.[656] Angesichts der

652 Siehe etwa: BSG, Urteil v. 26.6.2014, B 2 U 4/13 R, NZS 2014, 788 ff.; BSG Urteil v. 14.11.2013, B 2 U 27/12 R; SozR 4-2700 § 8 Nr. 51; BSG, Urteil v. 9.11.2010, B 2 U 14/10 R, NZS 2011, 784 ff.

653 *Winkel*, SozSich 2012, 165 ff. (172).

654 V. 21.12.2015, BGBl. 2015 I 2424.

655 *Leube*, ZFSH SGB 2017, 204 ff. (204).

656 BT-Drs. 12/5262, S. 82, 107; LPK-SGB XI/*Kuhn-Zuber*, § 44 Rn. 5.

Ausgestaltung der sozialen Sicherung ist die Erfüllung dieses Zwecks zumindest fragwürdig. Die unterschiedliche Absicherung der Pflegepersonen im Sinne des § 19 S. 1 SGB XI in den einzelnen Versicherungszweigen der Sozialversicherung zeigt deutlich, dass der Gesetzgeber über § 44 SGB XI keine Gleichstellung der Pflegepersonen mit Beschäftigten erreichen wollte, sondern anderweitig bestehende Pflichtversicherungen Berücksichtigung finden sollten. Ziel war es jedoch, bestehende Absicherungslücken abzumildern.[657] Die Rechtslage führt jedoch zu Schutzlücken insbesondere hinsichtlich der Absicherung der Pflegepersonen im Rahmen der Unfallversicherung. Hier ist de lege lata zu bemängeln, dass die Absicherung von Pflegepersonen der Systematik des SGB VII widerspricht.

Im Rahmen der Familienpflegezeit kann allein die Schutzlücke in der Unfallversicherung zum Tragen kommen, da Voraussetzung für eine Familienpflegezeit das Vorliegen einer Pflegebedürftigkeit, nicht aber eines bestimmten Pflegegrades und einer wöchentlichen Mindestdauer der Pflegetätigkeit ist. Während der Inanspruchnahme einer Familienpflegezeit sind die Pflegepersonen als Beschäftigte gemäß § 20 Abs. 1 S. 2 Nr. 1 SGB XI in der sozialen Pflegeversicherung, gemäß § 5 Abs. 1 Nr. 1 SGB V in der gesetzlichen Krankenversicherung und gemäß § 25 Abs. 1 SGB III, § 26 Abs. 2b SGB III in der Arbeitslosenversicherung pflichtversichert.

Schließlich sollte im Rahmen von Pflege- und Familienpflegezeit sichergestellt sein, dass die Beiträge zur gesetzlichen Rentenversicherung der Pflegeperson, die von der Pflegeversicherung des Pflegebedürftigen getragen werden, auch tatsächlich geeignet sind, die Verluste abzufedern, die durch die Einschränkung der Erwerbstätigkeit entstehen. Die Absicherung in der gesetzlichen Rentenversicherung, die durch die Pflegekassen erbracht wird, sollte sich deshalb an dem vor Beginn der Pflege erzielten Einkommen, das die Beitragsbemessungsgrenze nicht übersteigt, orientieren. Dies wird auch durch die Rechtsprechung zum sogenannten Elternunterhalt untermauert. Gemäß § 1601 BGB sind Verwandte in gerader Linie verpflichtet, einander Unterhalt zu gewähren.[658] Erwachsene Kinder, die aufgrund dieser Regelung für die Erstattung der Kosten der Pflege ihrer Eltern herangezogen werden, sind nach ständiger Rechtsprechung nicht verpflichtet, ihren bisherigen – nicht luxuriösen – Lebensstandard aufzugeben. Von dem zur Verfügung stehenden Einkommen, das für die Berechnung der

657 BT-Drs. 12/5262, S. 94.

658 Genauere Darstellung siehe unten unter Fünfter Teil A. II. 1.

Höhe des Elternunterhalts herangezogen wird, werden außerdem angemessene Aufwendungen zu einer privaten Alterssicherung abgezogen.

Das Ziel des Gesetzgebers, durch die Leistungen der Pflegeversicherung vorrangig die häusliche Pflege und die Pflegebereitschaft der Angehörigen und Nachbarn zu unterstützen, kann nur erreicht werden, wenn sich Pflegepersonen nicht zwischen ihrer sozialen Absicherung und der Übernahme der Pflege entscheiden müssen. Es muss deswegen gewährleistet sein, dass bei der Inanspruchnahme einer Familienpflegezeit Leistungen zur gesetzlichen Rentenversicherung in annähernd gleichem Umfang wie bei Aufrechterhaltung der Erwerbstätigkeit erbracht werden und eine Absicherung in der gesetzlichen Unfallversicherung sichergestellt ist.

# Vierter Teil: Finanzielle Absicherung während der Inanspruchnahme von Familienpflegezeit

Bei der Organisation und Sicherstellung der Pflege hilfsbedürftiger beziehungsweise unterstützungsbedürftiger Personen handelt es sich, wie bereits in § 8 Abs. 1 SGB XI klargestellt wird, um eine gesamtgesellschaftliche Aufgabe. Diese Sichtweise setzte sich jedoch nur langsam durch. Die Pflege alter und hilfebedürftiger Personen wurde in der Vergangenheit weit überwiegend als persönliche Notlage und damit als Problem jedes Einzelnen betrachtet. Dies lässt sich insbesondere mit dem Anteil alter, hilfebedürftiger Personen an der Gesamtbevölkerung erklären. So lag der Anteil der über 60-Jährigen bis 1850 bei lediglich 6–7 %.[659] „Alter war daher kein Bestandteil kollektiver Lebenserfahrung, und alte Menschen wurden nicht als soziale Gruppe definiert und behandelt. Gemeinschaftliche, familiale oder öffentliche Hilfen zeigten sich als rein Individuen zentrierte Bewältigungsformen von Notlagen."[660] 2021 lag der Anteil der über 60-Jährigen dagegen schon bei 29,3 %.[661] Der Anteil der über 65-Jährigen an der Gesamtbevölkerung wird aufgrund des demografischen Wandels weiter stetig ansteigen. So geht die 14. koordinierte Bevölkerungsvorausberechnung des Statistischen Bundesamtes vom Juni 2019[662] davon aus, dass im Jahr 2060 ca. 30 % der Bevölkerung über 67 und zwischen 9 % und 13 %der Bevölkerung über 80 Jahre alt sein werden.[663] Im Jahr 2010 ging das Statistische Bundesamt davon aus, dass die Zahl der Pflegebedürftigen bis 2050

---

659 *Backes/Clemens*, Lebensphase Alter – Eine Einführung in die sozialwissenschaftliche Alternsforschung, 2. Aufl. 2003, S. 26.

660 *Backes/Clemens*, Lebensphase Alter – Eine Einführung in die sozialwissenschaftliche Alternsforschung, 2. Aufl. 2003, S. 26.

661 Statistisches Bundesamt, abrufbar unter: https://www.destatis.de/DE/Themen/Gesellschaft-Umwelt/Bevoelkerung/Bevoelkerungsstand/Tabellen/liste-altersgruppen.html, zuletzt abgerufen am: 26.5.2024.

662 Statistisches Bundesamt, Bevölkerung im Wandel – Annahmen und Ergebnisse der 14. koordinierten Bevölkerungsvorausberechnung; abrufbar unter: https://www.destatis.de/DE/Themen/Gesellschaft-Umwelt/Bevoelkerung/Bevoelkerungsvorausberechnung/_inhalt.html#_8t1q7dsnp, zuletzt abgerufen am: 26.5.2024.

663 Bevölkerung im Wandel – Annahmen und Ergebnisse der 14. koordinierten Bevölkerungsvorausberechnung, S. 25 f.; abrufbar unter: https://www.destatis.de/DE/Themen/Gesellschaft-Umwelt/Bevoelkerung/Bevoelkerungsvorausberechnung/_inhalt.html#sprg233474, zuletzt abgerufen am: 26.5.2024.

auf zwischen 3,76 und 4,5 Millionen ansteigen wird, was einem Anteil von 5,4 % bis 6,5 % der Gesamtbevölkerung entspräche.[664] Die Zahl von 4,5 Millionen Pflegebedürftigen wurde mit 4,96 Millionen jedoch bereits im Jahr 2021 überschritten.[665]

Um die pflegerische Versorgung und insbesondere den Vorrang der häuslichen Pflege auch in Zukunft sicherzustellen, ist es somit unerlässlich, die personellen Ressourcen zur Pflege innerhalb der Familie zu aktivieren beziehungsweise weiter zu stärken.[666] In repräsentativen Umfragen geben zwischen 60 % und 83 % der Befragten an, sie könnten sich die Übernahme von Pflegeverantwortung für nahe Angehörige prinzipiell vorstellen.[667] 67 % der Berufstätigen gingen jedoch davon aus, dass sie ihre Arbeitszeit hierfür reduzieren müssten.[668] Die finanziellen Einbußen, die mit einer Arbeitszeitreduzierung einhergehen, stellen für viele Erwerbstätige dabei eine große Herausforderung dar.[669] Es ist unbestritten, dass auch die ökonomische Situation der Pflegeperson einen Einfluss darauf hat, ob eine Pflegetätigkeit übernommen wird oder nicht.[670]

Im Folgenden soll die finanzielle Situation pflegender Beschäftigter beleuchtet werden. Neben der finanziellen Unterstützung, die pflegende Angehörige de lege lata erhalten, sind hierbei die Unterhaltspflichten der nahen Angehörigen für den Pflegebedürftigen und die finanziellen Einbußen zu berücksichtigen, die durch die Einschränkung der Erwerbstätigkeit eintreten. Darüber hinaus soll herausgearbeitet werden, welche Defizite für die geltende Rechtslage

---

664 Statistisches Bundesamt, Demografischer Wandel in Deutschland Heft 2: Auswirkungen auf Krankenhausbehandlungen und Pflegebedürftige im Bund und in den Ländern, 2010, S. 30; abrufbar unter: https://www.destatis.de/DE/Themen/Querschnitt/Demografischer-Wandel/_inhalt.html#sprg233552, zuletzt abgerufen am: 26.5.2024.

665 Abrufbar unter: https://www.destatis.de/DE/Themen/Gesellschaft-Umwelt/Gesundheit/Pflege/Tabellen/pflegebeduerftige-pflegestufe.html, zuletzt abgerufen am: 26.5.2024.

666 Vgl. auch BT-Drs. 17/6000, S. 11.

667 Abrufbar unter: https://de.statista.com/statistik/daten/studie/441595/umfrage/bereitschaft-zur-pflege-eines-angehoerigen-nach-geschlecht/, zuletzt abgerufen am: 26.5.2024; Techniker Krankenkasse, Meinungspuls Pflege 2018.

668 Ebd.

669 *Bold/Deußen*, Vereinbarkeit von Beruf und Pflege, S. 20.

670 Siehe bei *Schneider/Drobnič/Blossfeld*, ZfS 2001, 362 ff. (365 f.); *Blinker/Klie*, Solidarität in Gefahr, S. 128 f.

bestehen und wie eine effektive finanzielle Unterstützung ausgestaltet werden könnte.

# A. Erforderlichkeit einer finanziellen Absicherung der Beschäftigten während der Inanspruchnahme von Familienpflegezeit

## I. Finanzielle Absicherung der Pflegeperson während der Familienpflegezeit der Pflegeperson de lege lata

Verschiedene Untersuchungen bestätigen, dass informelle Pflege noch weit überwiegend von Personen ausgeübt wird, die während der Pflege keiner Berufstätigkeit nachgehen oder diese erheblich einschränken.[671] Im Folgenden soll die finanzielle Situation der Pflegepersonen dargestellt werden, inwieweit die Pflegetätigkeit der nahen Angehörigen über die Leistungen der Pflegeversicherung abgegolten werden, welche finanziellen Einbußen durch die Übernahme der informellen Pflege eintreten können und welchen Einfluss die Regelungen des Familienpflegezeitgesetzes darauf haben.

### *1. Leistungen der Pflegeversicherung*

Die Einführung der sozialen Pflegeversicherung als fünfter Zweig der Sozialversicherung erfolgte unter anderem, um die finanzielle Belastung der Sozialhilfe einzudämmen.[672] Durch die Sicherstellung einer pflegerischen Grundversorgung sollte der Tatsache begegnet werden, dass je nach Region zwischen 80 % und 100 % der in vollstationärer Pflege betreuten Pflegebedürftigen auf die Unterstützung durch die Sozialhilfe angewiesen waren.[673] Um die Kosten der Sozialversicherungsträger für die Pflege auch in Zukunft so gering wie möglich zu halten, ist gemäß § 3 SGB XI Ziel der Pflegeversicherung, die private Pflegebereitschaft zu unterstützen und wenn möglich zu steigern.[674]

Die Leistungen der Pflegeversicherung dienen gemäß § 2 Abs. 1 SGB XI dazu, den Pflegebedürftigen zu ermöglichen, trotz ihres Hilfebedarfs ein möglichst

---

671 Siehe etwa *Nowossadeck/Engstler/Klaus*, Pflege und Unterstützung durch Angehörige, DZA 1/2016, S. 5 ff.

672 BT-Drs. 12/5262, S. 5, 61 f.

673 BT-Drs. 12/5262, S. 61; dieser Zustand widersprach auch der Konzeption der Sozialhilfe, die als ultima ratio nur für besondere Notfälle des Lebens geschaffen wurde.

674 BT-Drs. 12/5262, S. 77, 89.

selbstständiges und selbstbestimmtes Leben zu führen. Die Hilfen sind darauf auszurichten, die körperlichen, geistigen und seelischen Kräfte der Pflegebedürftigen zu erhalten oder wiederzugewinnen.

### *a) Finanzierung der häuslichen Pflege*

Bei einer ambulanten Pflege im häuslichen Bereich hat der Pflegebedürftige Anspruch auf Pflegesachleistungen (§ 36 SGB XI), Pflegegeld (§ 37 SGB XI) oder eine Kombination aus Geld- und Sachleistungen (§ 38 SGB XI). Die Leistungen der Pflegeversicherung sind nicht davon abhängig, dass die Bedürftigkeit des Betroffenen festgestellt wird.[675] Bei einer Pflege durch nahe Angehörige wird in der Regel Pflegegeld, teilweise auch Kombinationsleistungen in Anspruch genommen.[676] Das Pflegegeld wird monatlich ausgezahlt und beträgt für Pflegebedürftige je nach Pflegegrad zwischen 316 Euro und 901 Euro.[677] Pflegebedürftige des Pflegegrades 1 haben gemäß § 28a Abs. 2 S. 1 SGB XI Anspruch auf den Entlastungsbetrag in Höhe von 125 Euro nach § 45b Abs. 2 S. 1 SGB XI. Werden Kombinationsleistungen in Anspruch genommen, wird das Pflegegeld nach § 37 Abs. 1 SGB XI gemäß § 38 S. 2 SGB XI um den Vomhundertsatz vermindert, in dem der Pflegebedürftige Sachleistungen gemäß § 36 SGB XI in Anspruch genommen hat. Die Kosten für Unterkunft und Verpflegung werden weder bei der Inanspruchnahme von Pflegesachleistungen, Pflegegeld oder Kombinationsleistungen erbracht, sondern sind von den Pflegebedürftigen zu erbringen.[678] Das Pflegegeld nach § 37 SGB XI wird (anteilig) häufig als materielle Anerkennung an die Pflegeperson weitergeleitet.[679]

### *b) Stärkung der häuslichen Pflege*

Der Gesetzgeber hat durch den Programmsatz des § 3 SGB XI die häusliche Pflege als vorrangig zu den anderen Unterbringungs- und Betreuungsarten erklärt.[680] Die Pflege in häuslicher Umgebung durch Angehörige entspricht

675 Udsching/Schütze/*Udsching*, § 1 SGB XI, Rn. 6.

676 Vgl. Statistisches Bundesamt, Pflegestatistik 2017 – Pflege im Rahmen der Pflegeversicherung – Deutschlandergebnisse, S. 6; abrufbar unter: https://www.destatis.de/DE/Themen/Gesellschaft-Umwelt/Gesundheit/Pflege/_inhalt.html#sprg234062, zuletzt abgerufen am: 26.5.2024.

677 Pflegegrad 2: 316 Euro, Pflegegrad 3: 545 Euro, Pflegegrad 4: 728 Euro; Pflegegrad 5: 901 Euro, § 37 Abs. 1 SGB XI.

678 § 4 Abs. 2 SGB XI.

679 HS-PV/*Leitherer*, § 16 Rn. 70.

680 LPK-SGB XI/*Krahmer/von Kries*, § 3 Rn. 2.

tatsächlich auch dem überwiegenden Wunsch pflegebedürftiger Menschen, die in ihrer gewohnten Umgebung bleiben und von vertrauten Personen gepflegt werden möchten.[681]

Gemäß § 4 Abs. 2 SGB XI sollen die Leistungen der Pflegeversicherung bei häuslicher Pflege die familiäre, nachbarschaftliche oder sonstige ehrenamtliche Pflege und Betreuung ergänzen, beziehungsweise die Pflegebedürftigen von Aufwendungen entlasten, die für ihre Versorgung nach Art und Schwere der Pflegebedürftigkeit erforderlich sind. Schließlich sollen Länder, Kommunen, Pflegeeinrichtungen und Pflegekassen gemäß § 8 Abs. 2 S. 3 SGB XI die Bereitschaft zu einer humanen Pflege und Betreuung durch hauptberufliche und ehrenamtliche Pflegekräfte sowie durch Angehörige, Nachbarn und Selbsthilfegruppen unterstützen und fördern und so auf eine neue Kultur des Helfens und der mitmenschlichen Zuwendung hinwirken.

Ziel des Gesetzgebers war es, durch Einführung der Pflegeversicherung auch die Pflegebereitschaft von Angehörigen und Freunden zu fördern und möglichst zu gewährleisten, dass pflegebedürftige Personen ihrem Wunsch entsprechend so lange wie möglich in gewohnter Umgebung verbleiben können.[682] Das Ziel des Gesetzgebers ist insbesondere deshalb unerlässlich, da „in einer Gesellschaft, in der die Lebenserwartung ständig steigt und mit ihr das Risiko zumindest altersbedingter Pflegebedürftigkeit wächst, stationäre Pflege für breite Bevölkerungsschichten nicht zu finanzieren ist."[683] Darüber hinaus tragen die geringeren Kosten, die für eine häusliche Pflege erbracht werden,[684] zu einer nicht unerheblichen Entlastung der sozialen Pflegeversicherung bei.[685]

---

681 Erster Bericht des unabhängigen Beirats für die Vereinbarkeit von Pflege und Beruf, S. 11; abrufbar unter: https://www.bmfsfj.de/blob/138138/1aac7b66ce0541ce2e48cb12fb962eef/erster-bericht-des-unabhaengigen-beirats-fuer-die-vereinbarkeit-von-pflege-und-beruf-data.pdf, zuletzt abgerufen am: 26.5.2024.

682 BT-Drs. 12/5262, S. 90.

683 *Maschmann*, SGb 95, 325 ff. (325); vgl. auch *Nägele/Reichert*, in: Naegele/Reichert (Hrsg.), Vereinbarkeit von Erwerbstätigkeit und Pflege – Nationale und internationale Perspektiven I, 14 ff. (16).

684 *Nebe*, djbZ 2011, 57 ff. (58), HS-PV/*Leitherer*, § 16 Rn. 3; *Wiese*, Pflegeversicherung und Pflegepraxis, S. 40.

685 Die Kosten, die für eine ambulante Pflege zu Hause erbracht werden, betragen bei Inanspruchnahme von Pflegegeld nach § 37 SGB XI je nach Pflegegrad zwischen 42 %, und 46 % der Leistungen, die nach § 36 SGB XI als Pflegesachleistungen erbracht werden; bzw zwischen 41 % und 45 % der Leistungen bei einer vollstationären Pflege nach § 43 SGB XI, vgl. *v. Zarneck* in Fachinger/Rothgang, Die Wirkungen des Pflege-Versicherungsgesetzes, 71 ff. (71). Allerdings ist festzuhalten,

### 2. *Zinsloses Darlehen des Bundesamts für Familie und zivilgesellschaftliche Aufgaben*

Beschäftigte erhalten während Familienpflegezeit gemäß § 3 FPfZG ein zinsloses Darlehen des BAFzA.[686] Gemäß § 3 Abs. 1 und Abs. 4 PflegeZG besteht der Anspruch auf ein zinsloses Darlehen auch bei der Inanspruchnahme von Pflegezeit nach § 3 PflegeZG ist jedoch auf den Betrag begrenzt, der bei einer durchschnittlichen Arbeitszeit während der Familienpflegezeit von 15 Wochenstunden zu gewähren ist. Da das zinslose Darlehen im Anschluss an die Familienpflege- beziehungsweise Pflegezeit an das BAFzA zurückgezahlt werden muss, ist die Aufstockung des Arbeitsentgelts während der Pflege eines nahen Angehörigen aus Sicht der Beschäftigten im Ergebnis zu einem Großteil von jedem Beschäftigten selbst zu finanzieren.

Der Gesetzgeber stellt ausdrücklich klar, dass gerade Beschäftigten mit geringem Einkommen, die ihre Arbeitszeit auf 50 % reduzieren, oft die materielle Existenzgrundlage fehle, um eine Pflege über längere Dauer bewerkstelligen zu können.[687] Der finanzielle Engpass ist zunächst zwar nicht so gravierend, wie er es bei einer Verringerung des Arbeitsentgelts auf 50 % wäre, zieht sich allerdings über einen längeren Zeitraum hin, da er auch dann noch aufrechterhalten bleibt, wenn die Pflege und die Phase der verringerten Arbeitszeit bereits beendet sind. Finanziell sind die pflegenden Beschäftigten am Ende der Familienpflegezeit und nach Rückzahlung des zinslosen Darlehens nur wenig bessergestellt als diejenigen, die eine sogenannte Brückenteilzeit nach § 9a TzBfG in Anspruch nehmen und ihre Arbeitszeit lediglich zeitlich begrenzt verringern. Bei einer Erwerbstätigkeit in Vollzeit und einer Reduzierung im Rahmen der Familienpflegezeit auf 50 % haben Beschäftigte sowohl während der Familienpflegezeit wie auch während der Zeit, in der das zinslose Darlehen an das BAFzA zurückgezahlt werden muss, in etwa 75 % ihr bisheriges – vor Beginn der Familienpflegezeit erzieltes – Nettoarbeitsentgelt zur Verfügung.[688]

---

dass sich ein anderes Bild ergibt, wenn ambulante Leistungen nach § 36 ff. SGB XI mit Tages- oder Nachtpflege nach § 41 SGB XI kombiniert werden (siehe LPK-SGB XI/*Krahmer/Plantholz* Einführung Rn. 22, 57 und LPK-SGB XI/Beetz § 41 Rn. 19).

686 Siehe oben unter Erster Teil B. I. 2. c).

687 BT-Drs. 17/6000, S. 12.

688 BT-Drs. 17/6000, S. 12.

## II. Unterhaltspflicht der nahen Angehörigen

Während keine gesetzliche Regelung existiert, die nahe Angehörige zur tatsächlichen Übernahme der Pflege verpflichtet, existieren Vorschriften, die die Verantwortungsübernahme innerhalb der Familie zumindest teilweise regeln. So sind Ehegatten gemäß § 1353 Abs. 1 S. 2 BGB einander zur ehelichen Lebensgemeinschaft verpflichtet und tragen füreinander Verantwortung; Eltern haben nach § 1626 Abs. 1 BGB die Pflicht und das Recht, für das minderjährige Kind zu sorgen; schließlich sind Verwandte in gerader Linie aus §§ 1601 ff. BGB dazu verpflichtet, einander Unterhalt zu gewähren.

Aszendenten und Abkömmlinge[689] sind demnach verpflichtet, einander finanziell zu unterstützen, wenn der Unterhaltsberechtigte außerstande ist, sich selbst zu unterhalten (§ 1602 Abs. 1 BGB) und der Unterhaltspflichtige leistungsfähig ist (§ 1603 Abs. 1 BGB). Diese Pflicht besteht auch, wenn bei den Verwandten in gerader Linie Pflegebedürftigkeit eingetreten ist, die Leistungen der Pflegeversicherung und das vorhandene Vermögen nicht zur Deckung der Kosten für Pflege und Lebenshaltung ausreichen und der Pflegebedürftige Hilfe zur Pflege nach §§ 61 ff. SGB XII bezieht.[690]

Die Pflicht eines Verwandten in gerader Linie zur Unterhaltsgewährung nach § 1601 BGB ist gemäß § 1612 Abs. 1 S. 1 BGB grundsätzlich durch Leistung einer Geldrente zu erbringen. Allerdings kann der Unterhalt nach § 1612 Abs. 1 S. 2 BGB – wenn es dem Unterhaltsberechtigten zumutbar ist – auch durch Naturalunterhalt, also durch die tatsächliche Übernahme der Pflege beglichen werden.[691]

Im Rahmen der finanziellen Unterstützung während der Inanspruchnahme einer Familienpflegezeit kann insbesondere die Pflicht zum Elternunterhalt nach § 1601 BGB in den Blick genommen werden, da mit § 7 Abs. 3 Nr. 1 und 3 PflegeZG gerade die Gruppe der Eltern und erwachsenen (Schwieger) Kinder für die Pflege naher Angehöriger im Rahmen von Familienpflege- und Pflegezeit in den Blick genommen werden und lediglich 4,3 % aller

---

689 Also Urgroßeltern, Großeltern, Eltern, Kinder, Enkel und Urgroßenkel, siehe nur Palandt/*Brudermüller*, § 1589 BGB, Rn. 1.

690 Siehe etwa Palandt/*Brudermüller*§ 1601 BGB, Rn. 5 ff.

691 Vgl. auch Urteil OLG Oldenburg 14.1.2010, 14 UF 134/09, NJW 2010, 1293 ff. (1294), in diesem Fall war die Mutter in einer Einrichtung für betreutes Wohnen untergebracht und die Tochter erbrachte ihre Unterhaltsleistungen zusätzlich in Form von tatsächlicher Betreuung.

Pflegebedürftigen unter 15 Jahre alt sind.[692] Familienpflegezeit kommt somit zu einem Großteil für erwachsene (Schwieger)Kinder, die ein pflegebedürftiges (Schwieger)Elternteil betreuen, in Betracht.

### *1. Unterhaltsanspruch nach § 1601 ff. BGB*

Die Unterhaltspflicht des § 1601 BGB trifft ihrem Wortlaut gemäß alle Verwandten in gerader Linie gleichermaßen. Voraussetzung ist dabei zunächst, dass der Unterhaltsberechtigte bedürftig (§ 1602 BGB) und der Unterhaltsverpflichtete leistungsfähig (§ 1603 ff. BGB) ist.

Allerdings ist der Elternunterhalt nach § 1601 BGB im Vergleich zu den Unterhaltspflichten gegenüber Ehegatten (§§ 1360 ff. und §§ 1569 ff. BGB) oder Kindern (§§ 1601, 1612a BGB) aufgrund der in § 1609 BGB festgelegten Rangfolge der unterschiedlichen Unterhaltsansprüche relativ schwach ausgestaltet.[693]

Die Ermittlung der Leistungsfähigkeit des Unterhaltspflichtigen erfolgt für die unterschiedlichen Unterhaltsarten grundsätzlich auf demselben Weg.[694] Zunächst ist das unterhaltsrelevante Einkommen zu ermitteln, wobei im Unterhaltsrecht ein weiter Einkommensbegriff zugrunde gelegt wird.[695] Die Ermittlung des unterhaltsrelevanten (bereinigten) Einkommens erfolgt anhand der in den unterhaltsrechtlichen Leitlinien der Oberlandesgerichte zusammengefassten Punkte.[696] Als Abzugsposten zählen dabei stets die Lohnnebenkosten (Lohnsteuern, Solidaritätszuschlag und Sozialversicherungsabgaben),[697] berufsbedingte Aufwendungen[698] sowie die vorrangigen Unterhaltsverpflichtungen nach § 1609 BGB.[699] Des Weiteren können im Rahmen des Elternunterhalts auch Rücklagen für die eigene Altersvorsorge,[700] evtl. vorliegender Mehrbedarf

---

692 Siehe Statistisches Bundesamt, Pflegestatistik 2021 – Deutschlandergebnisse, abrufbar unter: https://www.destatis.de/DE/Presse/Pressemitteilungen/2022/12/PD22_554_224.html, zuletzt abgerufen am: 26.5.2024.

693 LPK SGB XII/*Conradis/Münder*, § 94 Rn. 63 Der Elternunterhalt steht in § 1609 Nr. 6 BGB an vorletzter Stelle.

694 Vgl. *Appelt*, Der Elternunterhalt, S. 41 f.; Koch/*Margraf*, § 1 Rn. 1 ff.

695 *Doering-Striening*, Elternunterhalt, S. 305 ff.

696 Vgl. Koch/*Margraf*, § 1 Rn. 1.

697 Koch/*Margraf*, § 1 Rn. 82 ff.

698 Koch/*Margraf*, § 1 Rn. 99 ff.

699 *Doering-Striening*, Elternunterhalt, S. 352, 362 f.

700 Die Kosten können bis zu einer Höhe von 5 % des Jahresbruttoeinkommens als abzugsfähig anerkannt werden. Vgl. hierzu BGH Urteil v. 17.10.2012 Az XII ZR 17/11, NJW 2013, 1305 ff. (1306).

aufgrund von Krankheit, Alter oder eigener Pflegebedürftigkeit und berücksichtigungsfähige finanzielle Verpflichtungen[701] zum Abzug gebracht werden.[702] Die Leistungsfähigkeit des Unterhaltspflichtigen liegt nur vor, wenn das so berechnete bereinigte Einkommen den notwendigen Selbstbehalt übersteigt.[703] Im Rahmen des Elternunterhalts wird den unterhaltsverpflichteten erwachsenen Kindern neben einem angemessenen Selbstbehalt[704] ein weiterer Anteil in Höhe von 50 % zusätzlich verbleiben.[705] Der Unterhaltspflichtige muss außerdem keine spürbare und dauerhafte Senkung seines berufs- und einkommenstypischen Lebensniveaus hinnehmen.[706] Auch zu einer Verwertung des Vermögensstamms ist der Unterhaltspflichtige nur verpflichtet, wenn dies nicht mit einem wirtschaftlich nicht zu vertretenden Nachteil verbunden ist.[707]

### 2. *Übergang des Unterhaltsanspruchs auf den Sozialhilfeträger nach § 94 SGB XII*

Sowohl in der Rechtsprechung als auch in der Literatur wird die Unterhaltspflicht, die erwachsene Kinder gegenüber ihren Eltern trifft, nahezu ausschließlich im Zusammenhang mit der cessio legis des Unterhaltsanspruchs auf den Sozialhilfeträger nach § 94 SGB XII angesprochen.[708] Hierbei sind die Unterschiede zwischen Unterhaltsrecht und Sozialrecht von Bedeutung.

Gemäß § 94 Abs. 1 S. 3 SGB XII gehen im Rahmen des Verwandtenunterhalts lediglich Ansprüche gegen Verwandte des ersten Grades (Eltern und

701 Siehe zu den Details Koch/*Margraf*, § 1 Rn. 259 ff.

702 Vgl. die genaue Darstellung bei *Appelt*, Der Elternunterhalt, S. 43 ff. und *Hauß*, Elternunterhalt: Grundlagen und Strategien, S. 126 ff. Diese Posten können aber auch erst später bei der Berechnung des notwendigen Selbstbehalts Berücksichtigung finden (*Dose*, FamRZ 2013, 993 ff. (998)).

703 Palandt/*Brudermüller*, § 1603 Rn. 12.

704 Momentan in Höhe von ca. 1.600 Euro für einen alleinstehenden Unterhaltspflichtigen bei Unterhaltsverpflichtungen gegenüber erwachsenen Kindern, Enkeln, Eltern oder Großeltern. Grundsätzlich obliegt die Höhe des Selbstbehalts allerdings der richterlichen Feststellung vgl. etwa BGH v. 8.6.2005 – XII ZR 75/04, FamRZ 2006, 26 ff. (30).

705 *Dose*, FamRZ 2013, 993 ff. (998).

706 Ausnahmen hiervon seien möglich, wenn der Unterhaltspflichtige einen nach den Verhältnissen unangemessenen Aufwand betreibt oder im Luxus lebt, siehe BGH v. 23.10.2002 – XII ZR 266/99, FamRZ 2002, 1698, 1700 ff.; LPK-SGB XII/*Conradis*/*Münder*, 12. Aufl. 2020, § 94 Rn. 75 ff.

707 BGH v. 23.4.2004 – XII ZR 326/01, FamRZ 2004, 1184, 1185 ff.

708 LPK-SGB XII/*Conradis*, § 94 Rn. 75.

Kinder) automatisch auf den Träger der Sozialhilfe über.[709] Auch der Bedarf des Unterhaltsempfängers wird – aufgrund der unterschiedlichen Zielsetzung von Unterhalt und Sozialhilfe – unterschiedlich erfasst. Der Unterhaltsanspruch geht dann auf Träger der Sozialhilfe über, wenn er mit der geleisteten Sozialhilfe übereinstimmt.[710] Der Unterhaltsanspruch aus § 1601 ff. BGB geht damit in der Höhe auf den Sozialhilfeträger über, in der Leistungen tatsächlich erbracht wurden und ein Unterhaltsanspruch tatsächlich besteht.[711] Darüber hinaus müssen der Unterhaltsanspruch und die Leistungsgewährung zeitgleich vorliegen beziehungsweise erfolgen.[712]

Seit 1. Januar 2020 bleiben im Rahmen der cessio legis nach § 94 Abs. 1a SGB XII[713] Unterhaltsansprüche der Leistungsberechtigten gegenüber ihren Kindern und Eltern unberücksichtigt, es sei denn das jährliche Gesamteinkommen im Sinne des § 16 SGB IV der unterhaltspflichtigen Kinder beziehungsweise Eltern übersteigt 100.000 Euro. Ziel des Gesetzgebers ist es, das Sozialhilferecht in Bezug auf die Inanspruchnahme unterhaltsverpflichteter Angehöriger zu modernisieren; „[…] es soll sich den gewandelten Lebensverhältnissen der Gesellschaft anpassen, indem der Familienverband entlastet und die Solidargemeinschaft stärker in die Verantwortung genommen wird.“[714]

### *3. Zusammenfassung*

Gemäß § 1601 ff. BGB sind Verwandte in gerader Linie verpflichtet, einander Unterhalt zu gewähren. Dieser ist nach § 1612 Abs. 1 S. 1 BGB durch Entrichtung einer Geldrente zu gewähren. Der Unterhaltsverpflichtete kann laut § 1612 Abs. 1 S. 2 BGB verlangen, dass ihm die Gewährung des Unterhalts in anderer Art gestattet wird, wenn besondere Gründe dies rechtfertigen. Hieraus wird abgeleitet, dass die Unterhaltspflicht aus § 1601 BGB erwachsener Kinder gegenüber ihren pflegebedürftigen Eltern auch durch die tatsächliche Übernahme der Pflege erfüllt werden kann.[715] Die erwachsenen Kinder sind jedoch gesetzlich nicht dazu verpflichtet, die Pflege der Eltern selbst zu übernehmen.

---

709 Durch diese Regelung sollte der Stellung des Verwandtenunterhalts in § 1609 Nr. 5, 6 und 7 BGB Rechnung getragen werden.

710 LPK-SGB XII/*Conradis*, § 94 Rn. 26 ff., 62 ff.

711 Grube/Wahrendorf/Fling/*Giere*, § 94 SGB XII Rn. 11 ff., 18 ff.

712 Grube/Wahrendorf/Flint/*Giere*, § 94 SGB XII Rn. 16 ff.

713 Art. 1 Nr. 5 des Gesetzes zur Entlastung unterhaltsverpflichteter Angehöriger in der Sozialhilfe und in der Eingliederungshilfe v. 10.12.2019, BGBl. 2019 I 2135.

714 BT-Drs. 19/13399, S. 17.

715 Urteil OLG Oldenburg v. 14.1.2010, 14 UF 134/09, NJW 2010, 1293 ff. (1294).

Seit in Kraft treten des Gesetzes zur Entlastung unterhaltsverpflichteter Angehöriger in der Sozialhilfe und in der Eingliederungshilfe am 1. Januar 2020 bleiben die Unterhaltsansprüche pflegebedürftiger Eltern im Rahmen der cessio legis nach § 94 Abs. 1a SGB XII unberücksichtigt, wenn das jährliche Einkommen der Kinder 100.000 Euro nicht übersteigt. Die Unterhaltspflicht des § 1601 ff. BGB kommt andernfalls nur dann zum Tragen, wenn die Sozialhilfeträger keine Leistungen zur Hilfe zur Pflege nach §§ 61 ff. SGB XII erbringen, sondern der Unterhaltsberechtigte die Ansprüche gegenüber dem Unterhaltspflichtigen durchsetzt.

## III. Finanzielle Einschränkungen durch die Inanspruchnahme einer Familienpflegezeit

### 1. *Finanzielle Situation während der Inanspruchnahme einer Familienpflegezeit*

Beschäftigte, die einen pflegebedürftigen nahen Angehörigen betreuen und dafür ihre Arbeitszeit reduzieren, haben gemäß § 3 Abs. 1 FPfZG (i.V.m. § 3 Abs. 7 PflegeZG) Anspruch auf eine finanzielle Unterstützung in Form eines zinslosen Darlehens, das den Beschäftigten durch das BAFzA gewährt wird. Dieses Darlehen soll die finanziellen Einbußen abfedern, die durch die Reduzierung der Arbeitszeit auftreten.[716] Darüber hinaus wird das Pflegegeld nach § 37 SGB XI häufig als materielle Anerkennung an die Pflegeperson weitergeleitet.[717]

Die Ausgestaltung der finanziellen Unterstützung als zinsloses Darlehen bedeutet allerdings, dass der Aufstockungsbetrag während der Familienpflegezeit weit überwiegend von den Beschäftigten selbst zu finanzieren ist.[718] Das zinslose Darlehen ist gemäß § 6 Abs. 1 FPfZG im Anschluss an die teilweise Freistellung nach § 2 FPfZG an das BAFzA zurückzuzahlen; die finanzielle Einbuße wird somit nicht vermindert, sondern lediglich über einen längeren Zeitraum erstreckt beziehungsweise verteilt. Es entfällt lediglich der nach § 488 Abs. 1 S. 2 BGB bei Darlehensverträgen grundsätzlich zu entrichtende Zins. Dementsprechend wurde das zinslose Darlehen des BAFzA seit Inkrafttreten der Regelungen zum 1. Januar 2015 sowohl für eine teilweise Freistellung nach dem Familienpflegezeitgesetz als auch nach dem Pflegezeitgesetz von

716 Siehe BT-Drs. 18/3124, S. 2.

717 HS-PV/*Leitherer*, § 16 Rn. 70.

718 So auch *Reuyß/Pfahl/Rinderspacher/Menke*, Pflegesensible Arbeitszeiten, S. 71 f.

9.702 Personen in Anspruch genommen.[719] 55 % der in einer Studie befragten Beschäftigten gaben an, die Regelungen des Familienpflegezeit- beziehungsweise Pflegezeitgesetzes als hilfreich zu empfinden, allerdings gaben lediglich 33 % an, das Angebot tatsächlich in Anspruch nehmen zu wollen.[720]

Darüber hinaus können Beschäftigte, die eine Familienpflegezeit in Anspruch nehmen, durch die Familie über einen vollzeitbeschäftigten Partner abgesichert sein. Pflegepersonen, die nicht durch einen Partner abgesichert sind, ihre Berufstätigkeit aber zugunsten der Pflege reduzieren, waren vor Inkrafttreten des Familienpflegezeitgesetzes hauptsächlich auf ihre Ersparnisse oder finanzielle Unterstützung durch den Pflegebedürftigen angewiesen.[721] Pflegepersonen, die schon vor Beginn der Pflege keiner Beschäftigung nachgingen und nicht durch einen berufstätigen Partner abgesichert sind, erhalten vielfach staatliche Unterstützung in Form von Arbeitslosengeld (SGB III) oder Grundsicherung für Arbeitssuchende (SGB II). Für diese Personen führt das Pflegegeld – wenn es vom Pflegebedürftigen an die Pflegeperson weitergegeben wird – zu einer Aufstockung der zur Verfügung stehenden finanziellen Mittel, da die Aufwandsentschädigung für die Pflege eines nahen Angehörigen im Sinne des § 19 SGB XI in der Regel nicht auf die Leistungen zur Grundsicherung für Arbeitssuchende aus SGB II angerechnet werden;[722] denn eine Pflegetätigkeit führt dann nicht zum Erlöschen des Anspruchs auf Arbeitslosengeld,

719 Bericht des Bundesrechnungshofs über die Prüfung der Ausführung des Familienpflegezeitgesetzes vom 25.9.2018, S. 11; abrufbar unter: https://www.bundesrechnungshof.de/SharedDocs/Downloads/DE/Berichte/2018/bmfsfj-beratungen-zum-bundeshaushalt-2019-volltext.pdf?__blob=publicationFile&v=1, zuletzt abgerufen am: 26.5.2024.

720 *Nowossadeck/Engstler/Klaus*, Pflege und Unterstützung durch Angehörige, DZA 1/2016, S. 17, unter Verweis auf Naumann et al ZQP-Bevölkerungsbefragung, ZQP, S. 73 ff.

721 Das Pflegegeld ist darüber hinaus auch nicht als Anerkennung der Pflege konzipiert, sondern soll nur die erforderliche Grundpflege und hauswirtschaftliche Versorgung sicherstellen, BT-Drs. 12/5262, S. 112.

722 Gemäß § 1 Abs. 1 Nr. 4 Alg II–V sind die nicht steuerpflichtigen Einnahmen einer Pflegeperson für Leistungen der Grundpflege und der hauswirtschaftlichen Versorgung nicht als Einkommen zu berücksichtigen. Dies sind gemäß § 3 Nr. 36 S. 1 EStG, pflegerische Betreuungsmaßnahmen oder Hilfen bei der Haushaltsführung bis zur Höhe des Pflegegeldes nach § 37 SGB XI, wenn diese Leistungen von Angehörigen des Pflegebedürftigen oder von anderen Personen erbracht werden, die damit eine sittliche Pflicht im Sinne des § 33 Abs. 2 EStG gegenüber dem Pflegebedürftigen erfüllen.

wenn die leistungsberechtigte Person bereit und in der Lage ist, eine Beschäftigung von mindestens 15 Stunden wöchentlich aufzunehmen, die den üblichen Bedingungen des für sie in Betracht kommenden Arbeitsmarktes entsprechen (§ 139 Abs. 4 S. 1 SGB III).

Schließlich kann die Inanspruchnahme einer Familienpflegezeit auch Auswirkungen auf die weitere Entwicklung der Erwerbstätigkeit beziehungsweise des Erwerbseinkommens haben. Entsprechende Studien wurden zur Untersuchung der Lohneinbußen, die infolge von Mutterschaft beziehungsweise Elternzeit eintreten, durchgeführt.[723] Danach haben Mütter zehn Jahre nach der Geburt bis zu 24 % weniger verdient als kinderlose Frauen.[724] Direkt nach einer Rückkehr aus der Elternzeit verdienten die Frauen 6,5 % weniger pro Stunde als vor der Elternzeit, wenn sie eine Elternzeit von bis zu 12 Monaten in Anspruch genommen hatten; bei einer Elternzeit von mehr als 12 Monaten betrug die Lohneinbuße sogar fast 10 %.[725] Ähnliche Zahlen sind auch für Personen anzunehmen, die eine Familienpflegezeit in Anspruch nehmen.

## 2. Finanzielle Auswirkung auf die Alterssicherung

Beschäftigte, die zur Pflege eines nahen Angehörigen eine (Familien)Pflegezeit in Anspruch nehmen, haben neben dem verringerten Einkommen insbesondere Einbußen mit Blick auf ihre eigene Altersvorsorge hinzunehmen, da der Aufbau sowohl der gesetzlichen als auch einer privaten Altersversorgung durch die Verringerung der Arbeitszeit und der damit einhergehenden Verringerung des Arbeitsentgelts vermindert und damit erschwert wird.

Über die Regelung des § 44 Abs. 1 S. 1 SGB XI i.V.m. §§ 3 S. 1 Nr. 1a), 166 Abs. 2 SGB VI erwerben Pflegepersonen im Sinne des § 19 S. 1 SGB XI Anwartschaften in der Rentenversicherung für ihre erbrachte Pflegetätigkeit, wenn bei dem Pflegebedürftigen mindestens Pflegegrad 2 vorliegt, er wenigstens 10 Stunden verteilt auf mindestens zwei Tage pro Woche gepflegt wird und der Beschäftigte nicht mehr als 30 Stunden wöchentlich erwerbstätig ist. Bei Zugrundelegung eines jährlichen Verdienstes vor der Inanspruchnahme einer Familienpflegezeit in Höhe des Durchschnittsentgelts nach § 68 Abs. 1

723 Siehe den Überblick bei *Lott/Eulgem*, Lohnnachteile durch Mutterschaft; abrufbar unter: https://www.boeckler.de/pdf/p_wsi_report_49_2019.pdf, zuletzt abgerufen am: 26.5.2024.

724 *Lott/Eulgem*, Lohnnachteile durch Mutterschaft, S. 2.

725 *Lott/Eulgem*, Lohnnachteile durch Mutterschaft, S. 6.

S. 1 SGB VI[726] und einer Reduzierung der Arbeitszeit auf 50 %, erwirbt der Beschäftige aufgrund seiner Beschäftigung während der Inanspruchnahme der Familienpflegezeit ca. 0,5 Entgeltpunkte pro Monat in der gesetzlichen Rentenversicherung. Darüber hinaus werden einem Beschäftigten, der nicht mehr als 30 Stunden wöchentlich erwerbstätig ist, gemäß den zugrunde zulegenden beitragspflichtigen Einnahmen nach § 166 Abs. 2 SGB VI – je nach Pflegegrad des zu betreuenden nahen Angehörigen – zwischen 0,27 und 1 Rentenpunkt[727] in der gesetzlichen Rentenversicherung gutgeschrieben. Ein Beschäftigter, der ein Arbeitsentgelt in Höhe des Durchschnittsentgelts erzielt, kann demnach während der Inanspruchnahme einer Familienpflegezeit zwischen 0,77 und 1,5 Rentenpunkte in der gesetzlichen Rentenversicherung erwerben. Beschäftigte, deren Arbeitsentgelt das Durchschnittsentgelt übersteigt, können bis zum Erreichen der Beitragsbemessungsgrenze[728] maximal 2 Entgeltpunkte pro Monat in der gesetzlichen Rentenversicherung ansparen.[729] Diese Personen erwerben bei einer Reduzierung ihrer Arbeitszeit auf 50 % während der Familienpflegezeit ca. 1 Entgeltpunkt aus ihrer Beschäftigung und können demnach insgesamt zwischen 1,27 und 2 Entgeltpunkte ansparen. Je nach Pflegegrad des zu betreuenden nahen Angehörigen und Einkommenshöhe des Beschäftigten ergibt sich demnach eine Einbuße in der gesetzlichen Rentenversicherung von bis zu 0,73 Rentenpunkten im Vergleich zu den Anwartschaften, die bei einer gleichbleibenden Beschäftigung erreicht worden wären.

## IV. Fazit

Es existiert keine gesetzliche Pflicht, die Pflege eines nahen Angehörigen zu übernehmen. Allerdings kann die nach § 1601 BGB geschuldete Unterhaltspflicht unter Verwandten in gerader Linie auch durch Übernahme der Pflege

---

726 Für das Jahr 2021 beträgt das endgültige jährliche Durchschnittsentgelt; gemäß § 3 Abs. 1 Verordnung über maßgebende Rechengrößen der Sozialversicherung für 2023 v. 28.11.2022 40.463 Euro, BGBl. 2022 I 2128.

727 Bezieht die Pflegeperson nicht ausschließlich Pflegegeld sondern Pflegesach- oder Kombinationsleistungen, können zwischen 0,85 und 019 Entgeltpunkte angespart werden.

728 Für das Jahr 2023 beträgt die Beitragsbemessungsgrenze in der gesetzlichen Rentenversicherung gemäß § 4 Abs. 1 Nr. 1 Verordnung über maßgebende Rechengrößen der Sozialversicherung für 2023 jährlich 87.600 Euro und monatlich 7.300 Euro (West) und gem. § 3 Abs. 2 Nr. 1 Verordnung über maßgebende Rechengrößen der Sozialversicherung für 2022 jährlich 85.200 Euro und monatlich 7.100 Euro (Ost).

729 Vgl. SRH/*Ruland*, § 18 Rn. 177 ff.

erfüllt werden. Gerade vor dem Hintergrund des Vorrangs der häuslichen Pflege, der in § 3 SGB XI festgeschrieben ist, sollten die finanziellen Einbußen, die durch die Pflegebedürftigkeit eines Unterhaltspflichtigen auftreten, durch die tatsächliche Übernahme der Pflege nicht wesentlich höher sein, als dies durch Erfüllung der Unterhaltspflicht mit finanziellen Mitteln der Fall wäre. Hierbei ist insbesondere zu berücksichtigen, dass Unterhaltsansprüche der Leistungsberechtigten gegenüber ihren Kindern und Eltern gemäß § 94 Abs. 1a SGB XII nur zu berücksichtigen sind beziehungsweise auf die Träger der Sozialhilfe übergehen, wenn das jährliche Gesamteinkommen des Unterhaltspflichtigen jeweils mehr als 100 000 Euro beträgt.

Neben der Tatsache, dass Beschäftigte, die ihre Erwerbstätigkeit einschränken, um einen nahen Angehörigen zu pflegen, ein geringeres Arbeitsentgelt erhalten, geben die von der Rechtsprechung entwickelten Kriterien zur Ermittlung der Leistungsfähigkeit des Unterhaltspflichtigen nach § 1603 BGB einen Anhaltspunkt hinsichtlich der Erforderlichkeit einer wirtschaftlichen Absicherung während der Familienpflegezeit. Die Entscheidung, die Erwerbstätigkeit zu reduzieren, um die Pflege eines nahen Angehörigen zu übernehmen, hängt wesentlich auch von ökonomischen Erwägungen ab, wobei sowohl die finanzielle Situation vor als auch während der Arbeitszeitreduzierung einbezogen werden.[730] Um die Übernahme informeller Pflege durch nahe Angehörige weiter zu fördern, dürfen Erwerbstätige, die eine Familienpflege- oder Pflegezeit in Anspruch nehmen, keine erhebliche Absenkung ihres berufs- und einkommenstypischen Lebensniveaus zu befürchten haben oder gezwungen sein, ihren Vermögensstamm anzugreifen, um die Pflege des nahen Angehörigen zu ermöglichen. Auch die Beschränkung der cessio legis in § 94 Abs. 1a SGB XII auf Personen mit einem jährlichen Einkommen, das 100.000 Euro brutto übersteigt, macht die finanzielle (Mehr)Belastung naher Angehöriger, die die Pflege selbst übernehmen, deutlich.

Darüber hinaus ist eine spürbare finanzielle Unterstützung der familiären häuslichen Pflege unerlässlich, um die Vereinbarkeit von Erwerbstätigkeit und Pflege für alle Erwerbsschichten zu ermöglichen und die häusliche Pflege auch weiterhin zu fördern.[731] Eine finanzielle Unterstützung der Erwerbstätigen, die die Finanzierung der Familienpflege- beziehungsweise Pflegezeit nicht im Wesentlichen den Beschäftigten selbst überlässt, ist damit unerlässlich.

---

730 Vgl. etwa *Schneider/Drobnič/Blossfeld*, ZfS 2001, 362 ff. (365 f.).

731 Vgl. *Rothgang/Staber*, FPR 2012, 48 ff. (54).

## B. Verfassungsrechtliche Einordnung der finanziellen Absicherung für Beschäftigte in Familienpflegezeit

Eine finanzielle Unterstützung der Beschäftigten, die eine Familienpflegezeit in Anspruch nehmen, um einen pflegebedürftigen nahen Angehörigen zu betreuen, könnte grundrechtlich geboten sein.

Eine derartige Pflicht für den Gesetzgeber könnte sich aus der besonderen Schutzpflicht des Staates für Ehe und Familie i.V.m. dem Sozialstaatsprinzip (Art. 6 Abs. 1 GG i.V.m. Art. 20 Abs. 1 GG) sowie aus dem Gleichstellungsgebot aus Art. 3 Abs. 2 GG ergeben.

### I. Pflicht zur Gewährung einer finanziellen Absicherung aus Art. 6 Abs. 1 GG i.V.m. Art. 20 Abs. 1 GG

Art. 6 Abs. 1 GG stellt Ehe und Familie unter den besonderen Schutz des Staates. Es handelt sich hierbei zum einen um eine wertentscheidende Grundsatznorm sowie eine Institutsgarantie, zum anderen aber auch um einen Handlungsauftrag an den Staat und schließlich um ein Diskriminierungsverbot.[732]

Durch Art. 6 Abs. 1 GG werden „Ehe und Familie als die Keimzelle jeder menschlichen Gemeinschaft, deren Bedeutung mit keiner anderen menschlichen Bindung verglichen werden kann, unter den besonderen Schutz der staatlichen Ordnung gestellt".[733] Das Sozialstaatsprinzip aus Art. 20 Abs. 1 GG verpflichtet den Gesetzgeber neben der Sicherung des Existenzminimums[734] dazu, die Grundlagen für sozialen Ausgleich zu schaffen[735] und Maßnahmen zur Herstellung sozialer Sicherheit zu ergreifen.[736]

Fraglich ist, ob sich aus diesen (Schutz)pflichten Handlungspflichten des Staates mit Blick auf Beschäftigte ableiten lassen, die ihre Arbeitszeit reduzieren, um die Pflege eines nahen Angehörigen zu übernehmen.

Sowohl die Rechtsprechung des Bundesverfassungsgerichts[737] als auch die Ausführungen in der Wissenschaft[738] sehen in den grundrechtlichen

---

732 Siehe bereits oben unter: 2. Teil A. I 3 a); Sachs/*von Coelln*, Art. 6 GG Rn. 1; Stern/Becker/*Vasel*, Art. 6 GG Rn. 11 ff.

733 BVerfGE 6, 55 ff. (71).

734 Siehe etwa Huber/Voßkuhle/*Sommermann*, Art. 20 GG Rn. 105.

735 V. Münch/Kunig/*Kotzur*, Art. 20 GG Rn. 76.

736 Huber/Voßkuhle/*Sommermann*, Art. 20 GG Rn. 104.

737 Siehe nur: BVerfG, Nichtannahmebeschluss v. 26.3.2014, Az 1 BvR 1133/12, NZS 2014, 414 ff. (416); BVerfG, Urteil v. 12.2.2003, Az 1 BvR 624/01; NZS 2003, 423 ff. (423).

738 Siehe nur: *Hesse*, EuGRZ 1978, 427 (433):; v. Münch/Kunig/*v. Münch/Kunig*, Vorb. Art. 1–19 GG, Rn. 23.

Wertungen und damit auch in Art. 6 Abs. 1 GG eine Verpflichtung des Gesetzgebers zu deren Durchsetzung, auch wenn der einzelne Bürger keinen konkreten Anspruch aus dem jeweiligen Grundrecht ableiten kann. Eine Pflicht des Staates zur finanziellen Unterstützung der Beschäftigten, die einen nahen Angehörigen im Rahmen einer Familienpflegezeit pflegen, könnte sich somit aus der Schutzpflicht des Art. 6 Abs. 1 GG i.V.m. Art. 20 Abs. 1 GG ergeben.

Zunächst ist zu prüfen, ob die Betreuung und Pflege älterer Menschen innerhalb der Familie vom Schutzbereich des Art. 6 Abs. 1 GG erfasst wird.

### *1. Schutzbereich des Art. 6 Abs. 1 GG*

Die besondere Schutzpflicht des Staates für Ehe und Familie soll unter anderem dem Umstand Rechnung tragen, dass Familien in der Gesellschaft eine Vielzahl an Aufgaben erfüllen.[739] Zu klären ist zunächst, welcher Familienbegriff Art. 6 Abs. 1 GG zugrunde liegt. Für den Bereich der familiären Pflege ist dabei insbesondere von Interesse, ob sich der grundrechtliche Schutz nur auf die Kernfamilie – bestehend aus Eltern und minderjährigen Kindern – oder darüber hinaus auch auf die Bindung zwischen Eltern und ihren erwachsenen Kindern, Großeltern und ihren (erwachsenen) Enkelkindern und (erwachsenen) Geschwistern untereinander erstreckt.

Wie bereits dargestellt, wird „[...] die auf Lebenszeit ausgerichtete, wechselseitige Verantwortlichkeit im familiären Verbund [als] gesellschaftliches und gleichzeitig staatliches Stabilisierungselement“[740] angesehen. Schon während der Diskussionen des Parlamentarischen Rats wurde deutlich, dass Familien nicht nur eine Reproduktions- und Sozialisationsfunktion erbringen, sondern ihnen in weit überwiegendem Maß Beistandsfunktion zukommt.[741] Dieser

---

739 Siehe bereits oben unter Zweiter Teil A. I. 3. a) aa).

740 *Renner*, Familienlasten- oder Familienleistungsausgleich?, S. 48, dort als Fußn. 218: *Kaufmann*, S. 125, sieht das Vorhandensein von Kindern als für die Stabilisierung von starker Bedeutung an, auch nach Auffassung des BVerfG (E 76, S. 1, 71) ist die „Lebenshilfe, die der Einzelne in Ehe und Familie erhalten kann, von grundlegender Bedeutung für die Ordnung des Gemeinschaftslebens“; auch *P. Kirchhof, in Jans/Zimmermann* Familienlastenausgleich? Plädoyers für eine gerechte Familienpolitik, 7 ff. (8) sagt, dass der freiheitliche Staat auf die Familie angewiesen sei.

741 *Moderegger*, Der verfassungsrechtliche Familienschutz, S. 25.

Beistand wird auch noch erbracht, wenn die Kinder nicht mehr existenziell auf die Betreuung und Zuwendung ihrer Eltern angewiesen sind und sich das Eltern-Kind Verhältnis aufgrund der Volljährigkeit der Kinder zu einer Lebens- oder Begegnungsgemeinschaft gewandelt hat.[742]

Die Beziehung zwischen volljährigen Kindern und ihren Eltern ist somit aufgrund der „lebenslange[n] Verpflichtung […], einander Beistand zu leisten“[743] ebenfalls schutzbedürftig. Auch bei der Beziehung zwischen Geschwistern sowie Enkeln und Großeltern kann zwischen Lebens-, Haus- und Begegnungsgemeinschaft[744] unterschieden werden. Die Intensität des grundrechtlichen Schutzes aus Art. 6 Abs. 1 GG nimmt dabei entsprechend der Intensität der jeweiligen familiären Bindung kontinuierlich ab.[745]

Der Schutz- und Förderauftrag des Art. 6 Abs. 1 GG bezieht sich demnach nicht nur auf eine Familie, bestehend aus Eltern und (minderjährigen) Kindern, sondern bezieht darüber hinaus Adoptiv-, Pflege- und Stiefkinder sowie die Beziehung all dieser Kinder zu ihren jeweiligen Geschwistern und Großeltern ein.[746]

### 2. *Umfang der Pflicht zur Förderung der Familie aus Art. 6 Abs. 1 GG*

Der besondere Schutz, den Art. 6 Abs. 1 GG für Ehe und Familie vorsieht, umfasst als wertentscheidende Grundsatznorm nach allgemeiner Ansicht nicht nur ein Verbot der Schlechterstellung, sondern vielmehr auch ein Gebot, Ehe und Familie zu fördern.[747] Eine Pflicht zur generellen Besserstellung von Familien gegenüber anderen Lebensformen kann aus Art. 6 Abs. 1 GG demgegenüber nicht abgeleitet werden, da „eine tatsächliche Besserstellung der Familie allein um ihrer selbst willen […] mit dem (auch negativen[748])

742 Siehe nur BVerfG v. 25.10.1995 – 2 BvR 901/95, NVwZ 1996, 1099 ff. (1099 f.).

743 BVerfGE 57, 170 ff. (178).

744 BVerfGE 80, 81 ff. (90 f.).

745 Vgl. v. Münch/Kunig/*Coester-Waltjen*, Art. 6 GG Rn. 11.

746 Siehe ausführlich oben unter Teil 2 I. 3.

747 BVerfGE 6, 55 ff. (76), BVerfGE 28, 104 ff. (112); *Tünnemann*, Der verfassungsrechtliche Schutz der Familie, S. 134.

748 *Tünnemann*, Der verfassungsrechtliche Schutz der Familie, S. 135, dort Fn. 126: *Kingreen*, Jura 1997, 401 ff.; *P. Kirchhof*, Ehe und Familie im staatlichen und kirchlichen Steuerrecht, in: Heiner Maré/Johannes Stüting (Hrsg.), Essener Gespräche zum Thema Staat und Kirche (21), 1986, 141.

Freiheitsgrundrecht des Art. 6 Abs. 1 GG und der staatlichen Neutralitätspflicht gegenüber der privaten Lebensgestaltung unvereinbar“[749] wäre. Der Gesetzgeber hat demnach – im Rahmen der grundsätzlich aus Art. 3 Abs. 1 GG geforderten Gleichbehandlung – die Besonderheiten der Gemeinschaften Ehe und Familie zu beachten.[750] Dies beinhaltet auch die Möglichkeit, Familien zu fördern und gegenüber anderen Lebensformen zu bevorzugen, wenn dies unter Abwägung aller betroffenen Grundrechte erforderlich oder zumindest gerechtfertigt erscheint.[751]

Dem Gesetzgeber steht mithin ein erheblicher Gestaltungsspielraum bei der Familienförderung zu.[752] Der besondere Schutz, den Art. 6 Abs. 1 GG gewährt, verpflichtet ihn zwar (insbesondere finanzielle) Nachteile auszugleichen, die eine Familie im Vergleich zu anderen Lebensformen trifft,[753] auf welchem Weg dies geschieht, ist jedoch nicht festgelegt. Ziel des Gesetzgebers muss es sein, durch den Ausgleich bestehender Nachteile vergleichbare Voraussetzungen für alle Lebensformen zu schaffen.[754] So heißt es in einem Gutachten des Wissenschaftlichen Beirats für Familienfragen beim BMFSFJ zur Beurteilung der „Begründung und Weiterentwicklung des Familienlasten- und Familienleistungsausgleichs,[755] dass die Wahrnehmung der Rechte und Pflichten in Familien in großem Maße auch der Gesellschaft als Ganzes zugutekommt. Damit erscheine es geboten, sicherzustellen, dass alle Mitglieder der Gesellschaft einen Beitrag zur Gewährleistung der notwendigen Voraussetzungen einer qualitativ

---

749 *Tünnemann*, Der verfassungsrechtliche Schutz der Familie, S. 134 f., dort unter Verweis auf: *Görlich*, NJW 1979, 1575 ff. (1577 f.).

750 *Seiler*, in: Kluth (Hrsg.), Facetten der Gerechtigkeit, 40 ff. (48).

751 *Görlich*, NJW 1979, 1575 ff (1577 f.); *Tünnemann*, Der verfassungsrechtliche Schutz der Familie, S. 135.

752 Vgl. nur BVerfGE 82, 60 ff. (81).

753 *Kingreen*, Jura 1997, 401 ff. (406); Gutachten des Bundesministeriums für Familie, Senioren, Frauen und Jugend, Gerechtigkeit für Familien, S. 24 f., wonach der verfassungsrechtliche Schutz besonders nötig sei, um finanzielle Nachteile auszugleichen, die den Familien dadurch entstehen, dass ihre Funktionsfähigkeit durch individuelles Streben Einzelner oder von Gruppen, welche materielle Vorteile suchen, geschwächt wird.

754 *Görlich*, NJW 1979, 1575 ff. (1578).

755 Gerechtigkeit für Familien – Zur Begründung und Weiterentwicklung des Familienlasten- und Familienleistungsausgleichs, BMFSFJ 2001, abrufbar unter: https://www.bmfsfj.de/blob/94678/0b3974570b6a41360b867140bdc19ba6/prm-22510-sr-band-202-data.pdf zuletzt abgerufen am: 26.5.2024.

hochwertigen Erfüllung der familiären Aufgaben[756] leisten".[757]

Eine umfassende Konkretisierung des Fördergebots für Ehe und Familie fand bislang nicht statt. Das Bundesverfassungsgericht hat zunächst nur auf dessen Grenzen Bezug genommen. Demnach sei der Staat aus Art. 6 Abs. 1 GG zwar dazu verpflichtet, den wirtschaftlichen Zusammenhalt der Familie zu fördern, diese Pflicht gehe allerdings nicht so weit, dass der Staat gehalten wäre, jegliche die Familie treffende Belastung auszugleichen oder ausnahmslos jeden Unterhaltspflichtigen zu entlasten.[758]

Eine inhaltliche Abgrenzung wurde allerdings hinsichtlich der Erziehungszeiten für Eltern vorgenommen.[759] Demgemäß ergebe sich aus der Schutzpflicht des Art. 6 Abs. 1 GG der Auftrag an den Staat, die Kindererziehung in der von den Eltern gewählten Art und Weise zu ermöglichen und zu fördern. Die Kinderbetreuung durch die Eltern liege auch im Interesse der Gemeinschaft und verlange deren Anerkennung. Der Staat habe daher dafür Sorge zu tragen, dass es den Eltern möglich ist, teilweise und/oder zeitweise auf eine eigene Erwerbstätigkeit zu verzichten, um Kinder persönlich betreuen zu können. Gleichzeitig treffe den Staat auch die Verpflichtung, die Vereinbarkeit von Familie und Erwerbstätigkeit zu ermöglichen.[760]

Um dieser Pflicht nachzukommen, hat der Gesetzgeber durch die Regelungen des Familienlastenausgleichs ein ausgewogenes und vielschichtiges System geschaffen, mit dem zum einen finanzielle Belastungen abgemildert, zum anderen eine Anerkennung für die erbrachte Leistung verbunden sein soll.[761]

Die Grundsätze des Familienlastenausgleichs sollen im Folgenden kurz zusammengefasst werden, bevor in einem nächsten Schritt die finanzielle Unterstützung pflegender Angehöriger unter dem Blickwinkel des Art. 6 Abs. 1 GG erörtert werden.

---

756 Als Hauptaufgabe werden dabei die Versorgung und Erziehung von Kindern angesehen.

757 *BMFSFJ*, Gerechtigkeit für Familien, S. 8 f.

758 BVerfGE 28, 104 ff. (113); BVerfGE 40, 121 ff. (132); BVerfGE 43, 108 ff. (121); BVerfGE 75, 348 ff. (360); BVerfGE 82, 60 ff. (81).

759 BVerfGE 99, 216 ff.

760 BVerfGE 99, 216 ff. (234).

761 Vgl. *Pechstein*, Familiengerechtigkeit als Gestaltungsgebot für die staatliche Ordnung, S. 47.

### a) *Familienlastenausgleich*

Die Anerkennung der Notwendigkeit eines Familienlastenausgleichs folgt aus der Erkenntnis, dass die Gesellschaft als Ganzes von den Aufgaben profitiert, die in einer Familie erfüllt werden.[762]

Aus der Förderpflicht des Staates aus Art. 6 Abs. 1 GG erwächst nach herrschender Meinung die Pflicht des Staates zur Durchführung eines Familienlastenausgleichs, Art und Umfang liegt allerdings im gesetzgeberischen Ermessen.[763] Durch den Familienlastenausgleich soll erreicht werden, dass der Sach-, Erziehungs- und Betreuungsbedarf der Kinder, der im Wesentlichen durch die Familie erfüllt wird, auch finanziell berücksichtigt wird.[764] Hierzu wurde eine Mischung aus steuerlichen Vergünstigungen und finanzieller Unterstützung in einzelnen Bereichen eingeführt, die hauptsächlich der Überlegung Rechnung trägt, dass Kindererziehung von der Gesellschaft als Ganzes honoriert werden sollte.[765]

Obwohl die Leistungen, die von Familien erbracht werden, sich nicht in der Versorgung und Erziehung von Kindern erschöpfen, wird im Rahmen der Begründung des Familienlasten- und Familienleistungsausgleichs nahezu ausschließlich auf die Belastungen die durch Kindererziehung – und der damit verbundenen Reproduktion der Gesellschaft – entstehen, eingegangen.[766] Bei der Ausgestaltung des Familienlastenausgleichs wird berücksichtigt, dass sich aus der familiären „[…] Verbundenheit Solidaritätspflichten ergeben, die [auch] der Staat zu seiner Entlastung einfordern darf"[767] und Art. 6 Abs. 1 GG keine komplette Kompensation der Belastungen fordert.[768] Dementsprechend werden

762 *Renner*, Familienlasten- oder Familienleistungsausgleich?, S. 47.

763 St. Rspr. BVerfGE 11, 105 ff. (126); BVerfGE 103, 242 ff. (259); BVerfGE 111, 160 ff. (172).

764 *Tünnemann*, Der verfassungsrechtliche Schutz der Familie, S. 138 f.

765 Vgl. *Pechstein*, Familiengerechtigkeit als Gestaltungsgebot für die staatliche Ordnung, S. 47.

766 Vgl. etwa Gutachten des Bundesministeriums für Familie, Senioren, Frauen und Jugend, Gerechtigkeit für Familien, S. 87 ff. und *Renner*, Familienlasten- oder Familienleistungsausgleich, S. 77 ff.; *Brauweiler*, SozArb 1958, 408 ff.; *Höffner*, in: Gesellschaftspolitik aus christlicher Weltverantwortung, 1966, 322 ff.; *Zeppernick*, Sozialer Fortschritt 1971, 297 ff.; *Krause*, DRV 1986, 280 ff.; *Brosius-Gersdorf*, NJW 2013, 2316 ff.

767 V. Münch/Kunig/*Coster-Waltjen*, Art. 6 GG Rn. 37.

768 BVerfGE 28, 104 ff. (113); BVerfGE 40, 121 ff. (132); BVerfGE 43, 108 ff. (121); BVerfGE 75, 348 ff. (360); BVerfGE 82, 60 ff. (81).

nicht alle finanziellen Einbußen, die infolge der Familiengründung beziehungsweise Kindererziehung auftreten, ausgeglichen.[769] Im Rahmen des Familienlastenausgleichs wird Mutterschafts-, Eltern- und Kindergeld gezahlt.[770] Auch die Bereitstellung von Kinderbetreuungseinrichtungen und die Zahlung von Ausbildungsförderung nach dem BAföG ist Teil des Familienlastenausgleichs.[771] Der Tatsache, dass Eltern nicht in vollem Umfang frei über ihr Einkommen verfügen können, wird im Wege des Kinderfreibetrages nach § 31 ff. EStG bei der Besteuerung und durch das Kindergeld gemäß § 62 ff. EStG Rechnung getragen.[772] Dagegen soll das Elterngeld[773] die Entscheidung, Kinder zu bekommen, erleichtern und die finanziellen Einbußen, die durch die Einschränkung oder Aufgabe der Erwerbstätigkeit für die Kinderbetreuung entstehen, abmildern.[774]

### *b) Vergleichbarkeit der finanziellen Unterstützung für die Pflege innerhalb der Familie*

Fraglich ist allerdings, ob sich diese Pflicht zur Anerkennung und Unterstützung der Kinderbetreuung auch auf die Betreuung pflegebedürftiger naher Angehöriger übertragen lässt. Zu klären ist daher, ob auch andere Aufgaben als die Kindererziehung, die der Gesellschaft in ihrer Gesamtheit zugutekommen, von dieser mitfinanziert werden sollten, wenn sie von Familien aufgrund der besonderen Form der Verantwortungsgemeinschaft auch noch unter Erwachsenen[775] erbracht werden.

Das Bewusstsein, dass die Gesellschaft als Ganzes für die Versorgung alter beziehungsweise pflegebedürftiger Menschen aufkommen müsse, entwickelte sich recht spät. Schließlich wurde mit Einführung der sozialen Pflegeversicherung in § 8 Abs. 1 SGB XI festgestellt, dass es sich bei der pflegerischen

---

769 *Zeppernick*, Finanzarchiv 1979, 293 ff. (294 f.); m.w.N. und Darstellung der Entwicklung. *Tünnemann*, Der verfassungsrechtliche Schutz der Familie, S. 208 ff.

770 *Tünnemann*, Der verfassungsrechtliche Schutz der Familie, S. 139 f.

771 *Tünnemann*, Der verfassungsrechtliche Schutz der Familie, S. 139 f.

772 Vgl. nur *Tünnemann*, Der verfassungsrechtliche Schutz der Familie, S. 139, dort unter Verweis auf *Bundesministerium für Arbeit und Soziales (BMA)*, Forschungsbericht Nr. 256, 1996, S. 284 ff.

773 Vgl. nur *Tünnemann*, Der verfassungsrechtliche Schutz der Familie, S. 140, dort unter Verweis auf *Bundesministerium für Arbeit und Soziales (BMA)*, Einkommensbezogenes Sozialleistungsrecht, Forschungsbericht Nr. 256, 1996, S. 304 f.

774 BT-Drs. 16/2454, S. 2.

775 *Di Fabio*, NJW 2003, 993 ff. (998), allerdings bezogen auf die Ehe als Verantwortungsgemeinschaft.

Versorgung der Bevölkerung um eine gesamtgesellschaftliche Aufgabe handelt.[776] Diese Programmvorschrift konkretisiert die Aufgaben der einzelnen Beteiligten und ist für die Auslegung und Anwendung des SGB XI unmittelbar bindend.[777] Im Wesentlichen soll die Vorschrift deutlich machen, dass „ [...] eine umfassende pflegerische Versorgung nur im Zusammenwirken vieler gesellschaftlicher Kräfte und Institutionen sichergestellt werden kann."[778] Die Pflege kann weder von jedem Einzelnen im Wege der Vorsorge noch von den Familien des Pflegebedürftigen, aber auch nicht allein durch staatliche Leistungen gewährleistet werden.[779]

Dieses Zusammenspiel unterschiedlicher Kräfte zur Sicherstellung der pflegerischen Versorgung gestaltet der Gesetzgeber durch die unterschiedlichen Leistungen der Pflegeversicherung wesentlich aus. So werden im Fall der stationären Pflege je nach Pflegegrad maximal 2.005 Euro erbracht,[780] demgegenüber belaufen sich die Belastungen der Pflegeversicherung bei einer häuslichen Pflege auf maximal 1.995 Euro Pflegesachleistungen[781] beziehungsweise 901 Euro Pflegegeld.[782] Ende 2021 wurden etwa 84 % der Pflegebedürftigen zu Hause versorgt, 51,4 %, das sind etwa 2,3 Millionen, werden dabei hauptsächlich von Angehörigen betreut.[783] Nach Berechnungen des Wissenschaftlichen Instituts der PKV[784] aus dem Jahr 2010 müsste der Beitragssatz zur Pflegeversicherung von aktuell 1,95 % beziehungsweise 2,2 % für kinderlose Versicherte auf bis zu 5 % ansteigen, um den bisherigen Leistungsumfang und damals

776 Art. 1 des Gesetzes zur sozialen Absicherung des Risikos der Pflegebedürftigkeit (Pflege-Versicherungsgesetz – PflegeVG) vom 26.5.1994, BGBl 1994 I 1014 (2797) in Kraft getreten am 1.1.1995.

777 Hauck/Noftz/*Wagner*, SGB XI, K § 8 Rn. 5 ff., hier auch Kritik an der Sinnhaftigkeit solcher Regelungen.

778 BT-Drs. 12/5262, S. 92.

779 So auch *Reuyß/Pfahl/Rinderspacher/Menke*, Pflegesensible Arbeitszeiten, S. 13.

780 § 43 Abs. 2 Nr. 4d) SGB XI.

781 § 36 Abs. 3 Nr. 3d) SGB XI.

782 § 37 Abs. 3 Nr. 3d) SGB XI.

783 Abrufbar unter: https://www.destatis.de/DE/Presse/Pressemitteilungen/2022/12/PD22_554_224.html, zuletzt abgerufen am: 26.5.2024.

784 WIP-Diskussionspapier 1/2010, abrufbar unter: http://www.wip-pkv.de/de/forschungsbereiche/detail/zukuenftige-entwicklung-der-sozialen-pflegeversicherung.html, zuletzt abgerufen am: 26.5.2024.

bereits beschlossene Verbesserungen aufrechterhalten zu können, wenn Pflegebedürftige zukünftig vermehrt stationär betreut werden müssten.[785]

Die Gesellschaft profitiert somit in vergleichbarer Weise von der Betreuung Pflegebedürftiger durch Familienmitglieder, wie ihr die Kinderbetreuung durch die Familie zu Gute kommt.

Die finanziellen Einbußen, die pflegende Angehörige, die ihre Erwerbstätigkeit einschränken, hinnehmen müssen, ist mit der finanziellen Einbuße, die Eltern trifft, die ihre Erwerbstätigkeit zugunsten der Kindererziehung einschränken, vergleichbar. Unterschiede bestehen dagegen hinsichtlich der zusätzlichen Kosten, die eine Familie infolge der Kindererziehung oder infolge der Pflege eines Familienmitglieds treffen.[786]

### *3. Auswirkungen des Sozialstaatsprinzips aus Art. 20 Abs. 1 GG*

Das Sozialstaatsprinzip verpflichtet den Gesetzgeber, dafür Sorge zu tragen, dass die wirtschaftlichen und tatsächlichen Voraussetzungen vorliegen, die die Inanspruchnahme beziehungsweise Verwirklichung der Freiheitsrechte für jeden Einzelnen ermöglichen.[787] Das Sozialstaatsprinzip verpflichtet den Staat somit dazu, Chancengleichheit herzustellen.[788]

Mit Blick auf die Pflege naher Angehöriger bedeutet dies, dass der Gesetzgeber verpflichtet ist, die tatsächlichen Voraussetzungen dafür zu schaffen, dass Angehörige und Pflegebedürftige tatsächlich zwischen den unterschiedlichen Pflegeformen des SGB XI wählen können und sich nicht allein aufgrund wirtschaftlicher Erwägungen für eine (teil)stationäre Pflege entscheiden müssen.[789] Aufgrund der zeitlichen Anforderungen an die Betreuung pflegebedürftiger

---

785 Zusammenfassung der unterschiedlichen Berechnungen, WIP-Diskussionspapier 1/2010, S. 45.

786 So sind die pflegenden Angehörigen nicht mehr in gleichem Maße unterhaltspflichtig, es werden finanzielle Mittel der Pflegeversicherung (für die Pflege) zur Verfügung gestellt und das Einkommen des Pflegebedürftigen steht ebenfalls zur Verfügung.

787 Jarass/Pieroth/*Jarass*, Art. 20 GG Rn. 159 f.; Huber/Voßkuhle/*Sommermann*, Art. 20 GG Rn. 111.

788 Jarass/Pieroth/*Jarrass*, Art. 20 GG Rn. 160; Huber/Voßkuhle/*Sommermann*, Art. 20 GG Rn. 112.

789 Vgl. auch Erwägungsgrund 32, Richtlinie (EU) 2019/1158 des Europäischen Parlaments und des Rates vom 20.6.2019 zur Vereinbarkeit von Beruf und Privatleben für Eltern und pflegende Angehörige und zur Aufhebung der Richtlinie 2010/18/EU des Rates, Abl. 188/83.

Personen ist die nicht erwerbsmäßige Pflege eines nahen Angehörigen nur möglich, wenn die Pflegeperson bereits vor Übernahme der Pflege nicht erwerbstätig war,[790] eine Teilzeittätigkeit ausübt oder die in Vollzeit ausgeübte Erwerbstätigkeit eingeschränkt wird. Die Einschränkung der Erwerbstätigkeit hat notwendig ein gemindertes Erwerbseinkommen zur Folge. Wie bereits dargestellt, spielen die sog. Opportunitätskosten eine erhebliche Rolle bei der Entscheidung, ob die Pflege eines nahen Angehörigen übernommen werden kann.[791] Aufgrund der Regelungen der §§ 36 ff. SGB XI i.V.m. § 94 Abs. 1a SGB XII bedeutet dies, dass bei der Pflege durch ambulante Dienste oder in stationären Einrichtungen eine Kostenlast für nahe Angehörige erst bei einem Jahreseinkommen von über 100.000 Euro brutto eintritt.[792] Der Gesetzgeber ist daher aus dem Sozialstaatsprinzip dazu verpflichtet, Rahmenbedingungen zu schaffen, die es den Betroffenen auch bei einem Einkommen von weniger als 100.000 Euro jährlich ermöglichen, die Pflege eines nahen Angehörigen ohne erhebliche finanzielle Einbußen zu übernehmen.

### 4. *Resümee*

Der Gesetzgeber ist gemäß Art. 6 Abs. 1 GG verpflichtet, Familie unter den besonderen Schutz der staatlichen Ordnung zu stellen. Hieraus resultiert ein finanzielles Fördergebot, wenn die finanziellen Belastungen in der Nähebeziehung der Familien begründet sind. Wie dargestellt beinhaltet die besondere Schutzpflicht des Staates aus Art. 6 Abs. 1 GG zum einen das Gebot bestehende Nachteile auszugleichen, zum anderen besteht auch die Möglichkeit, Familien tatsächlich besserzustellen. So ist Art. 6 Abs. 1 GG nach der Rechtsprechung des Bundesverfassungsgerichts dahingehend auszulegen, dass auch der wirtschaftliche Zusammenhalt der Familien gefördert werden soll.[793] Maßstab für finanzielle Leistungen, die sich auf Art. 6 Abs. 1 GG stützen, ist immer die Frage, was der Einzelne vernünftigerweise von der Gesellschaft beanspruchen kann; der Gestaltungsspielraum des Gesetzgebers ist in diesem Bereich sehr weit.[794] Umfang, Art und Weise der Förderung liegen demnach im Ermessen

---

790 *Rentner*, Bezieher von Leistungen nach SGB II oder SGB XII.

791 Siehe oben unter Erster Teil B. II. II

792 Siehe oben unter Vierter Teil A. II. 2.

793 BVerfGE 13, 331 ff. (347); so auch: *Pechstein*, Familiengerechtigkeit als Gestaltungsgebot für die staatliche Ordnung, S. 176; *Renner*, Familienlasten- oder Familienleistungsausgleich?, S. 50.

794 BVerfGE 23, 258 ff. (264), m.w.N.; BVerfGE 82, 60 ff. (82).

des Gesetzgebers, dieser kann im Rahmen seines Gestaltungsspielraums über die Ausgestaltung und das Verfahren zur Durchführung entscheiden.[795]

Damit erwächst aus Art. 6 Abs. 1 GG im Rahmen der Förderungspflicht des Staates keine ausdrückliche Pflicht zur finanziellen Unterstützung der familiären Pflege. Der Gesetzgeber ist jedoch verpflichtet, die Übernahme von informeller Pflege – die hauptsächlich in familiären Bezügen stattfindet[796] – zu unterstützen. Eine Pflicht des Staates zur finanziellen Unterstützung der familiären Pflege erwächst jedoch aus Art. 6 Abs. 1 GG i.V.m. dem Sozialstaatsprinzip des Art. 20 Abs. 1 GG, das den Gesetzgeber verpflichtet, Chancengleichheit und Wahlfreiheit herzustellen.

## II. Pflicht zur Gewährung einer finanziellen Unterstützung aus dem Gleichstellungsgebot Art. 3 Abs. 2 S. 2 GG

Gemäß Art. 3 Abs. 2 S. 1 GG sind Männer und Frauen gleichberechtigt. Nach Art. 3 Abs. 2 S. 2 GG, der im Zuge der Wiedervereinigung aufgenommen wurde, ist der Staat verpflichtet, die tatsächliche Durchsetzung der Gleichberechtigung von Frauen und Männern zu fördern und auf die Beseitigung bestehender Nachteile hinzuwirken.[797] Diese Pflicht aus Art. 3 Abs. 2 GG wird durch Art. 153 Abs. 1 i) AEUV verstärkt, wonach die Union zur Durchsetzung der Ziele des Art. 151 AEUV die Tätigkeit der Mitgliedstaaten auf dem Gebiet der Chancengleichheit von Männern und Frauen auf dem Arbeitsmarkt und Gleichbehandlung am Arbeitsplatz ergänzt. Hierzu soll auch die Vereinbarkeitsrichtlinie beitragen.

Da die familiäre Pflege nach wie vor weit überwiegend von Frauen übernommen wird,[798] ist zu klären, ob der Gesetzgeber verpflichtet ist, die Übernahme der informellen Pflege durch Männer zu stärken und so die Gleichberechtigung bei familiärer Arbeit und Berufstätigkeit weiter zu fördern.

---

795 BVerfGE 40, 121 ff. (132); BVerfGE 43, 108 ff. (121); BVerfGE 82, 60 ff. (81).

796 So wurden im Jahr 2021 etwas mehr als die Hälfte der Pflegebedürftigen (2,55 Mio. von insgesamt 4,96 Mio. Pflegebedürftigen) von Angehörigen zu Hause betreut. Siehe Pflegestatistik 2021 – Pflege im Rahmen der Pflegeversicherung; Deutschlandergebnisse, abrufbar unter: https://www.destatis.de/DE/Presse/Pressemitteilungen/2022/12/PD22_554_224.html, zuletzt abgerufen am: 26.5.2024.

797 Art. 1 des Gesetzes zur Änderung des Grundgesetzes vom 27.10.1994, BGBl. 1994 I 3145.

798 Siehe oben unter Erster Teil A. I.

### *1. Reichweite des Förderauftrags*

Die Auslegung des Art. 3 Abs. 2 GG sowohl durch das Bundesverfassungsgericht[799] als auch durch die Literatur[800] war im Lauf der Zeit teilweise stark vom Verständnis der Autoren hinsichtlich der Rollenverteilung der Geschlechter in der Gesellschaft geprägt.[801] So ist der Grundsatz der Gleichberechtigung in frühen Entscheidungen des Bundesverfassungsgerichts hauptsächlich „als ein Gebot der Beseitigung oder Verhinderung von Benachteiligungen verstanden [worden], die aus der ‚Andersartigkeit' von Mann und Frau herrühren".[802] Allerdings wurde „[...] im Hinblick auf die objektiven biologischen oder funktionalen (arbeitsteiligen) Unterschiede nach der Natur des jeweiligen Lebensverhältnisses [...] " festgestellt, dass „[...] auch eine besondere rechtliche Regelung [und damit eine gesetzliche Differenzierung aufgrund des Geschlechts]"[803] möglich sei, insbesondere hätte das Grundrecht keine Bedeutung dahingehend, dass faktische Verschiedenheiten keine gesellschaftliche Auswirkung haben dürften.[804] Je nach Ansicht sollten nur Differenzierungen verboten sein, die direkt das Merkmal „Geschlecht" aufgreifen, die auf eine Differenzierung wegen des Geschlechts abzielen oder bei denen das Geschlecht die Rechtfertigung für die Differenzierung liefert.[805]

Bis Anfang der 1970er Jahre waren zwar Rechtsnormen, die Differenzierungen aufgrund des Geschlechts trafen, fast vollständig geändert oder aufgehoben worden.[806] Die Ungleichbehandlung von Frauen im Alltag hatte sich dagegen nicht im gleichen Umfang zurückentwickelt.[807] Erst ab Anfang der 1980er Jahre

---

799 Siehe nur BVerfGE 3, 225 ff. (240 f.); BVerfGE 6, 389 ff. (420 f.).

800 *Knöpfel*, NJW 1960, 553 ff., *Brosius-Gersdorf*, NJW 2013, 2316 ff.; siehe zum Wandel der Diskussion auch *Saksofsky*, Das Grundrecht auf Gleichberechtigung, S. 101 ff.

801 So auch *Berkemann*, DVBl. 2014, 137 ff. (142 f.); *Rademacher*, Diskriminierungsverbot und „Gleichstellungsauftrag", S. 35.

802 *Berkemann*, DVBl. 2014, 137 ff. (142).

803 BVerfGE 3, 225 ff. (242).

804 BVerfGE 3, 225 ff. (241).

805 Siehe bei *Rademacher*, Diskriminierungsverbot und „Gleichstellungsauftrag", S. 37 (dort unter Verweis auf *A. Podlech*, Gehalt und Funktion des allgemeinen verfassungsrechtlichen Gleichheitssatzes, 91 ff., auf dessen Ausführungen hin die Verfasserin für die Verschiedenen Auffassungen die Stichworte „Kausalitätsmodell", „Finalitätsmodell" und „Begründungsmodell" verwendet).

806 Siehe *Berkemann*, DVBl. 2014, 137 ff. (142).

807 Siehe nur *Gitter*, NJW 1982, 1567 ff., m.w.N.; *Sacksofsky*, Das Grundrecht auf Gleichberechtigung, S. 101; *Rademacher*, Diskriminierungsverbot und „Gleichstellungsauftrag", S. 27.

setzte sich die Einsicht durch, dass die Unterschiede zwischen Männern und Frauen, die auf tatsächlicher Ebene auftreten, nicht allein durch differenzierende Gesetze verursacht, sondern wesentlich durch das gesellschaftliche Verständnis der Rollenverteilung zwischen Mann und Frau beeinflusst werden.[808] Diese Gewissheit mündete in der Auffassung, dass sich aus Art. 3 Abs. 2 GG neben der Rechtsgleichheit von Männern und Frauen auch ein Auftrag an den Staat ergebe, die Angleichung der tatsächlichen Lebensverhältnisse anzustreben.[809] Die Änderung des Art. 3 Abs. 2 GG durch Anfügung des Satz 2 wurde dementsprechend überwiegend als Festschreibung der bereits herrschenden Meinung aufgefasst.[810] Aufgrund der Ausgestaltung als Staatszielbestimmung erwächst aus der Regelung kein Anspruch auf Förder- oder Kompensationsmaßnahmen für den Einzelnen[811.812]

Hinsichtlich der Umsetzung dieser Staatszielbestimmung steht dem Gesetzgeber ein weiter Spielraum zu. „Zur Erfüllung eines so umfassenden Verfassungsauftrags kommen nicht nur vielfältige Wege in Betracht, sondern es geht auch um die Verteilung von Ressourcen. Der Verfassungsauftrag zur Herstellung tatsächlicher Gleichberechtigung kann nicht absoluten Vorrang gegenüber allen anderen Zielen des Gemeinwohls beanspruchen."[813] Dem Gesetzgeber ist es allerdings trotz seines weiten Abwägungs- und Handlungsspielraums untersagt, Regelungen zu erlassen, die die bestehenden Ungleichheiten zwischen Mann und Frau noch weiter verfestigen oder gar verstärken würden.[814]

Einigkeit besteht somit dahingehend, dass es dem Gesetzgeber grundsätzlich untersagt ist, Differenzierungen aufgrund des Geschlechts zu treffen.[815] Das Geschlecht darf nur dann Anknüpfungspunkt für differenzierende Regelungen sein, wenn sie zwingend erforderlich sind oder im Rahmen der Abwägung mit kollidierendem Verfassungsrecht geboten sind. Zu beachten ist hierbei, dass eine Differenzierung aufgrund des Geschlechts auch bei einer

---

808 *Rademacher*, Diskriminierungsverbot und „Gleichstellungsauftrag", S. 38 f.

809 Erstmals in BVerfGE 85, 191 ff. (206 f.).

810 HGR V/*Richter*, § 126, Rn. 98.

811 Bericht der Gemeinsame Verfassungskommission BT-Drs. 12/6000, S. 50.

812 Siehe zum gesamten Abschnitt die genaue Analyse des Verfahrens bei *Rademacher*, Diskriminierungsverbot und „Gleichstellungsauftrag", S. 74 ff.

813 *Sacksofsky*, Das Grundrecht auf Gleichberechtigung, S. 402.

814 Vgl. etwa BVerfGE 15, 337 ff. (345); BVerfGE 57, 335 ff. (345); BVerfGE 85, 191 ff. (207); BVerfGE 87, 234 ff. (258), so auch *Rademacher*, Diskriminierungsverbot und „Gleichstellungsauftrag", S. 152.

815 Siehe etwa BVerfGE 85, 191 ff. (207), BVerfGE 92, 91 ff. (109); BVerfGE 97, 35 ff. (43).

geschlechtsneutralen Formulierung des Gesetzestexts vorliegen kann,[816] wenn die Rechtsfolge überwiegend Frauen trifft und die unterschiedliche Betroffenheit in natürlichen oder kulturell vorgegebenen Unterschieden zwischen den Geschlechtern begründet ist.[817]

## *2. Beseitigung bestehender Nachteile*

Der Gesetzgeber ist aus Art. 3 Abs. 2 S. 2 GG verpflichtet, auf die Beseitigung bestehender Nachteile hinzuwirken. Zu klären ist demnach, ob bei der Vereinbarkeit von Angehörigenpflege und Beruf von einer Benachteiligung der Frauen auszugehen ist.

Statistische Untersuchungen zeigen, dass familiäre Pflege zu einem Großteil von Frauen ausgeübt wird.[818] Für Pflegepersonen im berufsfähigen Alter, die gleichzeitig einer Beschäftigung nachgehen, zeichnen die Daten der gesetzlichen Rentenversicherung ein eindeutiges Bild, 2020 handelte es sich bei 86,6 % der Pflegepersonen, die über § 44 SGB XI Beiträge in der gesetzlichen Rentenversicherung ansparten, um Frauen.[819] Darüber hinausgehende statistische Daten über pflegende Männer sind kaum vorhanden.[820] Insbesondere die Zahlen der gesetzlichen Pflegeversicherung lassen aber den Schluss zu, dass es sich bei pflegenden Männern hauptsächlich um Ehemänner handelt, die ihre Berufstätigkeit bereits beendet haben oder kurz vor Eintritt in den Ruhestand stehen.[821] Diese Zahlen zeigen, dass Frauen im berufstätigen Alter im Vergleich

---

816 BVerfGE 97, 35 ff. (43); BVerfGE 104, 373 ff. (393); BVerfGE 113, 1 ff. (15 f.); BVerfGE 126, 29 ff. (53).

817 Schmidt-Bleibtreu/Hofmann/Henneke/*Krieger*, Art. 3 GG Rn. 70.

818 Nach *Reyuß/Pfahl/Rinderspacher/Menke*, Pflegesensible Arbeitszeiten, S. 20 f. beruht dies vor allem darauf, dass die Pflege betreuungsbedürftiger Familienangehöriger unabhängig von ihrem Alter in weiten Teilen der Gesellschaft noch als Frauensache angesehen werde. Es werde erwartet, dass Frauen ihre Berufstätigkeit ohne finanziellen Ausgleich aufgäben, um die Pflege zu übernehmen. Eine entsprechende Erwartungshaltung gegenüber Männern existiere nicht.

819 Deutsche Rentenversicherung, Versichertenbericht 2023 – Statistische Analysen zu den Versicherten der Deutschen Rentenversicherung, S. 62, abrufbar unter: https://www.deutsche-rentenversicherung.de/SharedDocs/Downloads/DE/Statistiken-und-Berichte/Berichte/versichertenbericht_2023.html, zuletzt abgerufen am: 31.6.2024.

820 Siehe auch *Hammer*, Unterschätzt: Männer in der Angehörigenpflege.

821 Diese Annahme wird auch durch die Veröffentlichung von *Hammer* gestützt, der 25 pflegende Männer interviewte, bei denen es sich in 14 Fällen um pflegende Ehemänner im Ruhestand handelte, a.a.O., ab S. 23. Vgl. auch *Reuyß/Pfahl/*

zu Männern in der gleichen Altersgruppe überproportional häufig die alleinige Verantwortung für die Pflege naher Angehöriger übernehmen[822] und dadurch Einbußen hinsichtlich Einkommen und Altersversorgung erleiden. Im Bereich der informellen Pflege innerhalb der Familie bestehen damit tatsächlich Nachteile für Frauen.

### 3. *Vergleichbarkeit von Familienpflege- und Elternzeit*

Statistische Erhebungen zur Inanspruchnahme der Elternzeit durch Väter lassen Rückschlüsse auf die Übernahme der Pflege naher Angehöriger durch Männer zu. Die unterschiedlichen Ausgestaltungen des Erziehungs- beziehungsweise Elterngeldes hatten von Beginn an zum Ziel, auch für Väter einen Anreiz zur Übernahme der Erziehungsaufgaben in den ersten Lebensjahren des Kindes zu setzen.[823] Die Zahl der Väter, die ihre Arbeitszeit reduzieren, um die Erziehung ihres Kindes zu übernehmen, ist allerdings erst mit der Einführung des Elterngeldes zum 1. Januar 2007[824] signifikant gestiegen.[825] Die Höhe des Elterngeldes beträgt, abhängig vom zuvor erzielten Einkommen, maximal 1.800 Euro monatlich. Seit 1. Januar 2015 besteht im Rahmen des sog. ElterngeldPlus darüber hinaus die Möglichkeit, die Bezugszeit des Elterngeldes zu verdoppeln.[826]

Die Zahlen für die Inanspruchnahme einer Elternzeit durch Väter und die Antworten, die im Rahmen von soziologischen Studien auf die Frage der Bereitschaft zur Pflege naher Angehöriger gegeben wurde, lassen darauf schließen, dass Männer in Zukunft in immer größerer Zahl die Möglichkeit einer Reduzierung ihrer Arbeitszeit in Betracht ziehen werden.[827] Dies ließe sich

---

*Rinderspacher/Menke*, Pflegesensible Arbeitszeiten, S. 223 f.; GEK Pflegereport 2008, S. 68 m.w.N., abrufbar unter: https://www.barmer.de/resource/blob/1022880/514fa59ad0e7951c3919ff92bbcd419a/gek-pflegereport-2008-data.pdf, zuletzt abgerufen am: 26.5.2024.

822 *Keck*, Die Vereinbarkeit von häuslicher Pflege und Beruf, S. 32 ff.

823 BT-Drs. 10/3792, S. 13; BT-Drs. 16/1889, S. 14.

824 Eingeführt durch das Gesetz zur Einführung des Elterngeldes v. 5.12.2006, BGBl. 2006 I 2748.

825 BMFSFJ, Väterreport, S. 16, abrufbar unter: https://www.bmfsfj.de/resource/blob/127268/2098ed4343ad836b2f0534146ce59028/vaeterreport-2018-data.pdf, zuletzt abgerufen am: 26.5.2024.

826 Genaue Darstellung siehe bei SRH/*Felix*, § 29 Rn. 91 ff.

827 Diese Ansicht wird auch von *Hammer* vertreten, der sich dafür ausspricht, pflegende Männer stärker in die wissenschaftlichen Untersuchungen einzubeziehen,

durch eine effektive finanzielle Unterstützung während der Pflege eines nahen Angehörigen unterstützen. De lege lata wird für berufstätige Männer kaum ein Anreiz gesetzt, den Hauptteil der Pflege zu übernehmen.[828]

Es erscheint damit sinnvoll, eine finanzielle Unterstützung für pflegende Angehörige einzuführen, um auf die Beseitigung bestehender Nachteile im Sinne des Art. 3 Abs. 2 S. 2 GG hinzuwirken. Allerdings kommt dem Gesetzgeber auch bei der Einführung finanzieller Zuwendungen, mit denen die wirtschaftliche Lage gewisser Gruppen erleichtert werden soll, um ein bestimmtes Verhalten zu fördern, eine besonders weite Gestaltungsfreiheit zu.[829]

### III. Fazit

Aus den verfassungsrechtlichen Pflichten des Gesetzgebers, Ehe und Familie zu schützen (Art. 6 Abs. 1 GG) und die tatsächliche Gleichberechtigung von Männern und Frauen zu fördern (Art. 3 Abs. 2 S. 2 GG), folgt die Pflicht, pflegende Angehörige bei der Pflege zu unterstützen. Da im Rahmen des Familienpflegezeitgesetzes insbesondere die Vereinbarkeit von Berufstätigkeit und Pflege gefördert werden soll, scheint eine finanzielle Unterstützung hierzu am besten geeignet. Aufgrund des weiten Gestaltungsspielraums, der dem Gesetzgeber sowohl im Rahmen von Art. 6 Abs. 1 GG als auch im Rahmen von Art. 3 Abs. 2 S. 2 GG zusteht, besteht allerdings keine Verpflichtung des Gesetzgebers, dahingehend eine finanzielle Unterstützung einzuführen. Eine finanzielle Unterstützung der pflegenden Angehörigen im Rahmen der Familienpflegezeit lässt sich jedoch ohne weiteres auf verfassungsrechtliche Verpflichtungen des Staates stützen.

## C. Zur Ausgestaltung der finanziellen Absicherung

Beschäftigte, die eine Familienpflege- oder Pflegezeit in Anspruch nehmen erhalten gemäß § 3 Abs. 1 FPfZG beziehungsweise § 3 Abs. 7 PflegeZG i.V.m. § 3 Abs. 4 FPfZG auf Antrag ein zinsloses Darlehen des BAFzA, das direkt an den jeweiligen Beschäftigten ausbezahlt wird.[830] Die Höhe der monatlichen

---

um auch für diese Gruppe privater Pflegepersonen passende Lösungsmöglichkeiten zu erarbeiten, *Hammer*, Unterschätzt: Männer in der Angehörigenpflege, S. 9 ff.

828 So auch *Reuyß/Pfahl/Rinderspacher/Menke*, Pflegesensible Arbeitszeiten, S. 220.

829 Schmidt-Bleibtreu/Hofmann/Henneke/*Krieger*, Art. 3 GG Rn. 76.

830 Gemäß § 3 FPfZG a.F. musste der Aufstockungsbetrag aus einem Wertguthaben gem. § 7b SGB IV entnommen werden. Auch für diese Art der Finanzierung war eine staatliche Unterstützung in Form eines zinslosen Darlehens vorgesehen.

Darlehensrate errechnet sich für Beschäftigte in Familienpflege- beziehungsweise Pflegezeit gemäß § 3 Abs. 2 FPfZG aus der Hälfte der Differenz zwischen den pauschalierten monatlichen Nettoentgelten vor und während der teilweisen Freistellung zur Pflege.[831] Für Beschäftigte in Pflegezeit nach § 3 PflegeZG ist die monatliche Darlehensrate nach § 3 Abs. 4 FPfZG auf den Betrag begrenzt, der bei einer durchschnittlichen Arbeitszeit während einer Familienpflegezeit von 15 Wochenstunden zu gewähren ist.

Der Gesetzgeber geht davon aus, dass die Arbeitszeit im Rahmen einer Familienpflegezeit in der Regel um 50 % reduziert wird,[832] sodass den Beschäftigten während der Inanspruchnahme der Familienpflegezeit ca. 75 % ihres ursprünglichen Nettoentgelts zur Verfügung stehen. Ein Beschäftigter, der vor Inanspruchnahme der Familienpflegezeit ein Bruttoentgelt in Höhe des vorläufigen Durchschnittsentgelts von 3.241,75 Euro[833] bezogen hat, erhält dann während der teilweisen Freistellung zur Pflege einen Bruttolohn von 1.620,88 Euro. Dies entspricht abhängig von der zugrunde liegenden Steuerklasse und dem Bundesland einem pauschalierten Nettoentgelt[834] von mindestens 1.708,31 Euro[835] und maximal 2.436,65 Euro[836] (vor Inanspruchnahme der Familienpflegezeit) beziehungsweise von mindestens 999,11 Euro und maximal

---

Dieses wurde vom BAFzA jedoch nur gewährt, wenn sich das Wertguthaben während der *Pflegephase* durch die Entnahme des Aufstockungsbetrags ins Negative entwickelte. Nach Ende der Pflegephase musste der Beschäftigte das negative Wertguthaben in der *Nachpflegephase* ausgleichen und der Arbeitgeber die Darlehenssumme an das BAFzA zurückzahlen. Um einen möglichen Ausfall des Beschäftigten abzusichern, musste dieser eine Familienpflegezeitversicherung abschließen, die den Ausgleich des Wertguthabens für den Fall seines Todes oder einer Berufsunfähigkeit absicherte. Zusätzlich wurden umfangreiche Regelungen für den Fall einer Beendigung des Arbeitsverhältnisses vor Ausgleich des Wertguthabens getroffen (§ 9 Abs. 2, 3 und 4 FPfZG a.F.), die teilweise zu einer erheblichen finanziellen Belastung des Arbeitgebers führen konnten.

831 Diese Berechnung gilt auch für Beschäftigte in Pflegezeit, allerdings ist die Höhe des zinslosen Darlehens gemäß § 3 Abs. 4 FPfZG beschränkt. Das monatliche Darlehen ist auf den Betrag begrenzt, der bei einer durchschnittlichen Arbeitszeit während der Familienpflegezeit von 15 Wochenstunden zu gewähren wäre.

832 BT-Drs. 17/6000, S. 12.

833 § 1 Abs. 2 Verordnung über maßgebende Rechengrößen der Sozialversicherung für das Jahr 2022 v. 30.11.2022, BGBl. 2021 I 5044.

834 Verordnung über die pauschalierten Nettoentgelte für das Kurzarbeitergeld für das Jahr 2020 v. 16.12.2019, BGBl. 2019 I 2820.

835 Steuerklasse VI.

836 Steuerklasse III.

1.286,69 Euro (während Inanspruchnahme der Familienpflegezeit). Das zinslose Darlehen wird in diesem Fall in einer Höhe von monatlich mindestens 354,60 Euro und maximal 574,98 Euro ausbezahlt. Im Anschluss an die Familienpflegezeit erhalten die Beschäftigten wieder das ursprünglich vertraglich vereinbarte Arbeitsentgelt.

Das zinslose Darlehen muss im Anschluss an die Familienpflege- beziehungsweise Pflegezeit in monatlichen Raten in Höhe des zuvor ausgezahlten monatlichen Darlehensbetrags an das BAFzA zurückgezahlt werden. Ausnahmen für besondere Härtefälle sind in § 7 FPfZG vorgesehen.[837] Die Beschäftigten haben somit während der Familienpflegezeit und der daran anschließenden Phase, in der das zinslose Darlehen ausgeglichen werden muss, ungefähr den gleichen Betrag zur Verfügung.[838]

Kritiker bemängeln, dass die Finanzierung der Pflege auch im Rahmen der Familienpflegezeit weitestgehend von den Pflegepersonen selbst zu schultern ist. Diese Einschätzung wird durch die Ausgestaltung der Härtefallregelung gestützt, wonach eine über die Dauer der Familienpflegezeit hinausgehende Reduzierung der Arbeitszeit zur weiteren Übernahme der Pflege allein nicht dazu führt, dass die Rückzahlung des Darlehens gestundet wird. Eine Stundung ist nur möglich, wenn es während der weiteren Pflege zu einem unverschuldeten finanziellen Engpass kommt und dieser ohne eine Stundung aufrechterhalten oder verschärft würde.[839]

Mit dem Begriff der „unverschuldeten finanziellen Belastungen“ wird in § 7 FPfZG ein neuer unbestimmter Rechtsbegriff eingeführt.[840] Der Gesetzgeber geht dabei in der Gesetzesbegründung nicht darauf ein, was als unverschuldete finanzielle Belastungen gelten soll; auch in anderen Rechtsgebieten wird dieser Begriff nicht verwendet. Im Steuerrecht wird angenommen, dass eine „unverschuldete finanzielle Notlage“, in die der Steuerpflichtige geraten ist oder durch die Steuerfestsetzung und/oder Steuererhebung geraten würde, eine unbillige Härte im Sinn des § 227 AO darstellt.[841] Auch die unverschuldete finanzielle Notlage wurde jedoch durch den Gesetzgeber nicht aufgenommen und nicht weiter konkretisiert. So können etwa die Finanzbehörden gemäß

837 Siehe oben unter Erster Teil B. II. 3. c) dd) (d).

838 Je nach Steuerklasse, haben die Beschäftigten im Anschluss an die Familienpflegezeit während der 24 Monate, in denen das Darlehen zurückgezahlt werden muss sogar etwas weniger Geld zur Verfügung.

839 § 7 FPfZG.

840 HK-MuschG/BEEG/*Klerks*, § 7 FPfZG Rn. 4.

841 Klein/*Rüsken*, § 227 AO Rn. 36.

§ 227 AO Ansprüche aus einem Steuerschuldverhältnis ganz oder zum Teil erlassen, wenn deren Einziehung nach Lage des einzelnen Falls unbillig wäre. Die Einziehung ist dann unbillig, wenn der notwendige Lebensunterhalt durch Einziehung der Steuer auf Dauer gefährdet würde und dies durch den Erlass der Steuerschuld verhindert werden kann.[842] Voraussetzung ist darüber hinaus, dass der Betroffene die finanzielle Notlage nicht selbst in vorwerfbarer Weise verursacht hat.[843] In § 7 Abs. 1 S. 3 FPfZG ist demgegenüber eine Stundung aufgrund vorübergehender ernsthafter Zahlungsschwierigkeiten wegen unverschuldeter finanzieller Belastungen vorgesehen. Der Wortlaut deutet darauf hin, dass die Kriterien, die die Annahme einer unverschuldeten finanziellen Notlage im Sinne der Abgabenordnung rechtfertigen, herangezogen werden können, aber nicht zur Gänze erfüllt sein müssen, bevor das BAFzA eine Stundung des Darlehens gewähren kann.

Im Unterschied zu den Regelungen zum Bezug von Elterngeld wird das zinslose Darlehen des BAFzA nicht gewährt, wenn zwar die Pflege eines nahen Angehörigen übernommen, der Beschäftigte aber bereits in Teilzeit tätig ist und seine Arbeitszeit nicht weiter reduziert.[844] Auch Selbstständige können das zinslose Darlehen – anders als das Elterngeld nach BEEG – nicht in Anspruch nehmen.[845]

Wie auch bei der Finanzierung des Aufstockungsbetrags nach § 3 Abs. 1 Nr. 1 b) aa) FPfZG a.F. im Rahmen einer Wertguthabenvereinbarung wird der pflegende Angehörige kaum finanziell unterstützt. Eine finanzielle Unterstützung ergibt sich daraus, dass für das Darlehen des BAFzA keine Zinsen anfallen, die die Beschäftigten zu tragen hätten, würde die Summe über ein Privatdarlehen finanziert. Die Darlehenssumme – also der monatliche Aufstockungsbetrag – muss dagegen durch den einzelnen Beschäftigten aufgebracht werden. Die finanzielle Situation des Beschäftigten ist über die gesamte Dauer von Familienpflegezeit und Rückzahlungsphase betrachtet nicht besser, als sie es bei der Inanspruchnahme einer Brückenteilzeit nach § 9a TzBfG und damit einhergehendem niedrigerem Arbeitsentgelt wäre.

---

842 Klein/*Rüsken*, § 227 AO Rn. 36 f.

843 Klein/*Rüsken*, § 227 AO Rn. 45.

844 Vgl. § 1 Abs. 1 Nr. 4 BEEG.

845 Vgl. §§ 2 Abs. 1 S. 3 Nr. 2, 2b Abs. 2 und 2d BEEG, hier werden umfangreiche Regelungen zur Erfassung des Einkommens aus selbstständiger Arbeit getroffen.

## D. Verschiedene Möglichkeiten der Ausgestaltung einer finanziellen Absicherung

Die finanzielle Absicherung pflegender Angehöriger ist - wie dargestellt - eine Voraussetzung, damit der Vorrang der häuslichen Pflege auch in Zukunft aufrechterhalten werden kann. Für die finanzielle Unterstützung kommen unterschiedliche Wege in Betracht. Zunächst ist eine Lohnfortzahlung durch den Arbeitgeber während der Freistellungsphase möglich. Eine finanzielle Unterstützung kann auch - wie in der ersten Fassung des FPfZG - über ein Wertguthaben des Beschäftigten oder - wie nach aktueller Rechtslage - durch ein zinsloses Darlehen an den Beschäftigten erfolgen. Schließlich ist es möglich, die finanzielle Unterstützung aus Steuermitteln zu gewähren oder in die Leistungen der Pflegeversicherung einzubeziehen.

Im Folgenden sollen die Vor- und Nachteile der unterschiedlichen Möglichkeiten dargestellt und bewertet werden.

### I. Entgeltersatzleistungen durch den Arbeitgeber

Die Finanzierung der wirtschaftlichen Unterstützung der pflegenden Angehörigen könnte durch eine Verpflichtung des Arbeitgebers zur Lohnfortzahlung während des Zeitraums der Freistellung für die Pflege erfolgen. Im Folgenden wird zunächst der Grundsatz der Entgeltfortzahlung dargestellt und im Anschluss geprüft, ob eine derartige Verpflichtung mit den Grundrechten des Arbeitgebers vereinbar wäre.

#### *1. Grundsatz der Entgeltfortzahlung*

Die Hauptleistungspflichten des Arbeitsverhältnisses werden in § 611a BGB festgeschrieben.[846] Arbeitsleistung und Arbeitslohn stehen demnach in einem Gegenseitigkeitsverhältnis. Für Leistungsstörungen im Arbeitsverhältnis sind grundsätzlich die Normen für Schuldner- und Gläubigerverzug einschlägig.[847] Allerdings sind Regelungen über Lohnfortzahlung durch den Arbeitgeber in Fällen, in denen der Beschäftigte keine Arbeitsleistung erbringt und damit

---

846 ErfK/*Preis*, § 611a BGB Rn. 420 ff. Siehe zur Rechtslage vor Einführung des § 611a BGB etwa: *Schneider*, Entgeltfortzahlung und Konkurrenzen, S. 46; *Gutzeit*, Das arbeitsrechtliche System der Lohnfortzahlung, S. 17; *Geißler*, Der Lohnanspruch des Arbeitnehmers bei Nichterbringung der Arbeit, S. 23 ff.

847 Vgl. ErfK/*Preis* § 611a BGB Rn. 760 ff.; Schaub/*Linck*, § 49 Rn. 1; HWK/*Thüsing*, § 611a BGB Rn. 542.

Ausnahmen von dem Grundsatz „ohne Arbeit kein Lohn“[848] der Rechtsordnung nicht fremd. So verliert der Arbeitnehmer gemäß § 616 BGB seinen Anspruch auf Lohnzahlung aus dem Arbeitsvertrag nicht, wenn er für eine verhältnismäßig nicht erhebliche Zeit durch einen in seiner Person liegenden Grund an der Erbringung seiner Arbeitspflicht verhindert ist.[849] Hierunter fällt etwa die eigene Hochzeit, aber auch eine Vorladung zu einem Gerichtstermin.[850] Des Weiteren ist der Arbeitgeber gemäß § 3 Abs. 1 EntgFG verpflichtet, den Lohn für einen sechswöchigen krankheitsbedingten Arbeitsausfall zu leisten, wenn den Arbeitnehmer kein Verschulden an seiner Erkrankung trifft.[851] Lohnfortzahlung muss gemäß § 2 Abs. 1 EntgFG auch geleistet werden, wenn die Arbeitsleistung aufgrund eines gesetzlichen Feiertages nicht erbracht werden kann.[852] Schließlich ist der Lohn gemäß § 3a Abs. 1 EntgFG zunächst auch dann zu zahlen, wenn der Arbeitnehmer durch eine Organspende arbeitsunfähig ist.[853] Ein Arbeitnehmer kann der Arbeit 10 Tage fern bleiben, um ein krankes Kind unter 12 Jahren zu betreuen,[854] in dieser Zeit hat er aus § 616 BGB einen Anspruch auf Lohnfortzahlung gegen den Arbeitgeber.

Diesen Regelungen ist gemein, dass der Gesetzgeber eine Abwägung zwischen den Interessen des Arbeitnehmers und denen des Arbeitgebers getroffen hat.[855] Danach hat ein Arbeitgeber „seine Verpflichtungen aus dem Arbeitsverhältnis so zu erfüllen, seine Rechte so auszuüben und die im Zusammenhang

848 Genaue Darstellung bei *Schneider*, Entgeltfortzahlung und Konkurrenzen, S. 45 ff.

849 Siehe auch *Schauß*, Der Beitrag des Pflegezeitgesetzes zur besseren Vereinbarkeit von Angehörigenpflege und Beruf, S. 263 ff.

850 Schaub/*Linck*, § 97 Rn. 6; Tschöpe/*Grimm*, Teil 2B Rn. 89.

851 Schuldhaft im Sinne des EntgFG handelt, wer in erheblichem Maße gegen die von einem verständigen Menschen im eigenen Interesse zu erwartende Verhaltensweise verstößt. Die überwiegende Meinung in Rechtsprechung und Literatur geht von der „Sorgfalt in eigenen Angelegenheiten“ und damit vom Verschulden gegen sich selbst als Verschuldensmaßstab aus. Siehe etwa, MüHdB-ArbR/*Greiner*, § 80 Rn. 47 f.; *Schneider*, Entgeltfortzahlung und Konkurrenzen, S. 84 ff.

852 Ausnahmen sind in § 2 Abs. 3 EntgFG vorgesehen, wenn der Arbeitnehmer am letzten Arbeitstag vor und am ersten Arbeitstag nach dem gesetzlichen Feiertag unentschuldigt fehlt.

853 In diesem Fall hat der Arbeitgeber gemäß § 3a Abs. 2 EntgFG allerdings einen Anspruch gegen die Krankenkasse des Empfängers der Organspende auf Erstattung der gezahlten Lohns.

854 § 45 Abs. 2 SGB V, für alleinerziehende Versicherte besteht der Anspruch längstens für 20 Arbeitstage.

855 Vgl. MüHdB-ArbR/*Reichold*, § 91 Rn. 9 ff.

mit dem Arbeitsverhältnis stehenden Interessen des Arbeitnehmers so zu wahren […] wie es unter Berücksichtigung der Belange des Betriebs und der Interessen der anderen Arbeitnehmer nach Treu und Glauben unter Berücksichtigung der im Einzelfall gegebenen Umstände von ihm billigerweise verlangt werden kann."[856]

Die Regelungen der Entgeltfortzahlung tragen dem Umstand Rechnung, dass es sich bei einem Arbeitsverhältnis um ein Dauerschuldverhältnis handelt. Zum einen wird zugrunde gelegt, dass durch die Ausgestaltung eines Arbeitsverhältnisses als Dienstvertrag auf unbestimmte Zeit Ausfälle des Arbeitnehmers bereits in die Vergütungsvereinbarung eingeflossen sind.[857] Zum anderen wird dem Umstand Rechnung getragen, dass der Arbeitgeber zu einem nicht unwesentlichen Teil von der Arbeitskraft seiner Beschäftigten profitiert und daher – in gewissem Umfang – auch die Verantwortung für deren persönliche Verhältnisse übernehmen soll.[858] Allen Regelungen, die Arbeitgeber zur Entgeltfortzahlung verpflichten, auch wenn der Beschäftigte keine Arbeitsleistung erbringt, ist jedoch gemein, dass diese Pflicht nur für eine relativ kurze Zeitspanne besteht. Es ist damit bereits fraglich, ob eine Verpflichtung zur Lohnfortzahlung im Rahmen von Familienpflege- und Pflegezeit für die Dauer von sechs bis 24 Monaten überhaupt in Betracht kommt.

### 2. *Vereinbarkeit der Lohnfortzahlung im Rahmen der Familienpflegezeit mit der Berufsfreiheit der Arbeitgeber aus Art. 12 Abs. 1 GG*

Eine Regelung, die den Arbeitgeber zur Lohnfortzahlung verpflichten würde, während der Arbeitnehmer aufgrund der Inanspruchnahme von Familienpflegezeit nur einen Teil der Arbeitsleitung erbringt, würde in die Berufsfreiheit der Arbeitgeber aus Art. 12 Abs. 1 GG eingreifen. Diese umfasst neben anderen auch das Recht, die Arbeitsbedingungen – im Rahmen der geltenden Gesetze – frei auszuhandeln.[859] Eine Regelung, die den Arbeitgeber zu Lohnfortzahlungen verpflichtet, beschränkt diese Freiheit des Arbeitgebers. Eine solche Regelung könnte allerdings gemäß Art. 12 Abs. 1 S. 2 GG gerechtfertigt sein, wenn die in die Berufsfreiheit eingreifende Norm von gewichtigen Gründen des Allgemeinwohls getragen wird, dem Verhältnismäßigkeitsgrundsatz entspricht

---

856 Schaub/*Ahrendt*, § 106 Rn. 1, unter Verweis auf BAG 15.11.2005 AP Nr. 18 zu § 50 BAT = NZA 2006, 502.

857 So zu § 616 BGB HWK/*Krause*, § 616 BGB Rn. 1.

858 Vgl. Schaub/*Ahrendt*, § 106 Rn. 1 f.

859 Siehe bereits oben unter Zweiter Teil A. I. 1.

und kompetenzgemäß erlassen wurde.[860] Eine Regelung, die eine Pflicht zur Lohnfortzahlung während der Inanspruchnahme von Familienpflegezeit vorsieht, wäre demnach gerechtfertigt, wenn die Gründe des Allgemeinwohls die Interessen des Arbeitgebers im Rahmen einer Verhältnismäßigkeitsprüfung überwiegen.

Durch die finanzielle Unterstützung pflegender Beschäftigter soll die Vereinbarkeit von familiärer Pflege und Beruf verbessert und der Vorrang der häuslichen Pflege gestärkt beziehungsweise aufrechterhalten werden. Hierbei handelt es sich um gewichtige Gründe des Allgemeinwohls.[861] Diese können einen Eingriff in die Berufsfreiheit der Arbeitgeber rechtfertigen, wenn der Verhältnismäßigkeitsgrundsatz gewahrt wird. Die Regelung einer Pflicht zur Entgeltfortzahlung im Rahmen einer Familienpflegezeit müsste also geeignet sein, den Gründen des Allgemeinwohls zu dienen sowie erforderlich und angemessen, um diese Ziele zu erreichen.

Eine Verpflichtung der Arbeitgeber, während einer Familienpflegezeit von bis zu 24 Monaten Entgeltfortzahlung zu leisten, wäre geeignet, das Ziel der besseren Vereinbarkeit von Beruf und Pflege zu erreichen. Allerdings wäre eine derartige Regelung nicht nur aufgrund der hohen Kosten, die den einzelnen Arbeitgeber treffen würden, nicht angemessen. Auch wenn Arbeitgeber im Rahmen des Arbeitsverhältnisses durch ihre Fürsorgepflicht zum Schutz ihrer Beschäftigten verpflichtet sind, besteht keine Pflicht aus Rücksicht auf die Interessen ihrer Beschäftigten eigene ebenfalls schützenswerte Interessen hinten anzustellen.[862]

Eine Regelung, die den Arbeitgebern die alleinige Kostenlast für die Stärkung der häuslichen Pflege und die Verbesserung der Vereinbarkeit von Berufstätigkeit und Pflege auferlegt, würde nur eine gesellschaftliche Gruppe – die Arbeitgeber – belasten. Da es sich bei der Sicherstellung der Betreuung pflegebedürftiger Personen um eine gesamtgesellschaftliche Aufgabe handelt,[863] können die daraus resultierenden finanziellen Lasten nicht überwiegend einer gesellschaftlichen Gruppe aufgebürdet werden.

860 Siehe bereits oben unter Zweiter Teil A. I. 3.
861 Siehe bereits oben unter Zweiter Teil A. I. 3. b).
862 MüHdB-ArbR/*Reichold*, § 91 Rn. 13.
863 Siehe § 8 SGB XI.

### 3. *Ergebnis*

Eine Regelung, die die Arbeitgeber zur Lohnfortzahlung bei Inanspruchnahme einer Familienpflegezeit verpflichten würde, übertrüge die finanzielle Belastung, die durch die vorübergehende Reduzierung der Arbeitszeit auftritt, allein den Arbeitgebern. Eine solche Regelung verstieße gegen die Berufsfreiheit der Arbeitgeber aus Art. 12 Abs. 1 GG. Darüber hinaus widerspräche eine derartige Regelung auch dem Grundsatz des § 8 Abs. 1 SGB XI, wonach die pflegerische Versorgung der Bevölkerung eine gesamtgesellschaftliche Aufgabe ist.

## II. Finanzierung durch Wertguthaben

Bei Einführung des Familienpflegezeitgesetzes zum 1. Januar 2012 war die Finanzierung der sogenannten Pflegephase, in der die Arbeitszeit zur Pflege eines nahen Angehörigen reduziert wurde, im Rahmen einer Wertguthabenvereinbarungen nach § 7b SGB IV vorgesehen. Auch wenn eine Finanzierung der Familienpflegezeit de lege lata nicht mehr im Wege einer Wertguthabenvereinbarung erfolgt, können Arbeitnehmer selbstverständlich ein Wertguthaben nutzen, um eine Auszeit zu finanzieren, die sie zur Betreuung eines Pflegebedürftigen nutzen.

### 1. *Historische Entwicklung*

In der ersten Fassung des Familienpflegezeitgesetzes 2012 wurde festgelegt, den Aufstockungsbetrag, der den Beschäftigten während der Familienpflegezeit vom Arbeitgeber ausbezahlt werden musste, grundsätzlich über ein negatives Wertguthaben nach §§ 7b ff. SGB IV zu finanzieren.[864]

In § 3 Abs. 1 Nr. 1b) FPfZG a.F. war vorgesehen, dass Arbeitgeber während der Familienpflegezeit einen Aufstockungsbetrag[865] zum Arbeitsentgelt des Beschäftigten zu leisten hatten. Wobei dieser Betrag gemäß § 3 Abs. 1 Nr. 1b) aa) FPfZG a.F. aus einem Wertguthaben nach § 7b ff. SGB VI[866] entnommen werden sollte. Der einzelne Arbeitgeber konnte für diese Zahlungen ein zinsloses Darlehen des BAFzA in Anspruch nehmen.[867] Das in der Familienpflegezeit aufgebaute negative Wertguthaben sollte gemäß § 3 Abs. 1 Nr. 1c) FPfZG a.F. in

864 BT-Drs. 17/6000, S. 14.

865 In Höhe der Hälfte des Produkts aus monatlicher Arbeitsverringerung in Stunden und dem durchschnittlichen Entgelt pro Arbeitsstunde.

866 Oder aus einem Arbeitszeitguthaben nach § 116 SGB IV.

867 § 3 Abs. 1 FPfZG.

der sogenannten Nachpflegephase in der Regel dadurch ausgeglichen werden, dass der Arbeitgeber monatlich den Teil des Arbeitsentgelts, der dem Aufstockungsbetrag während der Familienpflegezeit entsprach, einbehielt.[868]

### a) *Zinsloses Darlehen des Bundesamts für Familie und zivilgesellschaftliche Aufgaben an den Arbeitgeber*

Die finanzielle Belastung der Arbeitgeber im Rahmen eines negativen Wertguthabens sollte im Rahmen des FPfZG 2012 durch die Gewährung eines zinslosen Darlehens vermieden werden.[869] Die Gewährung dieses Darlehens war an den Nachweis mehrerer Tatsachen gebunden,[870] die teilweise in der Verantwortung der Beschäftigten lagen. Die Inanspruchnahme des zinslosen Darlehens war darüber hinaus mit einem hohen bürokratischen Aufwand verbunden, der insbesondere auch aus der Beteiligung von Arbeitgeber, Beschäftigtem und BAFzA herrührte.[871] Für den Arbeitgeber blieb bei Abschluss der Familienpflegezeit und der Wertguthabenvereinbarung eine gewisse Unsicherheit, ob er zur Finanzierung der Familienpflegezeit das zinslose Darlehen des BAFzA in Anspruch nehmen konnte.[872] Dieser Unsicherheit konnte zwar dadurch

---

868 § 3 Abs. 1 Nr. 1c) FPfZG a.F.; sollte sich das Wertguthaben nicht mit Beginn der Familienpflegezeit ins Negative entwickelt haben, verkürzt sich die Nachpflegephase entsprechend.

869 Das zinslose Darlehen konnte beim BAFzA beantragt werden. Das Darlehen wurde monatlich in Höhe des jeweils zu zahlenden Aufstockungsbetrages an den Arbeitgeber ausbezahlt (§ 3 Abs. 1 FPfZG a.F.), dieser leitet den Aufstockungsbetrag dann zusammen mit dem Arbeitsentgelt an den Beschäftigten weiter. Die Darlehenssumme umfasste allerdings nicht die Arbeitgeberbeiträge zur Sozialversicherung, diese mussten vom Arbeitgeber aufgebracht werden. Die finanziellen Mittel für das zinslose Darlehen an die Arbeitgeber wurden dem BAFzA wiederum von der Kreditanstalt für Wiederaufbau (KfW) zur Verfügung gestellt (§ 15 Abs. 2 FPfZG).

870 (1) Die Finanzierung über ein negatives Wertguthaben (§ 3 Abs. 1 Nr. 1b) aa) FPfZG a.F.), (2) den Abschluss einer Familienpflegezeitversicherung (§ 3 Abs. 1 Nr. 3 FPfZG a.F., § 4 FPfZG a.F.); (3) den Angehörigenstatus des Pflegebedürftigen (§ 3 Abs. 1 Nr. 2 FPfZG a.F.) und (4) die Pflegebedürftigkeit des Angehörigen (§ 12 Abs. 1 FPfZG a.F.).

871 Die Beschäftigten sind für den Abschluss der Familienpflegezeitversicherung, die Begutachtung des nahen Angehörigen durch den medizinischen Dienst der Krankenkassen (§ 18 SGB XI) sowie den Nachweis des Verwandtschaftsverhältnisses verantwortlich.

872 Vgl. *Schwerdle*, ZTR 2012, 3 ff. (8).

begegnet werden, dass die Familienpflegezeitvereinbarung unter der aufschiebenden Bedingung der Gewährung des Darlehens abgeschlossen oder eine Vorprüfung beim BAFzA beantragt wurde.[873] Beides war allerdings ebenfalls mit Verwaltungsaufwand für den Arbeitgeber verbunden. Auch für den einzelnen Beschäftigten entstand dadurch eine erhebliche Unsicherheit. Wurde die Familienpflegezeit unter der aufschiebenden Bedingung der Gewährung des Darlehens geschlossen, war nicht vorhersehbar, ob die Familienpflegezeit tatsächlich wie geplant angetreten werden konnte.

### *b) Ausgleich des Wertguthabens und Rückzahlung des Darlehens*

Das nach der ursprünglichen Regelung in der Familienpflegezeit aufgebaute negative Wertguthaben sollte in der Nachpflegephase dadurch ausgeglichen werden, dass der Arbeitgeber monatlich den Teil des Arbeitsentgelts, der dem Aufstockungsbetrag während der Pflegephase entsprach, einbehielt.[874] In der Nachpflegephase musste der Arbeitgeber im Allgemeinen auch das Darlehen, das ihm vom BAFzA gewährt worden war, zurückzahlen.[875]

Im Rahmen der arbeitsrechtlichen Regelungen des FPfZG 2012 wurde neben einer Regelung zum Sonderkündigungsschutz für Beschäftigte für die gesamte Dauer von Familienpflegezeit und Nachpflegephase[876] festgelegt, wie die Rückzahlung des Darlehens bei einer vorzeitigen Beendigung des Arbeitsverhältnisses erfolgen sollte.[877] Die Norm enthielt dabei unter anderem eine Regelung, mit der festgelegt wurde, unter welchen Umständen die Ansprüche des Arbeitgebers auf Ausgleich des Wertguthabens erloschen sind.[878] Darüber hinaus sollte

---

873 *Kossens*, § 3 FPfZG Rn. 5.

874 § 3 Abs. 1 Nr. 1c) FPfZG a.F.; sollte sich das Wertguthaben nicht mit Beginn der Familienpflegezeit ins Negative entwickelt haben, verkürzt sich die Nachpflegephase entsprechend. Da das Arbeitsentgelt schon zum Zeitpunkt der Auszahlung an den Beschäftigten verbeitragt wurde, muss der Arbeitgeber beim Ausgleich eines negativen Wertguthabens die Arbeitgeberanteile zur Sozialversicherung nicht miteinbezahlen (*Hanau/Veit*, Das neue Recht der Arbeitszeitkonten, S. 38). Die Arbeitgeberanteile werden in einem negativen Wertguthaben daher auch nicht automatisch ausgewiesen.

875 § 6 FPfZG a.F.

876 Der Sonderkündigungsschutz konnte damit bis zu 48 Monate bestehen.

877 § 9 Abs. 2 FPfZG a.F.

878 Kündigte der Beschäftigte, wurde das Beschäftigungsverhältnis durch einen Aufhebungsvertrag beendet oder erfolget ein Kündigung aus verhaltensbedingten Gründen mit Zustimmung der für den Arbeitsschutz zuständigen Behörde oder der von ihr bestimmten Stelle, konnte das Wertguthaben gemäß § 7 f SGB IV auf

durch den verpflichtenden Abschluss einer Familienpflegezeitversicherung[879] dem Ausfallrisiko durch Tod oder Berufsunfähigkeit des Beschäftigten begegnet werden.[880]

Einen weiteren Risikofaktor für Arbeitgeber, die ihren Beschäftigten eine Familienpflegezeit über die Inanspruchnahme eines negativen Wertguthabens ermöglichten, barg die Pflicht zur Verbeitragung der ausbezahlten Beträge. Die Lohnzahlungen aus einem Wertguthaben sind dann beitragspflichtig, wenn sie aus dem Wertguthaben entnommen werden.[881] Im Rahmen der Abwicklung eines negativen Wertguthabens wurden mit der Entnahme Arbeitgeberanteile fällig, für die der Arbeitgeber zum Zeitpunkt der Leistung noch keine Gegenleistung erhalten hatte. Die „Rückzahlung" der vom Arbeitgeber während der Freistellung erbrachten Beiträge zur Sozialversicherung erfolgte im Rahmen der vom Gesetzgeber vorgesehenen Rückabwicklung des Wertguthabens dadurch, dass der Beschäftigte während der Ausgleichsphase wieder zu der Arbeitszeit vor der Freistellungsphase zurückkehrte. Da der Arbeitgeber dem Beschäftigten gemäß § 3 Abs. 1 Nr. 1 c) FPfZG a.F. allerdings nur ein Arbeitsentgelt auszubezahlen hatte, das um den jeweiligen Auszahlungsbetrag der Freistellung vermindert war, fielen Beiträge zur Sozialversicherung dann

---

den neuen Arbeitgeber oder die Rentenversicherung Bund übertragen werden. Geschah dies nicht, wurde das negative Wertguthaben durch Aufrechnung gegen Ansprüche des Beschäftigten aus dem Arbeitsverhältnis oder in monatlichen Ratenzahlungen durch den Beschäftigten kompensiert (§ 9 Abs. 2 FPfZG a.F.). Trat in dieser Zeit eine Zahlungsunfähigkeit des Beschäftigten ein, hatte gemäß § 8 FPfZG a.F. das BAFzA auf Antrag des Arbeitgebers die Darlehensrückzahlung zu erlassen oder die Ratenzahlung des Beschäftigten zu übernehmen, wenn der Arbeitgeber zuvor noch kein Darlehen des BAFzA in Anspruch genommen hatte, obwohl alle Voraussetzungen vorlagen (der Anspruch des Arbeitgebers auf Rückzahlung nach § 9 Abs. 2 FPfZG a.F. ging dann gemäß § 8 Abs. 3 FPfZG a.F. auf das BAFzA über). Den Arbeitgeber traf dann allerdings ein erheblicher Verwaltungsaufwand. Erfolgte eine Kündigung dagegen aus anderen als verhaltensbedingten Gründen mit Zustimmung der für den Arbeitsschutz zuständigen Behörde oder der von ihr bestimmten Stelle, konnte der Arbeitgeber nur gegen Ansprüche des Beschäftigten aus dem Arbeitsverhältnis aufrechnen, um das Wertguthaben auszugleichen (§ 9 Abs. 2 S. 2 FPfZG a.F.). War eine Aufrechnung nicht möglich oder war das Wertguthaben dann noch nicht abgegolten, erlosch der Ausgleichsanspruch des Arbeitgebers gemäß § 9 Abs. 2 S. 3 FPfZG a.F.

879 § 3 Abs. 1 Nr. 3, 4 FPfZG a.F.

880 § 4 Abs. 1 FPfZG.

881 Siehe oben unter Vierter Teil D. II. 2.

auch nur für diesen verminderten Betrag an.[882] Der Arbeitgeber erhielt somit den Ausgleich für die im Rahmen der Freistellung bereits geleisteten Beitragszahlungen zur Sozialversicherung.

Ungeklärt ist allerdings, ob die Arbeitgeberbeiträge zur Sozialversicherung bei vorzeitiger Beendigung des Arbeitsverhältnisses durch den Beschäftigten ebenfalls zu ersetzen sind. Zwar ist ein Wertguthaben gemäß § 7d Abs. 1 S. 1 SGB IV inklusive der darauf entfallenen Arbeitgeberbeiträge zu führen, im Falle eines negativen Wertguthabens werden die Beiträge jedoch direkt an die Sozialversicherung abgeführt, sodass sie im Wertguthaben nicht aufzuführen sind.[883] Der Verlust der Ausgleichsmöglichkeit durch die Auszahlung des verringerten Arbeitsentgelts bei vorzeitiger Beendigung des Beschäftigungsverhältnisses ging damit zulasten des Arbeitgebers.[884]

---

882 *Rolfs/Witschen/Veit/Hoff*, Recht und Praxis der Arbeitszeitkonten, 3. Aufl., S. 60.

883 *Hanau/Veit*, Das neue Recht der Arbeitszeitkonten, S 38.

884 Vgl. *Schwerdle*, ZTR 2012, 3 ff. (8). Ein Anspruch auf Erstattung der Beiträge aus § 26 SGB IV ist ausgeschlossen, da gemäß § 7 Abs. 1a, 23 SGB IV während der Familienpflegezeit Versicherungspflicht bestand. Die Beiträge zur Sozialversicherung waren somit gemäß § 23 SGB IV im Monat der Auszahlung des Arbeitsentgelts fällig (v. Koppenfels-Spies/Wenner/SGB IV/*Bigge*, § 23 Rn. 13 ff.). Auch ein Erstattungsanspruch analog § 231 SGB V beziehungsweise § 210 SGB VI kommt nicht in Betracht. Es fehlt schon an einer vergleichbaren Ausgangslage, da über § 231 SGB V Beiträge zur Krankenversicherung erstattet werden sollen, die auf einen Betrag über der Jahresarbeitsentgeltgrenze geleistet wurden und § 210 SGB VI die Erstattung von Beiträgen zur Rentenversicherung als Ganzes regelt, wenn aus Ihnen keine Anspruch auf eine Rente erwächst. Gemäß § 28g SGB IV kann der Arbeitgeber den Anspruch auf den vom Arbeitnehmer zu tragenden Teil des Sozialversicherungsbeitrags grundsätzlich nur durch Abzug von dessen Arbeitsentgelt geltend machen (SRH/*Axer*, § 15 Rn. 81 ff.). In Betracht kommt somit lediglich ein Erstattungsanspruch gegen den einzelnen Beschäftigten. Zu denken wäre dabei an einen bereicherungsrechtlichen Anspruch aus § 812 Abs. 1 S. 2 Var. 1 BGB. Danach ist zur Herausgabe verpflichtet, wer durch Leistung eines anderen oder in sonstiger Weise auf dessen Kosten etwas erlangt und der rechtliche Grund später wegfällt. Eine Bereicherung des Beschäftigten kommt für den Fall des vorzeitig beendeten Beschäftigungsverhältnisses im Rahmen einer Wertguthabenvereinbarung jedoch lediglich für Sozialversicherungsbeiträge zur Rentenversicherung in Betracht. Denn nur im Rahmen der Rentenversicherung führen höhere Beiträge auch tatsächlich zu höheren Anwartschaften. Das heißt, wäre das Arbeitsentgelt des Beschäftigten nicht aus dem Wertguthaben aufgestockt worden, hätte er nur geringere oder gar keine Anwartschaften in der Rentenversicherung erwerben können. Höhere Beiträge zu Pflege- und Krankenversicherung führen dagegen – abgesehen vom Anspruch auf Krankengeld – nicht zu höheren Ansprüchen des

## 2. *Wertguthaben nach § 7b SGB IV*

Bei Wertguthaben im Sinne von § 7b ff. SGB IV handelt es sich um eine spezielle Form von Arbeitszeitkonten. Arbeitszeitkonten generell haben sich seit Mitte der 1980er Jahre in der Praxis entwickelt.[885] Ziel war beziehungsweise ist es, durch das Ansparen von Arbeitszeit für eine fortlaufende Flexibilisierung der täglichen, wöchentlichen oder monatlichen Arbeitszeit nach persönlichen beziehungsweise betrieblichen Interessen zu sorgen.[886]

Ziel einer Wertguthabenvereinbarung ist es demgegenüber, über die Ansparung von Arbeitslohn eine längere Auszeit unter weiterem Bezug von

---

Beschäftigten gegenüber dem jeweiligen Versicherungsträger (SRH/*Hofmann/Wallrabenstein*, § 16 Rn. 113 ff.; SRH/*Igl*, § 19 Rn. 59 ff.). Zur Berechnung der Ansprüche auf Arbeitslosengeld aus der Arbeitslosenversicherung bleiben Zeiten, in denen der Arbeitslose sich in Familienpflegezeit oder Nachpflegephase befunden hat außer Betracht (§ 150 Abs. 2 Nr. 4 SGB III), für Zeiten einer Freistellung aufgrund einer Wertguthabenvereinbarung nach § 7b ff. SGB IV wird das Bestehen des Beschäftigungsverhältnisses gemäß § 7 Abs. 1a Nr. 1 SGB IV fingiert. Darüber hinaus erwächst den Beschäftigten aus diesen Versicherungszweigen kein Anwartschaftsrecht, Ansprüche entstehen nur bei Eintritt des Versicherungsfalls Pflege, Krankheit oder Arbeitslosigkeit. Hinsichtlich der Bereicherung des Beschäftigten in der Rentenversicherung ist fraglich, ob diese durch eine Leistung des Arbeitgebers an den Beschäftigten eingetreten ist. Der Arbeitgeber ist gemäß § 28e Abs. 1 SGB IV Schuldner des Gesamtsozialversicherungsbeitrags und hat diesen an die zuständige Einzugsstelle (§ 28i SGB IV), der Sozialversicherung abzuführen. Der Sozialversicherungsbeitrag ist grundsätzlich von Arbeitgeber und Arbeitnehmer je zur Hälfte zu tragen (Vgl. § 346 Abs. 1 S. 1 SGB III, § 249 SGB V, § 168 Abs. 1 SGB VI und § 58 Abs. 1 SGB XI). Damit schuldet der Arbeitgeber seinen Anteil am Gesamtsozialversicherungsbeitrag nicht dem Beschäftigten, sondern den Sozialversicherungsträgern. Eine Leistung an den Beschäftigten liegt damit nicht vor. Eine solche ist vielmehr im Verhältnis zwischen Arbeitgeber und Sozialversicherungsträger gegeben. Ein Anspruch aus § 812 Abs. 1 S. 2 Var. 1 BGB aufgrund einer Bereicherung in sonstiger Weise kommt wegen dessen Subsidiarität gegenüber einer Leistungskondiktion nicht in Betracht (Erman/*Buck-Heeb*, § 812 BGB Rn. 83 f.). Somit hat der Arbeitgeber keinen Anspruch auf Erstattung der von ihm geleisteten Arbeitgeberanteile zur Sozialversicherung, wenn das Beschäftigungsverhältnis endet bevor das Wertguthaben ausgeglichen ist.

885 Vgl. etwa *Neumann/Biebl*, § 1 ArbZG, Rn. 4 ff.; *Hahn*, Flexible Arbeitszeit, S. 41 (dort Fn. 3); *Mörtel/Petri*, AuR 2000, 443 ff. (444), allerdings ohne Nennung einer genauen Jahreszahl; *Deller*, Evaluation flexibler Arbeitszeitmodelle, S. 9 f.

886 *Rolfs/Witschen/Veit/Hoff*, Recht und Praxis der Arbeitszeitkonten, 3. Aufl., S. 1, 5; *Kroll*, Arbeitszeitkonten und ihre Abwicklung, S. 26 f.

Arbeitsentgelt zu ermöglichen.[887] Gemäß §§ 7 Abs. 1a S. 3, 7b Nr. 4 SGB IV kann der Zeitraum der Freistellung auch vor dem Zeitraum der Ansparung liegen, hierbei handelt es sich um ein sogenanntes „negatives Wertguthaben".[888] Eine genauere Ausgestaltung dieser Variante der Wertguthabenvereinbarung hat der Gesetzgeber in § 7b ff. SGB IV nicht vorgenommen.

Der Abschluss einer Wertguthabenvereinbarung nach § 7b SGB IV soll eine Freistellung von der Arbeitsleistung oder die Reduzierung der Arbeitszeit für bestimmte – gesetzlich geregelte oder bei Abschluss der Vereinbarung festzulegende – Zwecke[889] ermöglichen, indem Arbeitsentgelt auf einem Wertguthaben angespart wird. Dieses wird dann zur Finanzierung der Freistellung von der Arbeitszeit herangezogen.[890] Bei dem Betrag, der einem Wertguthaben entnommen wird, handelt es sich – unabhängig davon, ob bereits ein Guthaben angespart wurde oder nicht – um Arbeitsentgelt.

Das Wertguthaben ist vom Arbeitgeber als Arbeitsentgeltguthaben zu führen[891] und muss auch die Arbeitgeberbeiträge zur Sozialversicherung enthalten.[892] Das bedeutet, dass Arbeitgeber bereits in der Ansparphase die Arbeitgeberbeiträge, die im gleichen Zeitraum für das Arbeitsentgelt abzuführen gewesen wären, in das Wertguthaben einzuzahlen haben. Sowohl die Beiträge der Beschäftigten wie auch die Arbeitgeberbeiträge zur Sozialversicherung werden dann erst mit der Auszahlung des Arbeitsentgelts an den Beschäftigten fällig und werden ebenfalls aus dem Wertguthaben entnommen.[893] Das Entgelt muss auch erst zum Zeitpunkt der Entnahme versteuert werden.[894]

887 Vgl. BT-Drs. 16/10289, S. 10; *Rolfs/Witschen/Veit/Hoff*, Recht und Praxis der Arbeitszeitkonten, 3. Aufl. S. 6 f.

888 BT-Drs. 17/6000, S. 2; *Rolfs/Witschen/Veit/Hoff*, Recht und Praxis der Arbeitszeitkonten, 3. Aufl. S. 60.

889 § 7b Nr. 4 SGB IV, *Rolfs/Witschen/Veit/Hoff*, Recht und Praxis der Arbeitszeitkonnten, 3. Aufl., S. 34 ff.

890 *Rolfs/Witschen/Veit/Hoff*, Recht und Praxis der Arbeitszeitkonten, 3. Aufl., S. 22 ff.

891 Es kann aber auch Arbeitszeit „eingezahlt" werden, diese ist dann in Arbeitsentgelt umzuwandeln, § 7d Abs. 1 S. 2 SGB IV.

892 § 7d Abs. 1 SGB VI.

893 *Rolfs/Witschen/Veit/Hoff*, Recht und Praxis der Arbeitszeitkonten, 3. Aufl., S. 24 ff.

894 *Rolfs/Witschen/Hanau/Veit*, Recht und Praxis der Arbeitszeitkonten, 3. Aufl., S. 44 ff.

### 3. *Wertguthaben zur Finanzierung einer Familienpflegezeit*

Aufgrund der geringen Verbreitung von Wertguthaben in den Betrieben[895] ging der Gesetzgeber davon aus, dass zum Zeitpunkt der Übernahme der Pflege eines nahen Angehörigen in der Regel noch keine Wertguthabenvereinbarung geschlossen wurde.[896] Sollte bereits eine Wertguthabenvereinbarung existieren, dürfte die geringe Planbarkeit der Pflegebedürftigkeit eines nahen Angehörigen und die damit verbundene Reduzierung der Arbeitszeit durch die Übernahme der Pflege dazu führen, dass ein Wertguthaben noch nicht in ausreichender Höhe aufgebaut werden konnte.[897]

Um eine Freistellung zur Pflege eines nahen Angehörigen über ein Wertguthaben nach §§ 7b ff. SGB IV finanzieren zu können, wären Beschäftigte daher in einer weit überwiegenden Zahl der Fälle darauf angewiesen, eine Wertguthabenvereinbarung abzuschließen, die mit einer Zeit der Entnahme von Arbeitsentgelt aus dem Wertguthaben und nicht mit Zeiten der Ansparung beginnt. Da das Arbeitsentgelt, das aus einem Wertguthaben entnommen wird, zu diesem Zeitpunkt sowohl versteuert wie auch verbeitragt werden muss,[898] hat der Arbeitgeber sowohl den Aufstockungsbetrag, der aus dem Wertguthaben entnommen wird, als auch den Arbeitgeberanteil zur Sozialversicherung zu finanzieren.

Erfolgt die Finanzierung der Auszeit eines Beschäftigten im Rahmen eines negativen Wertguthabens, besteht für Arbeitgeber neben der vorübergehenden finanziellen Belastung durch die Vorfinanzierung des Arbeitsentgelts stets die Gefahr eines kompletten Ausfalls der Forderung. Die Beschäftigten sind verpflichtet, das Wertguthaben im Anschluss an die Auszeit auszugleichen. In §§ 7b ff. SGB IV sind allerdings keine Vorkehrungen getroffen, die eingreifen sollte das Arbeitsverhältnis in dieser Phase enden, die Beschäftigten sterben, arbeitsunfähig oder insolvent werden.

---

895 Siehe Sachstand des Wissenschaftlichen Dienstes, wonach 13 % der Betriebe mit 500 oder mehr Beschäftigten Wertguthabenvereinbarung anbieten, aber nur 2 % der Betriebe mit maximal 10 Beschäftigten; abrufbar unter: https://www.bundestag.de/resource/blob/429228/3f59e91bc085d2e9b6b9a2739b8fb45e/WD-6-071-16-pdf-data.pdf, zuletzt abgerufen am: 26.5.2024.

896 Vgl. auch BT-Drs. 17/8991, S. 8.

897 Vgl. auch BT-Drs. 17/6000, S. 14.

898 Siehe §§ 22 Abs. 1 S. 2, 23b Abs. 1 SGB IV; *Rolfs/Witschen/Veit/Hoff*, Recht und Praxis der Arbeitszeitkonten, 3. Aufl., S. 60 f.

### 4. *Ergebnis*

Die Finanzierung der (teilweisen) Freistellung von der Arbeitspflicht zur Pflege eines nahen Angehörigen im Rahmen einer Wertguthabenvereinbarung nach § 7b ff. SGB IV ist rechtlich unproblematisch möglich. Die Erfahrungen, die mit dem FPfZG 2012 gemacht wurden, zeigen allerdings, dass diese Lösung vielfältige Probleme mit sich bringt.

Zunächst sind Wertguthabenvereinbarungen nicht in allen Unternehmen und Betrieben gleichermaßen verbreitet.[899] Schließlich soll eine (teilweise) Freistellung von der Arbeitspflicht von bis zu zwei Jahren finanziert werden und Pflegesituationen treten meist unvorhergesehen ein, sodass auch in den Fällen, in denen eine Wertguthabenvereinbarung bereits abgeschlossen und Arbeitsentgeltbestandteile in ein Wertguthaben eingebracht wurden, das Guthaben häufig nicht zur Finanzierung der kompletten Auszeit ausreichen wird.[900] Die flächendeckende Finanzierung der Familienpflegezeit im Rahmen von Wertguthabenvereinbarungen konnte damit nur über die Stärkung von „negativen Wertguthaben" erfolgen.[901]

Der Gesetzgeber sieht zwar die Möglichkeit vor, Wertguthabenvereinbarungen mit einer Freistellungsphase zu beginnen. Arbeitgebern drohen dabei jedoch verschiedene finanzielle Einbußen. Wie dargestellt müssen sie die Beträge, die aus dem Wertguthaben entnommen werden, vorfinanzieren; das Wertguthaben wird von dem Beschäftigten im Anschluss an die Freistellung durch Erbringen seiner Arbeitsleistung ausgeglichen.[902] Im Rahmen der gesetzlichen Regelungen zur Finanzierung einer Auszeit über Wertguthaben nach §§ 7b ff. SGB IV ist jedoch keine Absicherung des Ausfallrisikos der Arbeitgeber vorgesehen. Die Arbeitgeber tragen damit das Risiko, dass das negative Wertguthaben nicht ausgeglichen wird. Diese Situation kann sowohl durch

---

899 BT-Drs. 17/8991, S. 8, demnach waren Langzeitkonten im Jahr 2010 lediglich in 2 % der Betriebe (beziehungsweise 5 % der Betriebe, die überhaupt Zeitkonten führen) vorhanden. Allerdings wurden diese Konten von den Betrieben selbst nicht als Wertguthaben bezeichnet.

Eine einmalige Berichtspflicht der Bundesregierung ergab sich aus § 7g SGB IV, der gemäß Art. 1 Nr. 4 i.V.m. Art. 7 Abs. 5 des Gesetzes zur Verbesserung der Rahmenbedingungen für die Absicherung flexibler Arbeitszeitregelungen und zur Änderung anderer Gesetze vom 21.12.2008 (BGBl. 2008 I 2940) außer Kraft getreten ist.

900 Vgl. BT-Drs. 17/6000, S. 14.

901 Dies hatte auch der Gesetzgeber des FPfZG 2012 erkannt, siehe BT-Drs. 17/6000, S. 14.

902 *Rolfs/Witschen/Veit/Hoff*, Recht und Praxis der Arbeitskonten, 3. Aufl., S. 60.

Erwerbsunfähigkeit oder Tod des Beschäftigten aber auch durch Kündigung und Insolvenz eintreten.[903]

Wie auch bei der finanziellen Unterstützung durch ein zinsloses Darlehen des BAFzA bedeutet die Finanzierung über eine Wertguthabenvereinbarung nach § 7b ff SGB IV, dass Beschäftigte die Kosten ihrer Auszeit – die durch die Pflege eines betreuungsbedürftigen nahen Angehörigen auftreten – im Ergebnis nahezu allein zu tragen haben.

## III. Finanzierung in Anlehnung an das Elterngeld

Die finanzielle Unterstützung der Beschäftigten, die ihre Arbeitszeit im Rahmen einer Familienpflegezeit reduzieren, könnte aus Steuermitteln – vergleichbar mit der Zahlung des Elterngelds – erfolgen.[904]

Die Rechtsordnung bietet durch das Elterngeld nach § 1 ff. BEEG bereits ein Beispiel für eine steuerfinanzierte finanzielle Leistung, die Unterstützung in einer besonderen Lebenslage bietet.

Im Folgenden soll geprüft werden, inwieweit die gesetzgeberische Zielsetzung, die der finanziellen Unterstützung während der Elternzeit und der (Familien)Pflegezeit zugrunde liegt sowie die tatsächliche Situation von jungen Eltern und pflegenden nahen Angehörigen vergleichbar sind. Anschließend werden die Aspekte der Übertragbarkeit der Regelungen über das Elterngeld nach § 1 ff. BEEG auf eine Finanzierung der Familienpflegezeit dargestellt.

---

903 Im Rahmen des FPfZG 2012 sollte diesem Risiko zum einen durch die Regelung eines Sonderkündigungsschutzes auch für die Dauer der Arbeitsphase und durch die Verpflichtung der Beschäftigten zum Abschluss einer Familienpflegezeitversicherung begegnet werden.

904 Siehe etwa den Vorschlag des Paritätischen Gesamtverbands, abrufbar unter: https://www.der-paritaetische.de/presse/vereinbarkeit-von-pflege-und-beruf-paritaetischer-fordert-familienpflegegeld-zur-unterstuetzung-pfleg/, zuletzt abgerufen am: 26.5.2024. Antrag des Landes Berlin – Entschließung des Bundesrates zur Einführung eines Familienpflegegeldes für beschäftigte pflegende Angehörige v. 28.2.2020, BR-Drs. 104/20 und Erster Bericht des unabhängigen Beirats für die Vereinbarkeit von Pflege und Beruf, abrufbar unter: https://www.bmfsfj.de/blob/138138/1aac7b66ce0541ce2e48cb12fb962eef/erster-bericht-des-unabhaengigen-beirats-fuer-die-vereinbarkeit-von-pflege-und-beruf-data.pdf, zuletzt abgerufen am: 26.5.2024.

### 1. *Elterngeld als Vorbild*

Bei Elterngeld handelt es sich um eine steuerfinanziert Entgeltersatz- beziehungsweise Sozialleistung.[905] Anspruch auf Elterngeld hat gemäß § 1 Abs. 1 BEEG, wer seinen Wohnsitz oder gewöhnlichen Aufenthalt in Deutschland hat, mit seinem Kind in einem Haushalt lebt, dieses Kind selbst betreut und erzieht und keine oder keine volle Erwerbstätigkeit ausübt.[906] Der Anspruch auf Elterngeld entfällt gemäß § 1 Abs. 8 BEEG, wenn die berechtigte Person im letzten abgeschlossenen Veranlagungszeitraum vor der Geburt des Kindes ein zu versteuerndes Einkommen nach § 2 Abs. 5 EStG in Höhe von mehr als 250.000 Euro beziehungsweise bei zwei anspruchsberechtigten Personen gemeinsam 300.000 Euro erzielt hat.

Das Elterngeld beträgt gemäß § 2 Abs. 1 S. 1 und 2 BEEG 67 % des Erwerbseinkommens vor der Geburt des Kindes, jedoch monatlich maximal 1.800 Euro. Gemäß § 1 Abs. 2 BEEG kann sich die Höhe des Elterngelds auf bis zu 100 % des vorherigen Erwerbseinkommens erhöhen, wenn dieses einen Betrag von 1.000 Euro unterschreitet.[907] In Fällen, in denen das vorherige Erwerbseinkommen 1.200 Euro monatlich überschreitet, kann die Höhe dagegen auf 65 % oder weniger des vorherigen Erwerbseinkommens absinken. Eltern, die vor der Geburt nicht erwerbstätig waren, nur eine geringfügige Beschäftigung ausgeübt haben oder ihre Teilzeittätigkeit nach der Geburt ohne weitere Reduzierung fortführen, erhalten einen Mindestbetrag von 300 Euro monatlich.[908]

---

905 § 68 Nr. 15 SGB I; *Rolfs*, NZA-Beilage 2014, 53 ff. (55); *Brose*, NZS 2017, 361 ff. (361 f.).

906 In § 1 Abs. 2 bis 4 BEEG werden die anspruchsberechtigten Personen erweitert. So werden in Abs. 2 Ausnahmen vom Territorialitätsprinzip des Abs. 1 vorgesehen. In Abs. 3 wird der Personenkreis auf Personen erweitert, die ein Kind zur Adoptionspflege aufgenommen haben, wer ein Kind des Ehegatten oder Lebenspartners beziehungsweise der Ehegattin oder Lebenspartnerin im eigenen Haushalt aufgenommen hat oder wer ein Vaterschaftsfeststellungsverfahren betreibt und mit dem Kind in einem Haushalt lebt. In Abs. 4 wird der anspruchsberechtigte Personenkreis auf Verwandte des 3. Grades und deren Ehegatten und Lebenspartner erweitert, wenn die Eltern das Kind aufgrund einer schweren Krankheit, Schwerbehinderung oder des Tods der Eltern nicht betreuen können. In § 1 Abs. 7 BEEG wird eine differenzierte Regelung hinsichtlich der Anspruchsberechtigung nichtfreizügigkeitsberechtigter Ausländer getroffen.

907 § 2 Abs. 2 S. 1 BEEG, der Prozentsatz von 67 steigt um 0,1 Prozentpunkte je 2 Euro, um die das Einkommen 1.000 Euro unterschreitet.

908 § 2 Abs. 4 BEEG.

Elterngeld kann gemäß § 4 Abs. 1 BEEG von dem Tag der Geburt bis zur Vollendung des 14. Lebensmonats des Kindes bezogen werden. Durch das Elterngeld Plus[909] nach § 4 Abs. 3 BEEG, das zum 1. Januar 2015 eingeführt wurde, wird eine flexible Inanspruchnahme des Elterngelds über einen Zeitraum von maximal 28 Monaten ermöglicht, wenn eine Teilzeittätigkeit bis zu maximal 30 Wochenstunden ausgeübt wird.[910] Elterngeld und Elterngeld Plus können flexibel miteinander kombiniert werden.

### *a) Historische Entwicklung*

Elternzeit und Elterngeld sind aus den Regelungen zu Erziehungszeit und -geld hervorgegangen. Diese wiederum wurden aus den Regelungen zum Mutterschaftsurlaub weiterentwickelt. Dabei hat sich auch die (finanzielle) Unterstützung für Eltern, die ihr Kind nach der Geburt selbst betreuen möchten, stark gewandelt.

Bei Einführung des Mutterschaftsurlaubs zum 1. Juli 1979[911] lag der Fokus des Gesetzgebers hauptsächlich auf der Gesundheit der Mutter und des neugeborenen Kindes.[912] Wöchnerinnen sollte ermöglicht werden, sich über die Zeit des Mutterschutzes hinaus unabhängig von finanziellen Erwägungen um ihr Kind zu kümmern und sich auch weiterhin von den Strapazen der Geburt zu erholen.[913] Zu diesem Zweck wurde den Müttern ein Anspruch auf sechsmonatige Freistellung von der Arbeitspflicht zuerkannt.[914] Während dieses Zeitraums wurde das Mutterschaftsurlaubsgeld in Höhe von 750 DM monatlich weitergezahlt.[915] Bereits mit in Kraft treten des Gesetzes über die Gewährung von Erziehungsgeld und Erziehungsurlaub (BErzGG)[916] zum 1. Januar 1986

---

909 Art. 1 des Gesetzes zur Einführung des Elterngeld Plus mit Partnerschaftsbonus und einer flexibleren Elternzeit im Bundeselterngeld- und Elternzeitgesetz v. 18.12.2014, BGBl. 2014 I 2325.

910 Tillmanns/Mutschler/*Senger* § 4 BEEG Rn. 24 ff.

911 Art. 1 Nr. 1 des Gesetzes zur Einführung eines Mutterschaftsurlaubs v. 25.6.1979, BGBl. 1979 I 797.

912 BT-Drs. 8/2613, S. 1, 9.

913 BT-Drs. 8/2613, S. 9; Bulla/Buchner Vorbem. §§ 8a–8d Rn. 6.

914 § 8a MuSchG a.F.

915 § 8a Abs. 1 S. 2 MuSchG a.F. i.V.m. §§ 13 MuSchG a.F., § 200a Abs. 2 S. 3 RVO a.F. Durch Art. 1 Nr. 5 des Gesetzes über Maßnahmen zur Entlastung der öffentlichen Haushalte und zur Stabilisierung der Finanzentwicklung in der Rentenversicherung sowie über die Verlängerung der Investitionshilfeabgabe (BGBl. 1983 I 1532) wurde das Mutterschaftsgeld zum 1.1.1984 auf 510 DM monatlich gekürzt.

916 Gesetz über die Gewährung von Erziehungsgeld und Erziehungsurlaub vom 6.12.2985, BGBl. 1985 I 2154.

änderte sich der Anknüpfungspunkt der gesetzlichen Regelungen grundlegend. So wurde ein Erziehungsurlaub eingeführt, der von beiden Elternteilen in Anspruch genommen werden konnte. Die Erziehungsleistung sollte durch die Zahlung eines Erziehungsgeldes in Höhe von zunächst bis zu 600 DM monatlich anerkannt werden.[917] Das Erziehungsgeld war als einkommensabhängige, steuerfinanzierte Familienleistung ausgestaltet. Es handelte sich nicht um eine Entgeltersatzleistung, sondern um eine finanzielle Anerkennung der jeweils erbrachten Erziehungsleistung.[918]

Zunächst konnte das Erziehungsgeld für die Dauer von 10 Monaten bezogen werden.[919] Die Bezugsdauer wurde schrittweise angehoben,[920] bis sie für Kinder, die nach dem 31. Dezember 1992 geboren wurden, 24 Monate betrug.[921] Allerdings wurden weder der monatliche Höchstbetrag von zuletzt maximal 300 beziehungsweise 450 Euro[922] noch die Einkommensgrenze,[923] bis zu deren

---

917 § 5 Abs. 1 BErzGG. Durch Art. 6 des Ersten Gesetzes zur Umsetzung des Spar-, Konsolidierungs- und Wachstumsprogramms v. 21.12.1993, BGBl. 1993 I 2353 (2365) wurde der Bezug des Erziehungsgeldes einkommensabhängig ausgestaltet, Höchstbetrag der Leistung waren 600 DM. Durch das Dritte Gesetz zur Änderung des Bundeserziehungsgeldgesetzes vom 12.10.2000, BGBl. 2000 I 1426, das zum 1.1.2001 in Kraft trat wurde die Möglichkeit geschaffen, Erziehungsgeld lediglich für die Dauer von 12 Monaten zu beantragen. In diesen Fällen wurde dann ein monatlicher Betrag in Höhe von 900 DM gezahlt. Der Bezug war allerdings weiterhin einkommensabhängig ausgestaltet.

918 Vgl. BT-Drs. 10/3792, S. 13, 15; HK-MuschG/BEEG/*Lenz/Wagner*, Vor § 1 BEEG Rn. 1.

919 § 4 Abs. 1 S. 1 BerzGG a.F. beziehungsweise für Kinder, die nach dem 31.12.1987 geboren waren, für 12 Monate.

920 Durch das Gesetz zur Änderung des Bundeserziehungsgeldgesetzes und anderer Vorschriften v. 30.6.1989, BGBl. 1989 I 1297, wurde die Gewährung für Kinder, die nach dem 30.6.1989 geboren wurden auf 15 Monate und für Kinder, die nach dem 30.6.1990 geboren wurden auf 18 Monate verlängert.

921 Zweites Gesetz zur Änderung des Bundeserziehungsgeldgesetzes v. 6.12.1991, BGBl. 1991 I 2142.

922 Zunächst wurden bis zum Erreichen der Einkommensgrenze 600 DM, nach der Einführung des Euro 450 beziehungsweise 300 Euro geleistet (je nach Bezugsdauer von 12 beziehungsweise 24 Monaten, § 5 Abs. 1 BerzGG a.F).

923 § 5 Abs. 3 S. 1 bis. 3 BerzGG a.F. Danach entfiel der Anspruch in den ersten sechs Lebensmonaten [ab 1994], wenn das Einkommen bei Ehegatten, die nicht dauernd getrennt leben, 51.130 Euro (100.000 DM) [2004 reduziert auf 30.000 Euro] und bei anderen Berechtigten 38.350 Euro (75.000 DM) [2004 reduziert auf 23.000 Euro] überstieg. Vom Beginn des siebten Lebensmonats [von Beginn an] an verringerte sich das Erziehungsgeld, wenn das Einkommen bei Ehegatten, die nicht dauernd

Erreichen Erziehungsgeld geleistet wurde, an die Lohnentwicklung angepasst. Auf diesen Umstand wurde es zurückgeführt, dass die Inanspruchnahme von Erziehungsgeld immer weiter zurückging.[924]

Mit der Einführung des Elterngeldes zum 1. Januar 2007[925] wurde die finanzielle Unterstützung der Eltern nochmals grundlegend geändert. Seitdem ist das Elterngeld als steuerfinanziert Entgeltersatzleistung besonderer Art ausgestaltet.[926] Durch die Einführung des Elterngelds haben Familien im ersten Jahr nach der Geburt des Kindes durchschnittlich zwischen 230 Euro und 600 Euro mehr als bei Inanspruchnahme des Erziehungsgelds zur Verfügung.[927] Schließlich wurde zum 1. Januar 2015 durch die Einführung des Elterngeld Plus,[928] eine flexiblere Inanspruchnahme des Elterngelds für einen Zeitraum bis zu 24 beziehungsweise 28 Monate ermöglicht.

### *b) Zielsetzung des Elterngelds nach § 1 ff. BEEG*

Das Elterngeld soll insbesondere der Sicherung der Lebensgrundlage der Familie während des ersten beziehungsweise der ersten Lebensjahre des Kindes dienen.[929] Daneben ist beabsichtigt, dauerhafte Vermögenseinbußen – die Familien mit Kindern häufig treffen[930] – zu verhindern.

Der Gesetzgeber geht davon aus, dass viele – gerade junge – Familien und Paare langfristig auf die Einkommen beider Partner angewiesen sind, um ihre Lebensgrundlage zu sichern. Die Reduzierung der Arbeitszeit oder die

---

getrennt leben, 16.500 Euro (29.400 beziehungsweise später 32.200 DM) und bei anderen Berechtigten 13.500 Euro (23.700 beziehungsweise später 26.400 DM) überstieg.

924 Während 1987 83 % aller Eltern Erziehungsgeld in voller Höhe erhielten (BT-Drs. 11/8517, S. 2) waren es 1999 noch ca. 50 % (BT-Drs. 14/3553, S. 11), siehe auch *Huber*, NZA 2000, 1319 ff. (1319).

925 Durch Art. 1 des Gesetzes zur Einführung des Elterngeldes vom 5.12.2006, BGBl. 2006 I 2748. Das BErzGG ist am 31.12.2008 außer Kraft getreten, Art. 3 des Gesetzes zur Einführung des Elterngelds, BGBl. 2006 I 2748.

926 BT-Drs. 16/1889, S. 15; Urteil des EuGH vom 10.10.1996, Rs. C-245/94 und C-312/94, NZA 1996, 1195 ff.; HK-MuschG/BEEG/*Lenz/Wagner*, Vor § 1 BEEG Rn. 2.

927 *Huebener/Müller/Spieß/Wrohlich*, DIW Wochenbericht Nr. 49.2016, 1159 ff. (1160); *Geyer/Haan/Spieß/Wrohlich*, ZfF 2013, 193 ff. (200 f.).

928 Gesetz zur Einführung des Elterngeld Plus mit Partnerschaftsbonus und einer flexibleren Elternzeit im Bundeselterngeld- und Elternzeitgesetz v. 18.12.2014, BGBl. 2014 I 2325.

929 BT-Drs. 16/1889, S. 2, 14; Vgl. auch *Pernice-Warneke*, FamRZ 2014, 263 ff. (268).

930 BT-Drs. 16/1889, S. 14.

komplette Aufgabe der Erwerbstätigkeit durch einen Partner und die damit einhergehende Reduzierung des Erwerbseinkommens bereite daher häufig erhebliche finanzielle Schwierigkeiten.[931]

Die Ausgestaltung des Elterngeldes als einkommensabhängige Entgeltersatzleistung soll durch die Abfederung der finanziellen Einbußen auch die Entscheidung junger Paare für Kinder fördern oder erleichtern.[932] Darüber wird „die [gleichberechtigte] Teilhabe an Beruf und Familie von Frauen und Männern [...]" angestrebt.[933] Während Männer durch die Leistung des Elterngeldes die Chance erhalten, „aktive Väter" zu sein, soll Frauen die Rückkehr in das Berufsleben erleichtert und so ein Beitrag für die Gleichstellung der Geschlechter geleistet werden.[934]

### *c) Situation der Familien mit Kindern im betreuungsbedürftigen Alter*

Über die Situation junger Familien existieren vielfältige Berichte, Studien und Untersuchungen.[935] Allen ist die Feststellung gemein, dass junge Familien insbesondere die Vereinbarkeit von Berufstätigkeit und Betreuung des Kindes vor große Herausforderungen stellt. Gerade junge Frauen strebten an, sich um das Kind zu kümmern und gleichzeitig auch einer Erwerbstätigkeit nachzugehen.[936] So schätzten 31 % der Familien ihre finanzielle Situation im zweiten Jahr nach der Geburt als nicht ausreichend ein.[937] Darüber hinaus wird deutlich, dass die Geburt von Kindern gerade für Frauen eine Reihe beruflicher beziehungsweise finanzieller Einbußen mit sich bringt. Um ein (neugeborenes) Kind selbst betreuen zu können, muss eine Erwerbstätigkeit zumindest vorübergehend

931 Vgl. etwa BT-Drs. 16/1889, S. 14; *Gerlach*, Familienpolitik, S. 124 ff.

932 BT-Drs. 16/1889, S. 15.

933 BT-Drs. 16/1889, S. 15.

934 BT-Drs. 16/1889, S. 15.

935 Siehe nur: *Zerle/Cornelißen/Bien*, ZfF 2012, 46 ff.; *Schmitt*, Familiengründung und Erwerbstätigkeit im Lebenslauf, abrufbar unter: http://www.bpb.de/apuz/30650/familiengruendung-und-erwerbstaetigkeit-im-lebenslauf?p=all, zuletzt abgerufen am: 26.5.2024, m.w.N.

936 BT-Drs. 16/1889, S. 14; siehe auch *Lietzmann/Wenzig*, IAB-Kurzbericht 10/2017, abrufbar unter: http://doku.iab.de/kurzber/2017/kb1017.pdf, zuletzt abgerufen am: 26.5.2024.

937 Evaluationsbericht zum Bundeselterngeld- und Elternzeitgesetz (BMFSFJ, 2009), S. 38 ff., abrufbar unter: https://www.bmfsfj.de/blob/93340/497de18cbff39261e16e6fa3cae309b1/beeg-evaluation-data.pdf, zuletzt abgerufen am: 26.5.2024.

reduziert, wenn nicht gar eingestellt werden.[938] Neben Einkommenseinbußen führt dies dazu, dass Karriereschritte nicht erfolgen, Berufserfahrung nicht erworben beziehungsweise aufrechterhalten wird und einem Elternteil damit auf Dauer bis zu fünf Prozent weniger Einkommen zur Verfügung stehen als einem Kinderlosen.[939] Im Jahr 2021 wurde Elterngeld in 74,7 % der Fälle von Müttern und in 25,3 % von Vätern in Anspruch genommen.[940]

### 2. *Finanzielle Unterstützung während der Familienpflegezeit*

#### a) *Zielsetzung der finanziellen Unterstützung nach § 3 Abs. 1 FPfZG*

Durch die Einführung von Pflege- als auch Familienpflegezeit soll die häusliche Betreuung pflegebedürftiger Personen durch nahe Angehörige gestärkt und so das private Pflegepotenzial auch in Zukunft aufrechterhalten werden.[941] Insbesondere „im Licht des Arbeitskräftemangels im Pflegebereich machen sie [die pflegenden Angehörigen] deutlich, dass Deutschland ohne die Angehörigenpflege die pflegerische Versorgung nicht sicherstellen könnte."[942]

Der Anspruch der Beschäftigten auf finanzielle Förderung durch ein zinsloses Darlehen nach § 3 Abs. 1 FPfZG soll zu einer besseren Absicherung des Lebensunterhalts während der Familienpflege- beziehungsweise Pflegezeit führen[943] und die Entscheidung zur Übernahme der Pflege erleichtern.[944] Da unentgeltliche Pflege nach wie vor zu einem weit überwiegenden Teil von Frauen erbracht wird,[945] dient die finanzielle Unterstützung auch dazu, die

938 *Unterhofer/Welteke/Wrohlich*, DIW Wochenbericht Nr. 34.2017, 659 ff. (667); *Zerle/Cornelißen/Bien*, ZfF 2012, 46 ff. (51); *Walther/Lukosacht*, Kinder und Karriere: die neuen Paare, abrufbar unter: http://www.bpb.de/apuz/31708/kinder-und-karrieren-die-neuen-paare?p=all, zuletzt abgerufen am: 26.5.2024.

939 BT-Drs. 16/1889, S. 14.

940 Abrufbar unter: https://www.destatis.de/DE/Themen/Gesellschaft-Umwelt/Soziales/Elterngeld/Tabellen/zeitreihe-vaeteranteil.html, zuletzt abgerufen am: 26.5.2024.

941 BT-Drs. 17/6000, S. 11; BT-Drs. 18/3124, S. 25.

942 V. *Schwanenflügel,* ZRP 2018, 114 ff. (115).

943 BT-Drs. 18/3124, S. 2, 27.

944 BT-Drs. 18/3124, S. 29.

945 Beiträge zur Rentenversicherung nach § 44 Abs. 1 S. 1 SGB XI i.V.m. § 166 Abs. 2 SGB VI wurden im Jahr 2016 zu 89,8 % für Frauen erbracht, siehe Deutsche Rentenversicherung, Versichertenbericht 2019 – Statistische Analysen zu den Versicherten der Deutschen Rentenversicherung, S. 60, abrufbar unter: https://www.deutsche-rentenversicherung.de/SharedDocs/Downloads/DE/Statistiken-und-Berichte/Berichte/versichertenbericht_2019.pdf?__blob=publicationFile&v=2; zuletzt abgerufen am: 26.5.2024.

Pflegebereitschaft von Männern zu unterstützen und auszubauen.[946] Ziel des Gesetzgebers ist demnach auch der Verpflichtung aus Art. 3 Abs. 2 GG nachzukommen und die tatsächliche Durchsetzung der Gleichberechtigung von Frauen und Männern zu fördern sowie auf die Beseitigung bestehender Nachteile hinzuwirken.[947]

### *b) Situation der pflegenden Angehörigen*

Verschiedene Studien haben gezeigt, dass ein großer Anteil der Pflegepersonen, die die Betreuung naher Angehöriger übernehmen, bereits zuvor keine Erwerbstätigkeit oder eine Teilzeittätigkeit ausgeübt haben, während Personen, die vor der Übernahme der Pflege einer Vollzeitbeschäftigung nachgingen, ihre Arbeitszeit häufig reduzieren mussten, um die Betreuung übernehmen zu können.[948]

Die Reduzierung der Arbeitszeit ist mit finanziellen Einbußen auch bei der Alterssicherung verbunden, darüber hinaus kann eine Reduzierung der Arbeitszeit dazu führen, dass Berufserfahrung nicht erworben beziehungsweise aufrechterhalten wird. Studien über die finanziellen Einbußen, die dadurch eintreten, existieren kaum; vereinzelt wurde ein dauerhafter Einkommensverlust von etwa 688 Euro jährlich ermittelt.[949] Neben diese finanziellen Einbußen treten bei der Betreuung naher Angehöriger – je nach Pflegegrad und Art der Beeinträchtigung – teilweise erhebliche psychische und physische Belastungen.[950]

## *3. Vergleichbarkeit von Elterngeld und einer finanziellen Unterstützung während der Familienpflegezeit*

Sowohl im Rahmen der Elternzeit – die für bis zu 24 Monate durch Elterngeld bzw. Elterngeld(Plus) finanziell unterstützt wird – als auch der Familienpflegezeit – die für bis zu 24 Monate durch einen Anspruch auf ein zinsloses Darlehen des BAFzA finanziell unterstütz wird – soll die finanzielle Unterstützung

946 BT-Drs. 18/3124, S. 25.

947 BT-Drs. 18/3124, S. 32.

948 *Schneekloth*, Möglichkeiten und Grenzen selbstständiger Lebensführung in privaten Haushalten (MuG III), S. 79.

949 *Rothgang/Becker/Lessmann/Knorr/Timm*, Socioeconomic report for the core countries, Executive Summary, zitiert nach *Bölicke*, NDV 2017, 471 ff. (472).

950 *Wetzstein/Rommel/Lange*, GBE-Kompakt 2015, S. 2; *Nowossadeck/Engstler/Klaus*, Pflege und Unterstützung durch Angehörige, DZA 1/2016, S. 14.

eine Entscheidung für die Familie (hier Familiengründung dort die Übernahme der Pflege eines nahen Angehörigen) erleichtern oder unterstützen.[951] In beiden Fällen ist es Ziel, Familien finanziell zu unterstützen und einen Teil der Belastungen abzufedern, die aus der Betreuungs- und Pflegetätigkeit resultieren.[952] Beide – de lege lata – unterschiedlich ausgestalteten finanziellen Leistungen dienen damit der besseren Vereinbarkeit von Berufstätigkeit und Familie.[953]

Die Situation der Personen, die Elternzeit beziehungsweise Familienpflegezeit in Anspruch nehmen und für diese Auszeit eine finanzielle Unterstützung erhalten, erscheint – zumindest auf den ersten Blick – durchaus vergleichbar zu sein. Allerdings trifft dies ausschließlich auf die rudimentären Rahmenbedingungen zu: Beide Personengruppen brauchen Zeit, um eine andere Person zu betreuen beziehungsweise zu pflegen. Dies kann häufig nur durch eine Reduzierung oder Aufgabe der Erwerbstätigkeit und den damit verbundenen Einkommenseinbußen erreicht werden.

Neben diesen Gemeinsamkeiten sehen sich beide Gruppen unterschiedlichen Herausforderungen gegenüber beziehungsweise benötigen beide Gruppen unterschiedliche Arten an Unterstützung. So weisen unterschiedliche Studien darauf hin, dass sich die Pflege naher Angehöriger psychisch und physisch belastend auswirkt,[954] während die fortgeführte Beschäftigung als stabilisierendes Element – und nur selten als Belastung – wahrgenommen wird.[955] Entlastende Angebote für Pflegepersonen wie ambulante Pflegedienste, Tagespflege nach § 41 SGB XI oder Kurzzeitpflege nach § 42 SGB XI werden nur selten in Anspruch genommen.[956] Demgegenüber existieren nur wenige Studien zur psychischen und physischen Belastung von Eltern. Die hinsichtlich

951 BT-Drs. 16/2785, S. 2; BT-Drs. 17/6000, S. 11; BT-Drs. 18/3124, S. 1.

952 BT-Drs. 16/1889, S. 1; BT-Drs. 16/2785, S. 2; BT-Drs. 18/3124, S. 25.

953 BT-Drs. 16/1889, S. 1; BT-Drs. 16/2785, S. 2; BT-Drs. 18/3124, S. 25.

954 Siehe etwa: *Wetzstein/Rommel/Lange*, GBE-Kompakt, 2015, S. 3; *Wilz/Kalyat/Küssner*, ZfGP 2005, 259 ff.

955 Siehe etwa: *Wetzstein/Rommel/Lange*, GBE-Kompakt, 2015, S. 3; *Pfahl/Reuyß*, ArchsozArb 2012, 28 ff. (28 f.).

956 2019 wurden 139.192 Pflegebedürftige in Tagespflege und 23.400 in Kurzzeitpflege betreut, Pflegestatistik 201 – Pflege im Rahmen der Pflegeversicherung – Deutschlandergebnisse, S. 36, abrufbar unter: https://www.statistischebibliothek.de/mir/servlets/MCRFileNodeServlet/DEHeft_derivate_00074028/5224001199004.pdf, zuletzt abgerufen am: 26.5.2024; das sind 3,9 % aller Pflegebedürftigen und 7,7 % der Pflegebedürftigen, die von Angehörigen betreut werden.

der psychischen Gesundheit von Müttern vorliegenden Untersuchungen stammen häufig aus den 1970er und 1980er Jahren.[957] Aus Studien jüngerer Zeit lässt sich kein eindeutiges Ergebnis ableiten; so wird teilweise dargelegt, dass die Phase nach der Geburt eines Kindes nach wie vor belastend sei, andererseits wird auch vertreten, „[...] dass sich die Elternschaft positiv auf die physische Gesundheit auswirke."[958] Entlastende Angebote, wie die Betreuung in Kindertagesstätten, Kindergärten und die Randbetreuung in Schulen werden häufiger in Anspruch genommen.[959]

Trotz dieser Unterschiede sind die finanzielle Situation und die Frage der Vereinbarkeit von Betreuungsaufgaben und Berufstätigkeit der Adressaten von Eltern- und Familienpflegezeit vergleichbar. Denn in beiden Fällen kollidieren die Zeiten der Betreuung des Kindes beziehungsweise Pflegebedürftigen mit den Zeiten für die Berufstätigkeit.

Mit dem Aufstockungsbetrag, der während der Familienpflegezeit gezahlt wird, soll es Beschäftigten ermöglicht werden, die Betreuung eines pflegebedürftigen nahen Angehörigen zu übernehmen. Durch das steuerfinanzierte Elterngeld soll Paaren die Familiengründung erleichtert, die Wahlfreiheit zwischen den verschiedenen Lebensentwürfen unterstützt und ein Beitrag zur nachhaltigen finanziellen Sicherung von Familien geleistet werden.[960] Beide Leistungen dienen damit im Wesentlichen der besseren Vereinbarkeit von Berufstätigkeit und Familie sowie der Gleichstellung der Geschlechter im Sinn des Art. 3 Abs. 2 GG.

---

957 Vgl. *Sperlich/Arnold-Kerri/Geyer*, Bundesgesundheitsbl. 2011, 735 ff. (735).

958 *Sperlich/Arnold-Kerri/Geyer*, Bundesgesundheitsbl. 2011, 735 ff. (735).

959 Im Jahr 2022 wurden 35,5 % der Kinder vor Erreichen des dritten Lebensjahres und 92 % der Kinder zwischen dem dritten und dem sechsten Lebensjahr in Kindertageseinrichtungen betreut, abrufbar unter: https://www.bmfsfj.de/resource/blob/228470/dc2219705eeb5b8b9c117ce3f7e7bc05/kindertagesbetreuung-kompakt-ausbaustand-und-bedarf-2022-data.pdf, zuletzt abgerufen am: 26.5.2024; https://www.destatis.de/DE/Themen/Gesellschaft-Umwelt/Soziales/Kindertagesbetreuung/Publikationen/Downloads-Kindertagesbetreuung/tageseinrichtungen-kindertagespflege-5225402217004.pdf;jsessionid=CF541D1DDB466194E5B9A363DEF9F11B.live711?__blob=publicationFile, zuletzt abgerufen am: 26.5.2024.

960 BT-Drs. 16/1889, S. 1.

### 4. *Ergebnis*

Die finanzielle Situation von Eltern, die kleine Kinder betreuen und Beschäftigten, die nahe Angehörige pflegen, ist vergleichbar. Auch das Ziel des Gesetzgebers bei Einführung des Elterngelds und des zinslosen Darlehens während einer Familienpflegezeit sind nahezu deckungsgleich.[961] Ziel des Gesetzgebers ist es, jeweils die Vereinbarkeit von Berufstätigkeit und Familie beziehungsweise die Vereinbarkeit von Pflege und Erwerbstätigkeit zu verbessern.

Eine Finanzierung der Familienpflegezeit als steuerfinanzierte Sozialleistung in Anlehnung an das Elterngeld würde dieser grundsätzlichen Vergleichbarkeit Rechnung tragen. Darüber hinaus würde der in § 8 Abs. 1 SGB XI festgeschriebenen gesamtgesellschaftlichen Verantwortung für die pflegerische Versorgung der Bevölkerung Ausdruck verliehen. Auch die Bedeutung der Verantwortungsübernahme innerhalb einer Familie würde durch eine Ausgestaltung der finanziellen Unterstützung in Anlehnung an das Elterngeld deutlich.

## IV. Finanzierung im Rahmen des SGB XI

Die finanzielle Unterstützung der Beschäftigten, die ihre Arbeitszeit reduzieren, um einen nahen Angehörigen zu pflegen, könnte aus Mitteln der Pflegeversicherung erfolgen, da mit den Leistungen der gesetzlichen Pflegeversicherung die pflegerische Grundversorgung der Versicherten im Bedarfsfall sichergestellt wird.[962]

Die Einbeziehung der Lohnersatzleistungen, die während der Inanspruchnahme einer Familienpflegezeit geleistet werden, in die Leistungen des SGB XI ist möglich, wenn sie der Zielsetzung des SGB XI nicht widerspricht und die Finanzierung dieser den Sozialversicherungscharakter der Pflegeversicherung unberührt lässt. Im Folgenden wird daher zunächst untersucht, ob eine finanzielle Unterstützung der Beschäftigten, die zur Pflege eines nahen Angehörigen ihre Arbeitszeit reduzieren, mit den Zielsetzungen der Pflegeversicherung vereinbar ist. Anschließend wird geprüft, ob eine Finanzierung dieser Kosten im Rahmen des Versicherungsmodells durch Bundeszuschüsse möglich ist.

### 1. *Zielsetzung und Leistungen der Pflegeversicherung*

Durch die soziale Pflegeversicherung wird das allgemeine Lebensrisiko der Pflegebedürftigkeit als Teil der Sozialversicherung abgesichert.[963] Gemäß § 1

---

961 Siehe BT-Drs. 16/1886, S. 1 und BT-Drs. 18/3124, S. 1.

962 BT-Drs. 12/5262, S. 1 f., 80.

963 BT-Drs. 12/5262, S. 77; *Schulin*, NZS 1994, 433 ff. (436).

Abs. 4 SGB XI hat die Pflegeversicherung die Aufgabe, Pflegebedürftigen Hilfe zu leisten, die wegen der Schwere der Pflegebedürftigkeit auf solidarische Unterstützung angewiesen sind. Anders als im Rahmen der Krankenversicherung wird durch die Pflegeversicherung jedoch ausschließlich die pflegerische Grundversorgung sichergestellt.[964] Die Kosten für Unterkunft und Verpflegung sind von den Pflegebedürftigen selbst aufzubringen.[965] Auch die Ausdifferenzierung der Feststellung der Pflegebedürftigkeit durch fünf Grade durch das PSG II führt nicht zu einer Vollabsicherung des Risikos der Pflegebedürftigkeit.[966] Im Fokus der Pflegeversicherung steht, das Selbstbestimmungsrecht der Pflegebedürftigen zu unterstützen; sie gibt ihnen daher größtmögliche Wahlfreiheit über die möglichen Leistungsarten.[967] Bei Einführung der sozialen Pflegeversicherung stand darüber hinaus auch die Belastung des Systems der Sozialhilfe durch die Übernahme von Kosten für Pflege[968] – und die damit einhergehende Überlastung der Sozialhilfe – im Fokus des Gesetzgebers.[969] Die Pflegeversicherung soll also auch dazu dienen, die Finanzierung der Pflegeleistungen über die Sozialhilfe so gering wie möglich zu halten.

Die Leistungen der sozialen Pflegeversicherung werden gemäß §§ 36 ff. SGB XI in unterschiedlicher Form für häusliche Pflege, teilstationäre Pflege, Kurzzeitpflege, Tages-, Nacht- und vollstationäre Pflege erbracht. Die Höhe der Leistungen ist abhängig von dem Pflegegrad des Pflegebedürftigen und der jeweiligen Unterbringungsform. Während im Bereich der häuslichen Pflege die Leistungen der Pflegeversicherung die familiäre, nachbarschaftliche oder sonstige ehrenamtliche Pflege gemäß § 4 Abs. 2 S. 1 SGB XI lediglich ergänzen sollen, werden die Pflegebedürftigen bei teil- und vollstationärer Pflege nach § 4 Abs. 2 S. 2 SGB XI über den durch den Grad der Pflegebedürftigkeit bestimmten Betrag von den pflegerischen Aufwendungen entlastet, die für ihre Versorgung nach Art und Schwere der Pflegebedürftigkeit erforderlich sind.

Der Gesetzestext des § 4 Abs. 2 S. 1 und 2 SGB XI macht deutlich, dass der Gesetzgeber die Unterstützung innerhalb der Familie zur finanziellen

---

964 Vgl. §§ 4 Abs. 2 2. HS.; 14 Abs. 2 SGB XI; *Nebe*, djbZ 2011, 57 ff. (59); *Maschmann*, NZS 1995, 109 ff. (112), dort unter Verweis auf BT-Drs. 12/5262, S. 90.

965 § 4 Abs. 2 S. 2 2. HS. SGB XI.

966 BT-Drs. 18/5926, S. 109; *Richter*, NJW 2016, 598 ff. (599).

967 *Dalichau*, SGB XI Einführung Rn. 67.

968 In den alten Bundesländern waren etwa 80 %, in den neuen Bundesländern nahezu 100 % der der stationär versorgten Pflegebedürftigen auf Sozialhilfe angewiesen, BT-Drs. 12/5262, S. 61.

969 BT-Drs. 12/5262, S. 61 f.

Entlastung der Pflegeversicherung heranzieht.[970] Dies zeigt sich etwa durch die unterschiedliche Höhe der finanziellen Mittel, die im Rahmen der häuslichen Pflege für Pflegegeld und Pflegesachleistungen erbracht werden.[971] Der Gesetzgeber hat daher schon bei Einführung der Pflegeversicherung Unterstützung für pflegende Angehörige vorgesehen. Hierdurch sollten die Leistungen der Pflegepersonen anerkannt, aber auch einen Anreiz für die Übernahme der Pflege durch Angehörige geschaffen werden.[972] So regelt etwa § 44 Abs. 1 und 2b SGB XI die Erbringung von Leistungen zur sozialen Sicherung der Pflegeperson[973] in der gesetzlichen Rentenversicherung oder einer berufsständischen Versorgungseinrichtung sowie der Arbeitslosenversicherung. Gemäß § 44 Abs. 2a SGB XI sind Pflegepersonen, die einen Pflegebedürftigen mit mindestens Pflegegrad 2 pflegen, außerdem in den Versicherungsschutz der gesetzlichen Unfallversicherung einbezogen.[974] Mit Wirkung zum 1. Januar 2015 können Pflegebedürftige der Grade 2 bis 5 laut § 41 Abs. 3 SGB XI[975] teilstationäre Tages- und Nachtpflege zusätzlich zu ambulanten Pflegeleistungen nach §§ 36–38 SGB XI in Anspruch nehmen, ohne dass eine Anrechnung erfolgt. Nach dem Willen des Gesetzgebers soll hierdurch ein wichtiger Beitrag zur Unterstützung pflegender Angehöriger und zur Vereinbarkeit von Familie, Pflege und Beruf geleistet werden.[976]

Das SGB XI regelt damit nicht nur die Erbring von Leistungen an den Pflegebedürftigen selbst, sondern kennt bereits eine Reihe Leistungen, die der nicht erwerbsmäßig tätigen Pflegeperson zustehen.

### 2. *Gesamtgesellschaftliche Verantwortung und notwendige Eigenvorsorge der Pflegebedürftigen*

Mit Einführung der sozialen Pflegeversicherung hat der Gesetzgeber anerkannt, dass es sich bei der pflegerischen Versorgung der Bevölkerung um eine

---

970 Vgl. Udsching/Schütze/*Udsching*, § 4 SGB XI Rn. 6.

971 Siehe §§ 36 ff. SGB XI.

972 BT-Drs. 12/5262, S. 82 f.

973 Zur sozialen Absicherung der Pflegeperson siehe ausführlich oben unter Vierter Teil.

974 Die Einbeziehung erfolgt nach Maßgabe des § 2 Abs. 1 Nr. 17 SGB VII.

975 Art. 1 Nr. 11 des Ersten Gesetzes zur Stärkung der pflegerischen Versorgung und zur Änderung weiterer Vorschriften (Erstes Pflegestärkungsgesetz – PSG I) v. 17.12.2014, BGBl. 2014 I 2222.

976 BT-Drs. 18/1798, S. 27.

gesamtgesellschaftliche Aufgabe handelt.[977] Durch die Absicherung des Risikos der Pflegebedürftigkeit im Wege einer Sozialversicherung, die im Fall der Pflegebedürftigkeit eine bedürftigkeitsunabhängige pflegerische Grundversorgung der Pflegebedürftigen sicherstellen soll, wird allerdings auch die Verantwortung des Einzelnen zur Vorsorge hervorgehoben. Anders als im Rahmen der Krankenversicherung müssen die Pflegebedürftigen die Kosten für Unterkunft und Verpflegung selbst aufbringen (§ 4 Abs. 2 S. 2 2. HS SGB XI) und der Umfang der Leistungen nach §§ 36 ff. SGB XI ist jeweils begrenzt. Schließlich verdeutlichen auch die Ergänzungsfunktion, die den Leistungen der Pflegeversicherung gemäß § 4 Abs. 2 S. 1 SGB XI zukommen[978] und die Regelung zur Eigenverantwortung der Versicherten in § 6 SGB XI, wonach die Versicherten durch gesundheitsbewusste Lebensführung, durch frühzeitige Beteiligung an Vorsorgemaßnahmen und durch aktive Mitwirkung an Krankenbehandlung und Leistungen zur medizinischen Rehabilitation dazu beitragen sollen, Pflegebedürftigkeit zu vermeiden, dass die Versicherten ebenfalls in die Pflicht genommen werden. Durch § 6 SGB XI macht der Gesetzgeber deutlich, dass der Schutz der Solidargemeinschaft eine Wechselwirkung zur Eigenverantwortung des Versicherten aufweist[979] und dieser auch weiterhin zu Vorsorge und eigenverantwortlichem Handeln aufgerufen ist.[980] Durch die über § 60 Abs. 1 SGB I recht schwach ausgeprägten Sanktionsmöglichkeiten hat § 6 SGB XI allerdings hauptsächlich Appellcharakter.

Die Pflegeversicherung trägt damit gleichermaßen dem Solidaritäts- und dem Subsidiaritätsprinzip Rechnung, wonach jeder dazu berufen ist, nach seinen Möglichkeiten sowohl für sich als auch für die Gemeinschaft Verantwortung zu übernehmen.[981]

### 3. *Finanzielle Mittel der Pflegeversicherung*

#### a) *Finanzierung der Pflegeversicherung*

Bei der Finanzierung der Pflegeversicherung war für den Gesetzgeber der Äquivalenzgedanke und damit das Grundkonzept eines Versicherungssystems leitend.[982] So wird die Pflegeversicherung gemäß § 54 Abs. 1 SGB XI durch Beiträge

977 § 8 SGB XI.

978 Siehe auch Udsching/Schütze/*Udsching*, § 4 SGB XI Rn. 6; LPK-SGB XI/*Krahmer/von Kries*, § 4 Rn. 17; *Dalichau*, SGB XI § 4 Rn. 42 f.

979 Hauk/Noftz/*Schwedler*, § 6 SGB XI Rn. 4.

980 BT-Drs. 12/5262, S. 91.

981 Vgl. *Thüsing*, ZRP 2012, 145 ff. (146).

982 Vgl. zum Versicherungssystem SRH/*Schmähl*, § 4 Rn. 32 ff.

und sonstige Einnahmen finanziert; die Regelung ist deckungsgleich mit § 220 Abs. 1 S. 1 SGB V, der die Finanzierung der gesetzlichen Krankenversicherung regelt. Ein Zuschuss des Bundes, wie er nach § 20 Abs. 1 SGB IV für die Finanzierung der Sozialversicherung möglich ist, wird für die Finanzierung der Pflegeversicherung nicht geregelt; ein im Gesetzentwurf noch vorgesehener Bundeszuschuss wurde im Gesetzgebungsverfahren ersatzlos gestrichen.[983] Eine finanzielle staatliche Beteiligung ist damit, anders als in § 221 SGB V für die Finanzierung der gesetzlichen Krankenversicherung nicht gegeben.[984] Gemäß § 221 SGB V beteiligt sich der Bund durch eine pauschale Abgeltung an den Aufwendungen der Krankenkassen für versicherungsfremde Leistungen.[985]

Die Finanzierung der Pflegeversicherung erfolgt – wie in den anderen Sozialversicherungszweigen – im Wege des Umlageverfahrens.[986] Die Beiträge der Versicherungspflichtigen werden gemäß § 54 Abs. 1 S. 2 SGB XI einnahmebezogen bis zum Erreichen der Beitragsbemessungsgrenze erhoben.[987] Darüber hinaus fallen keine Alters- oder Risikozuschläge an und auch Versicherungspflichtige, die pflegebedürftig sind und bereits Leistungen beziehen, haben weiterhin Beiträge zu leisten.[988] Die Leistungen für die Leistungsbezieher werden damit durch Beitragszahler finanziert, die durch ihre Beiträge eine Anwartschaft auf zukünftige Leistungen erwerben; für die zukünftige Finanzierung ist damit das Hinzukommen neuer Beitragszahler erforderlich.[989] Eine Finanzierung im Wege der Kapitaldeckung wurde auch für die soziale Pflegeversicherung nicht eingeführt. Um die aufgrund der demografischen Entwicklung[990] erwarteten steigenden Kosten für die pflegerische Versorgung gerechter auf die

983 BT-Drs. 12/5262, S. 24. LPK-SGB XI/*Hoenig*, § 54 Rn. 3.

984 *Dalichau*, SGB XI Einführung Rn. 18.

985 Hierzu werden pro Jahr 14,5 Milliarden Euro an den Gesundheitsfonds geleistet.

986 § 54 Abs. 1 SGB XI; BT-Drs. 12/5262, S. 121; SRH/*Schmähl*, § 4 Rn. 50.

987 Der Beitragssatz beträgt gemäß § 55 Abs. 1 SGB XI bundeseinheitlich 3,05 Prozent, für kinderlose ab Erreichen des 23. Lebensjahres gemäß § 55 Abs. 3 SGB XI 0,25 Prozentpunkte mehr, also 3,3 Prozent. Diese Beitragserhöhung für Kinderlose geht auf ein Urteil des BVerfG v. 3.4.2001, Az. 1 BvR 1629/94, BVerfGE 103, 242 ff. zurück. Darin hatte das BVerfG dem Bundesgesetzgeber aufgegeben, eine Regelung zu schaffen, die die Bedeutung der Kindererziehung für die Aufrechterhaltung des Leistungssystems der Pflegeversicherung berücksichtigt. Siehe etwa *Ruland*, NJW 2001, 1673 ff.

988 KassKomm/*Peters*, SGB XI, § 54 Rn. 5.

989 SRH/*Schmähl*, § 4 Rn. 48 ff.; *Ruland*, NJW 2001, 1673 ff. (1673).

990 Der Gesetzgeber geht davon aus, dass bei unveränderter altersspezifischer Pflegewahrscheinlichkeit die Zahl der Pflegebedürftigen bis zum Jahr 2030 von rund

Generationen zu verteilen und der Gefahr einer Beschränkung des Leistungsniveaus zu begegnen,[991] wurde durch das Erste Gesetz zur Stärkung der pflegerischen Versorgung und zur Änderung weiterer Vorschriften (PSG I) vom 17. Dezember 2014[992] mit §§ 131 ff. SGB XI ein Pflegevorsorgefonds als Sondervermögen errichtet. Diesem Fonds wird gemäß § 135 SGB XI seit 20. Februar 2015 bis Dezember 2033 durch das Bundesversicherungsamt monatlich ein Betrag zugeführt, der 1/12 von 0,1 % der beitragspflichtigen Einnahmen der sozialen Pflegeversicherung des Vorjahres entspricht. Die Mittel des Fonds dürfen ab dem Jahr 2035 ausschließlich zur Stabilisierung des Beitragssatzes verwendet werden.[993] Gemäß § 136 S. 2 SGB XI ist die jährliche Zuweisung an den Ausgleichsfonds auf den 20. Teil des Realwerts des Pflegevorsorgefonds am 31. Dezember 2034 begrenzt. Der Gesetzgeber geht daher davon aus, dass aus dem Fonds bis mindestens 31. Dezember 2054 Mittel zur Verfügung stehen. Der Pflegevorsorgefonds gilt nach § 139 SGB XI als aufgelöst, wenn alle Mittel des Sondervermögens an den Ausgleichsfonds ausgezahlt wurden.

Die Einrichtung eines Pflegevorsorgefonds steht dem Versicherungscharakter des SGB XI nicht entgegen,[994] denn aus der Ausgestaltung als Sozialversicherung folgt „[…] nicht zwingend das in diesem Gesetz vorgesehene Umlageverfahren. Auch ein Finanzierungssystem, dem die Bildung eines Kapitalstocks zugrunde läge, wäre mit dem Versicherungsgedanken […] vereinbar, […].[995]

Für die Finanzierung der Pflegekassen steht mit dem Ausgleichsfonds nach § 65 SGB XI ein Instrument zur Durchführung des Finanzausgleichs zwischen den Pflegekassen nach § 66 Abs. 1 S. 2 SGB XI zur Verfügung.[996] Gemäß § 66 Abs. 1 S. 1 SGB XI sind die Leistungsaufwendungen und die Verwaltungskosten

2,5 Mio. auf etwa 3,5 Mio. und in den darauffolgenden zwei Jahrzehnten auf über 4 Millionen ansteigen wird. BT-Drs. 18/1798 S. 18.

991 BT-Drs. 18/1798, S. 1 f., 42. Da der demografische Wandel unter sonst gleichbleibenden Rahmenbedingungen zu steigenden Beitragssätzen führen würde, würden durch die Einrichtung eines Pflegevorsorgefonds die im Zeitverlauf deutlich steigenden Leistungsausgaben gerechter auf die Generationen verteilt und künftige Generationen von steigenden Pflegeversicherungsbeiträgen teilweise entlastet. (BT-Drs. 18/1798, S. 18).

992 BGBl. 2014 I 2222.

993 § 136 SGB XI.

994 Vgl. *Breyer*, ZVersWiss 2016, 445 ff. (455).

995 *Schulin*, NZS 1994, 433 ff. (434).

996 BT-Drs. 12/5262, S. 130; LPK-SGB XI/*Hoenig*, § 65 Rn. 6.

der Pflegekassen von allen Pflegekassen nach dem Verhältnis ihrer Beitragseinnahmen zu tragen. Der Finanzausgleich trägt dem Umstand Rechnung, dass ein bundeseinheitlicher Beitragssatz für die Pflegeversicherung gilt; es kann somit zu einer Situation kommen, in der einer Pflegekasse überproportional viele Leistungsempfänger angehören, sodass die Ausgaben nicht durch die Beitragseinnahmen gedeckt werden.[997] Auch für die Finanzierung des Ausgleichsfonds war im Gesetzentwurf ein Bundeszuschuss vorgesehen, der im Gesetzgebungsverfahren ersatzlos gestrichen wurde.[998]

#### b) *Einbeziehung der finanziellen Unterstützung während der Familienpflegezeit in die Leistungen der Pflegeversicherung*

Auch wenn § 20 Abs. 1 SGB IV keine abschließende Regelung zur Finanzierung der Sozialversicherung enthält,[999] konkretisiert diese Regelung Art. 120 Abs. 1 S. 4 GG, wonach der Bund die Zuschüsse zu den Lasten der Sozialversicherung mit Einschluss der Arbeitslosenversicherung und der Arbeitslosenhilfe trägt. Nach § 20 Abs. 1 SGB IV werden die Mittel für die Sozialversicherung durch Beiträge der Versicherten, der Arbeitgeber und Dritter, durch staatliche Zuschüsse und durch sonstige Einnahmen aufgebracht. Staatliche Zuschüsse aus Steuermitteln werden etwa in der Krankenversicherung der Landwirte (§ 37 Abs. 2 und 3 KVLG 1989), in der Künstlersozialversicherung (§§ 10, 34 KSVG), in der Arbeitsförderung (§§ 363–365 SGB III), in der Altershilfe für Landwirte (§§ 66 Abs. 2, 78, 127 ALG) und in der gesetzlichen Rentenversicherung (§§ 153 Abs. 2, 213 ff. SGB VI) geleistet. An der Einstufung der unterschiedlichen Leistungen als Sozialversicherung ändern die staatlichen Zuschüsse nichts. Die Einstufung als Sozialversicherung wäre erst dann betroffen, wenn die staatlichen Zuschüsse aus Steuermitteln zur „maßgebenden und bestimmenden Finanzierungsquelle“[1000] würden. „[…E]ine durchaus erhebliche dauerhafte oder eine kurzfristige überwiegende Finanzierung aus Steuermitteln [ist dagegen nicht von vornherein ausgeschlossen].“[1001]

Damit könnten die finanziellen Mittel, die die Pflegekassen für die Finanzierung der finanziellen Unterstützung der nahen Angehörigen, die eine Familienpflegezeit in Anspruch nehmen, benötigen über einen Bundeszuschuss[1002]

997 LPK-SGB XI/*Richter*, 5. Aufl. 2017, § 66 Rn. 5.
998 Vgl. BT-Drs. 12/5262, S. 30.
999 KassKomm/*Zieglmeir*, § 20 SGB IV Rn. 2.
1000 SRH/*Axer*, § 15 Rn. 71.
1001 SRH/*Axer*, § 15 Rn. 71.
1002 Siehe Art. 120 Abs. 1 S. 4 GG.

aus Steuermitteln und nicht nur durch die Beiträge der Versicherungspflichtigen zur Verfügung gestellt werden.

### 4. *Ergebnis*

Die Finanzierung des Aufstockungsbetrags für Beschäftigte, die Ihre Erwerbstätigkeit im Rahmen einer Familienpflegezeit zur Pflege eines nahen Angehörigen reduzieren, könnte aus Mitteln der Pflegeversicherungen erfolgen. Wie bei den übrigen Leistungen der Pflegeversicherung, würde es auch bei der finanziellen Absicherung der erwerbstätigen Pflegeperson, die einen pflegebedürftigen nahen Angehörigen pflegt und dafür ihre Erwerbstätigkeit reduziert hat, um eine Leistung handeln, die der Sicherstellung der pflegerischen Versorgung der Pflegebedürftigen dient.

Mit der sozialen Absicherung der Pflegepersonen nach § 44 SGB XI erbringt die Pflegeversicherung schon de lege lata Leistungen, die direkt der Pflegeperson zu Gute kommen. Gemäß § 44 Abs. 1 S. 1 SGB XI haben die Pflegekassen und die Versicherungsunternehmen, bei denen eine private Pflegeversicherungen besteht, Beiträge für die Pflegeperson an die gesetzliche Rentenversicherung oder gemäß § 44 Abs. 2 SGB XI an eine berufsständische Versorgungseinrichtung zu entrichten. Diese Leistung der Pflegeversicherung wird, obwohl sie direkt der Pflegeperson und nicht dem Pflegebedürftigen zugutekommt als Leistung an die Pflegeperson eingeordnet. Begründet wird dies damit, dass durch diese Leistung die häusliche Pflege des Pflegebedürftigen ermöglicht wird.[1003] Dieses Argument würde auch für die Finanzierung des Aufstockungsbetrags während der Inanspruchnahme einer Familienpflegezeit greifen, denn auch die Reduzierung der Arbeitszeit ermöglicht die Erbringung von Pflege für den pflegebedürftigen nahen Angehörigen und ermöglicht die Wahrnehmung von beziehungsweise die Aufrechterhaltung der häuslichen Pflege. Die finanziellen Mittel, mit denen die Pflegeversicherung die Lohnersatzleistungen während der Familienpflegezeit erbringen würde, könnten der Pflegeversicherung aus Steuermitteln im Wege eines Bundeszuschusses nach § 20 Abs. 1 SGB IV zur Verfügung gestellt werden, ohne den Versicherungscharakter der sozialen Pflegeversicherung zu gefährden.

Die finanzielle Absicherung der erwerbstätigen Pflegepersonen wäre auch von den Zielen der Pflegeversicherung gedeckt; sie kann dazu beitragen, das Potential an häuslicher Pflege auch zukünftig aufrecht zu erhalten.

---

1003 Klie/Krahmer/*Gallon*, § 44 SGB XI Rn. 5.

## V. Fazit

Die finanzielle Unterstützung der erwerbstätigen Pflegepersonen, die ihre Arbeitszeit im Rahmen einer Familienpflegezeit reduziert haben, um einen pflegebedürftigen nahen Angehörigen zu betreuen, könnte auf unterschiedlichen Wegen erreicht werden. Die Finanzierung über eine Verpflichtung der Arbeitgeber zur Lohnfortzahlung während des Zeitraums der Freistellung ist jedoch nicht möglich. Denn die Regelungen, nach denen der Arbeitgeber de lege lata eine Lohnfortzahlung zu erbringen hat, sind zeitlich auf wenige Wochen begrenzt. Diese Regelungen tragen dem Umstand Rechnung, dass es sich bei einem Arbeitsverhältnis um ein Dauerschuldverhältnis handelt, sodass zum Einen Ausfälle des Arbeitnehmers bereits in die Vergütungsvereinbarung eingeflossen sind, zum Anderen profitiert der Arbeitgeber zu einem nicht unwesentlichen Teil von der Arbeitskraft seiner Beschäftigten und soll daher – in gewissem Umfang – auch die Verantwortung für deren persönliche Verhältnisse übernehmen. Eine Pflicht zur Lohnfortzahlung während der Inanspruchnahme einer 24-monatigen Familienpflegezeit würde über diese Grundsätze jedoch weit hinausgehen und in die Berufsfreiheit der Arbeitgeber aus Art. 12 Abs. 1 GG eingreifen.

Eine Finanzierung des Aufstockungsbetrags könnte jedoch – wie auch durch das FPfZG 2012 vorgesehen – über Wertguthaben nach §§ 7b ff. SGB IV erfolgen. Für die Finanzierung einer Familienpflegezeit kann auch nach in Kraft treten des Gesetzes zur besseren Vereinbarkeit von Familie, Pflege und Beruf – mit dem die Finanzierung im Rahmen eines Wertguthabens aufgehoben wurde – ein Wertguthaben nach §§ 7b ff. SGB IV genutzt werden. Wertguthabenvereinbarungen werden häufig gezielt für die Finanzierung eines Sabaticals oder zur Ermöglichung eines früheren Ausscheidens aus dem Berufsleben geschlossen und werden von einem Großteil der Arbeitgeber nicht angeboten.[1004] Daher ist zu erwarten, dass für die Finanzierung einer Familienpflegezeit häufig kein ausreichendes Wertguthaben vorhanden ist, sodass sie über ein Wertguthaben erfolgen muss, das sich (zunächst) ins Negative entwickelt oder der Abschluss einer Wertguthabenvereinbarung vom Arbeitgeber überhaupt nicht angeboten wird. Darüber hinaus trägt der Beschäftigte die finanziellen Belastungen der Familienpflegezeit bei einer Finanzierung über ein Wertguthaben im Wesentlichen allein. Bei einer Finanzierung über ein

---

1004 *Woitschak*, Optionszeiten auf Basis von Lanzeitkonten, S. 23 ff., abrufbar unter: https://www.boeckler.de/fpdf/HBS-006842/p_fofoe_WP_057_2018.pdf, zuletzt abgerufen am: 26.5.2024.

Wertguthaben, das sich zunächst ins Negative entwickelt, trägt der Arbeitgeber das Risiko, dass der Beschäftigte das Wertguthaben nicht wieder ausgleicht. Diese Art der Finanzierung ist damit sowohl für die Beschäftigten, als auch die Arbeitgeber unattraktiv. Insbesondere die rechtlichen und finanziellen Schwierigkeiten, die sich stellen, wenn das Beschäftigungsverhältnis in der sog. „Nachpflegephase" endet, bevor das Wertguthaben ausgeglichen wird, zeigen jedoch, dass sich Wertguthaben nicht zur flächendeckenden Finanzierung des Aufstockungsbetrags während der Inanspruchnahme einer Familienpflegezeit eignen. Dem ist auch der Gesetzgeber begegnet, in dem er die Finanzierung des Aufstockungsbetrags zum 1. Januar 2015 als zinsloses Darlehen ausgestaltet hat.

Die Finanzierung eines Aufstockungsbetrags im Wege eines Familienpflegegeldes, das sich an den Regelungen und Modalitäten des Elterngelds nach §§ 1 ff. BEEG orientiert, würde der gesamtgesellschaftlichen Verantwortung für die Sicherstellung der Pflege Rechnung tragen. Wie auch bei der Inanspruchnahme des Elterngeldes würde das Familienpflegegeld auf Antrag ausbezahlt und aus allgemeinen Steuermitteln finanziert. Es müsste eine, mit den Elterngeldstellen vergleichbare Struktur aufgebaut werden.

Schließlich könnte ein Aufstockungsbetrag für Beschäftigte, die ihre Erwerbstätigkeit einschränken, um einen nahen Angehörigen zu pflege auch im Rahmen der Leistungen des SGB XI erbracht werden. Der Aufstockungsbetrag dient der Sicherstellung der pflegerischen Versorgung der Pflegebedürftigen und damit dem Ziel des SGB XI. Die Leistung eines Aufstockungsbetrags würde sich den Leistungen zur sozialen Absicherung der Pflegepersonen nach §§ 44 f. SGB XI anschließen. Hier erbringt die Pflegeversicherung bereits de lege lata Leistungen, die direkt der Pflegeperson zugutekommen. Darüber hinaus könnten die Mittel zur Finanzierung des Aufstockungsbetrags (teilweise) aus allgemeinen Steuermitteln zur Verfügung gestellt werden, ohne dass die soziale Pflegeversicherung ihren Charakter als Sozialversicherung verlöre.

Die Finanzierung des Aufstockungsbetrags im Rahmen der Pflegeversicherung hätte damit den Vorteil, sich in die bereits bestehende Struktur einzupassen und das Regime zur Sicherstellung der Pflege zu ergänzen. Anders als bei einer Finanzierung, die sich am Elterngeld orientiert, könnten Doppelstrukturen vermieden werden. Die finanzielle und soziale Absicherung der Pflegepersonen würde damit einheitlich geregelt und vollzogen werden.

## E. Bewertung

Beschäftigte, die ihre Arbeitszeit reduzieren, um einen nahen Angehörigen zu pflegen, nehmen neben der vorübergehenden Minderung ihres Erwerbseinkommens – zu der es trotz der Aufstockung durch ein zinsloses Darlehen des BAFzA kommt – auch eine Minderung ihrer Rentenanwartschaften in Kauf. Die Übernahme der Pflege hängt daher häufig von der finanziellen Situation der Beschäftigten ab und kann nicht immer realisiert werden. Das Ziel des Gesetzgebers, häusliche Pflege dauerhaft zu stärken, kann nur erreicht werden, wenn nicht nur die soziale Absicherung der Pflegeperson sichergestellt wird sondern auch die finanziellen Einbußen während der Übernahme der Pflege reduziert werden.

Auch wenn weder aus dem Schutz von Ehe und Familie aus Art. 6 Abs. 1 GG noch aus dem Gleichheitsrecht des Art. 3 Abs. 2 S. 2 GG die Pflicht des Staates folgt, eine finanzielle Unterstützung der pflegenden Angehörigen im Rahmen der Familienpflegezeit vorzusehen, lässt sich eine solche ohne weiteres durch verfassungsrechtliche Verpflichtungen des Staates rechtfertigen. Allerdings stellt das de lege lata gemäß § 3 FPfZG vorgesehene zinslose Darlehen des BAFzA tatsächlich nur eine geringfügige finanzielle Unterstützung dar, da die Beschäftigten das Darlehen im Anschluss an die Familienpflegezeit zurückzahlen müssen und lediglich der nach § 488 Abs. 1 S. 2 BGB grundsätzlich anfallende Zinssatz entfällt. Dies führt dazu, dass sich die Höhe der finanziellen Einschränkung während der Familienpflegezeit dadurch verringert, dass sie über einen längeren Zeitraum erstreckt wird.

Eine effiziente finanzielle Unterstützung für Beschäftigte, die eine Familienpflegezeit in Anspruch nehmen, um einen nahen Angehörigen zu pflegen, könnte auf mehreren Wegen erfolgen. Neben der finanziellen Unterstützung durch Lohnfortzahlungen des Arbeitgebers und einer Finanzierung über die Inanspruchnahme von Wertguthaben, könnte die Zahlung eines „Familienpflegegeldes“ vergleichbar dem Elterngeld eingeführt werden. Schließlich könnte die finanzielle Unterstützung, die Beschäftigte während der Inanspruchnahme einer Familienpflegezeit erhalten, über Leistungen des SGB XI erfolgen. Die Einführung einer Lohnfortzahlung würde allein von den Arbeitgebern finanziert und verstieße daher gegen deren Berufsfreiheit aus Art. 12 GG. Demgegenüber tragen zu einem Großteil die Beschäftigten die finanzielle Last, wenn die Aufstockung des Arbeitsentgelts über ein Wertguthaben erfolgt. Die finanzielle Unterstützung durch die Einführung eines „Familienpflegegeldes“ in Anlehnung an das Elterngeld, würde allein aus Steuermitteln finanziert. Eine Finanzierung im Rahmen der Pflegeversicherung würde sich in das bereits bestehende System zur Finanzierung und Bereitstellung der Pflege einfügen und die soziale und finanzielle Absicherung der Pflegepersonen einheitlich regeln.

# Fünfter Teil: Endergebnis

Durch das Familienpflegezeitgesetz in Verbindung mit den Regelungen des Pflegezeitgesetzes, soll es Beschäftigten ermöglicht werden, ihre Arbeitszeit vorübergehend zu reduzieren, um einen pflegebedürftigen nahen Angehörigen zu pflegen. Neben den arbeitsrechtlichen Grundlagen ist im Wesentlichen die finanzielle Unterstützung der Beschäftigten in Familienpflege- beziehungsweise Pflegezeit durch ein zinsloses Darlehen des BAFzA geregelt.

Die Unterstützung Beschäftigter bei der Pflege naher Angehöriger, stärkt den in § 3 SGB XI festgeschriebenen Vorrang der häuslichen Pflege. Dieser entspricht sowohl dem Wunsch der meisten Pflegebedürftigen, die so lange wie möglich selbstbestimmt in ihrer gewohnten Umgebung verbringen, als auch der Vorstellung vieler naher Angehöriger, die die Pflege selbst übernehmen möchten. Gleichzeitig führen der fortschreitende demografische Wandel, die damit einhergehende wachsende Zahl alleinstehender oder alleinlebender Personen, die weiter zunehmende Zahl von Zweiverdienerhaushalten sowie die steigende Zahl vollzeitbeschäftigter Frauen dazu, dass die Anzahl naher Angehöriger, die zur Übernahme der Pflege bereit beziehungsweise in der Lage sind, zukünftig abnehmen wird. Eine dauerhafte stationäre Pflege eines Großteils der Pflegebedürftigen ist weder personell noch finanziell zu gewährleisten. Die pflegerische Versorgung der Bevölkerung kann dauerhaft nur sichergestellt werden, wenn die Pflege durch Angehörige, die ambulante Versorgung durch Pflegefachkräfte und die stationäre Pflege ineinandergreifen. Diese pflegerische Versorgungsstruktur wurde bereits in § 8 Abs. 2 SGB XI festgehalten und in § 8 Abs. 1 SGB XI als gesamtgesellschaftliche Aufgabe beschrieben.

Mit der Einführung des Pflegezeitgesetzes zum 1. Juli 2008 wurde für Beschäftigte, die einen nahen Angehörigen pflegen, ein Anspruch eingeführt, ihre Arbeitszeit bis zu sechs Monate (komplett) zu reduzieren. Mit dem Familienpflegezeitgesetzt zum 1. Januar 2012 folgten Regelungen, die eine auf maximal 24 Monate befristete Reduzierung der Arbeitszeit ermöglichen. Zum 1. Januar 2015 wurde – zumindest in Betrieben mit mehr als 25 Beschäftigten – ein Rechtsanspruch auf diese Reduzierung eingeführt. Der Rechtsanspruch auf eine Familienpflegezeit, stellt dabei einen gerechtfertigten Eingriff in die von Art. 12 Abs. 1 GG geschützte Berufsfreiheit der Arbeitgeber dar, da der Gesetzgeber seiner besonderen Schutzpflicht für Ehe und Familie aus Art. 6 Abs. 1 GG nachkommt und auch die Interessen der Arbeitgeber Berücksichtigung finden, indem dringende betriebliche Gründe in die Entscheidung einfließen.

Durch das Gesetz zur besseren Vereinbarkeit von Familie, Pflege und Beruf,[1005] das zum 1. Januar 2015 in Kraft getreten ist, wurden Pflege- und Familienpflegezeit zwar miteinander verzahnt. Die Regelungen sind jedoch nach wie vor in zwei Gesetzten enthalten und für die Inanspruchnahme von Pflege- und Familienpflegezeit müssen unterschiedliche Voraussetzungen erfüllt sein. So ist ein Anspruch auf Pflegezeit in Betrieben mit in der Regel mehr als 15 Beschäftigten, ein solcher auf Familienpflegezeit in Betrieben mit in der Regel mehr als 25 Beschäftigten gegeben.[1006] Auch die von den Beschäftigten einzuhaltenden Ankündigungsfristen weichen mit zehn Tagen (§ 3 Abs. 3 S. 1 PflegeZG) beziehungsweise acht Wochen (§ 2 Abs. 1 FPfZG) erheblich voneinander ab. Schließlich sind unterschiedliche Ankündigungsfristen zu beachten, je nachdem, ob eine Familienpflege- auf eine Pflegezeit folgen soll oder umgekehrt. Folgt eine Familienpflegezeit auf eine Pflegezeit, muss dies spätestens drei Monate vor Beginn der Familienpflegezeit angekündigt werden (§ 3 Abs. 3 S. 5 PflegeZG), im umgekehrten Fall muss die Ankündigung acht Wochen (§ 3 Abs. 3 S. 6 PflegeZG) vor Beginn der Pflegezeit erfolgen. Weitere unterschiedliche Ankündigungsfristen, die die Rechtslage für Beschäftigte und Arbeitgeber unübersichtlich machen, kommen durch die Möglichkeit der Teilzeitarbeit während der Elternzeit nach § 15 Abs. 7 BEEG und eine zeitlich begrenzte Verringerung der Arbeitszeit nach § 9a TzBfG hinzu.

Die entscheidenden Debatten wurden bei Einführung des Familienpflegezeitgesetzes hinsichtlich des nunmehr bestehenden Rechtsanspruchs und der finanziellen Unterstützung der pflegenden Beschäftigten geführt. Ein Rechtsanspruch auf Inanspruchnahme einer Familienpflegezeit wurde durch das Gesetz zur besseren Vereinbarkeit von Familie, Pflege und Beruf vom 23. Dezember 2014 in Betrieben mit in der Regel mehr als 25 Beschäftigten

1005 BGBl. 2014 I 2462.

1006 Ein Anspruch auf eine zeitlich befristete Verringerung der Arbeitszeit (sog. Brückenteilzeit) nach § 9a TzBfG besteht in Betrieben mit in der Regel mehr als 45 Arbeitnehmern, ein Anspruch auf Verringerung der Arbeitszeit gemäß § 8 TzBfG nur in Unternehmen beziehungsweise Betrieben mit in der Regel mehr als 15 Arbeitnehmern, Teilzeit während der Elternzeit kann gemäß § 15 Abs. 7 Nr. 1 BEEG ebenfalls in Betrieben mit in der Regle mehr als 15 Arbeitnehmern durchgesetzt werden. Schließlich besteht der Anspruch auf Verringerung der Arbeitszeit gemäß § 8 TzBfG nur in Unternehmen beziehungsweise Betrieben gegenüber Arbeitgebern mit in der Regel mehr als 15 Arbeitnehmern; ein Anspruch auf zeitlich befristete Verringerung der Arbeitszeit nach § 9a TzBfG nur, wenn der Arbeitgeber in der Regel mehr als 45 Arbeitnehmer beschäftigt.

eingeführt. Die finanzielle Unterstützung pflegender Beschäftigter, die eine Familienpflegezeit in Anspruch nehmen, war mit Einführung des FPfZG 2012 über die Einrichtung eines Wertguthabens, das sich zunächst ins Negative entwickelte vorgesehen (§ 3 Abs. 1 Nr. 1 b) aa) FPfZG a.F.). Arbeitgeber konnten zur Finanzierung des Wertguthabens ein zinsloses Darlehen des BAFzA in Anspruch nehmen. Mit dem Gesetz zur besseren Vereinbarkeit von Familie, Pflege und Beruf wurde die finanzielle Unterstützung für Beschäftigte, die eine Familienpflegezeit in Anspruch nehmen unabhängig vom Arbeitgeber ausgestaltet (§ 3 Abs. 1 FPfZG). Beschäftigten, die ihre Arbeitszeit im Rahmen einer Familienpflege- oder Pflegezeit reduzieren, um einen nahen Angehörigen zu pflegen, gewährt das BAFzA nunmehr auf Antrag ein zinsloses Darlehen. Gemäß § 3 Abs. 2 FPfZG wird das Darlehen monatlich in Höhe der Hälfte der Differenz zwischen den pauschalierten monatlichen Nettoentgelten vor und während der Familienpflege- beziehungsweise Pflegezeit ausbezahlt. Wird das zinslose Darlehen zur Finanzierung einer Pflegezeit nach § 3 PflegeZG in Anspruch genommen, ist die monatliche Darlehensrate nach § 3 Abs. 4 FPfZG auf den Betrag begrenzt, der bei einer durchschnittlichen Arbeitszeit während einer Familienpflegezeit von 15 Wochenstunden zu gewähren wäre.

Durch die Ausgestaltung der finanziellen Unterstützung als zinsloses Darlehen, haben Beschäftigte, die eine Familienpflege- oder Pflegezeit in Anspruch nehmen, die finanziellen Einbußen, die durch die Reduzierung der Arbeitszeit auftreten, größtenteils allein zu tragen. Die Auszahlung des Darlehensbetrages durch das BAFzA und die anschließende Rückzahlung der Darlehenssumme führen dazu, dass den Beschäftigten während der Familienpflegezeit etwa 75 % des Nettoarbeitsentgelts zur Verfügung stehen, das sie vor Inanspruchnahme der Familienpflegezeit erhalten haben. Allerdings bleibt diese Einschränkung im Wesentlichen auch nach dem Ende der Familienpflegezeit bis zu dem Zeitpunkt bestehen, an dem die komplette Darlehenssumme an das BAFzA zurückgezahlt worden ist. Die Inanspruchnahme des zinslosen Darlehens ist daher weiterhin sehr gering. In den Jahren 2015 bis 2019 hatten 760 Personen, die eine Pflegezeit in Anspruch genommen haben, einen Antrag auf ein zinsloses Darlehen des BAFzA gestellt. Für die Familienpflegezeit wurden im gleichen Zeitraum 510 Anträge beim BAFzA gestellt.[1007] Damit Beschäftigte ihre Arbeitszeit zur Pflege eines nahen Angehörigen auch tatsächlich reduzieren können, muss die finanzielle Unterstützung während Familienpflege- und Pflegezeit an den Bedürfnisse der Beschäftigten ausgerichtet sein und zu einer auch langfristig

1007 BT-Drs. 19/18378, S. 3.

spürbaren Abfederung finanzieller Einbußen beitragen. Die aktuelle Ausgestaltung als zinsloses Darlehen erfüllt diese Anforderungen nicht.

Eine finanzielle Unterstützung für Beschäftigte, die ihre Arbeitszeit reduzieren kann auf unterschiedlichen Wegen realisiert werden. So könnte etwa eine Verpflichtung der Arbeitgeber zur Lohnfortzahlung bei der Inanspruchnahme von Familienpflege- beziehungsweise Pflegezeit eingeführt werden. Diese Form einer finanziellen Unterstützung für pflegende Beschäftigte würde allerdings einen Eingriff in die Berufsfreiheit der Arbeitgeber aus Art. 12 Abs. 1 GG darstellen, der nicht gerechtfertigt werden kann. Die regelhafte Finanzierung der finanziellen Unterstützung über die Inanspruchnahme von Wertguthaben nach § 7b ff. SGB IV wirft eine Reihe rechtlicher und tatsächlicher Probleme auf und wurde vom Gesetzgeber bereits verworfen. Etwa ist aufgrund der geringen Verbreitung von Wertguthaben bei Beginn der Freistellung zur Pflege regelmäßig kein ausreichendes Wertguthaben aufgebaut. Der Arbeitgeber muss den Betrag somit im Rahmen eines Wertguthabens, das sich zunächst ins Negative entwickelt vorfinanzieren und das Wertguthaben wird erst im Anschluss ausgeglichen. Probleme stellen sich hier, wenn das Arbeitsverhältnis vor dem Ausgleich des Wertguthabens beendet wird oder das Wertguthaben aus anderen Gründen nicht ausgeglichen werden kann. Ein weitverbreiteter Vorschlag ist eine finanzielle Unterstützung während der Pflege eines nahen Angehörigen in Anlehnung an das Elterngeld nach dem BEEG zu finanzieren und ein Familienpflegegeld einzuführen. Des Weiteren kommt die Finanzierung der finanziellen Unterstützung für pflegende Beschäftigte, die eine Familienpflege- oder Pflegezeit in Anspruch nehmen, im Rahmen des SGB XI in Betracht. Dies hätte den Vorteil, dass Regelungen, die die Finanzierung von Pflege betreffen, in einem Gesetz gebündelt werden und Synergieeffekt mit anderen Pflegemodellen, wie etwa der Tages- und Nachtpflege beziehungsweise der Kurzzeitpflege nach §§ 41, 42 SGB XI, besser genutzt werden könnten.

Beschäftigten, die ihre Arbeitszeit im Rahmen einer Familienpflege- beziehungsweise Pflegezeit reduzieren, stellen damit die Pflege eines nahen Angehörigen sicher. Die Absicherung des Pflegerisikos war zentrales Anliegen des Gesetzgebers bei Einführung der sozialen Pflegeversicherung.[1008] Darüber hinaus sind dem SGB XI Leistungen, die direkt der Pflegeperson und nicht dem Pflegebedürftigen zu Gute kommen, nicht fremd. So hat der Gesetzgeber mit § 44 SGB XI bereits bei Einführung des SGB XI eine Regelung geschaffen, mit

---

1008 BT-Drs. 12/5262, S. 2.

der eine Unterstützung zur sozialen Absicherung der Pflegeperson geleistet und so ein Anreiz zur Übernahme der Pflege gesetzt werden sollte.

Bei der gebotenen Weiterentwicklung von Familienpflege- und Pflegezeit, sollten die beiden Freistellungsarten in einem Gesetz zusammengefasst werden. Darüber hinaus müssen einheitliche Voraussetzungen für die Inanspruchnahme festgelegt werden. Insbesondere sollten unterschiedliche Ankündigungsfristen angeglichen werden, um zu verhindern, dass eine Verbindung von Familienpflege- und Pflegezeit wegen einer versäumten Frist nicht möglich ist. Hinsichtlich der Stärkung der Übernahme der Pflege durch nahe Angehörige muss eine tragfähige finanzielle Unterstützung der pflegenden Beschäftigten, die eine Familienpflege- oder Pflegezeit in Anspruch nehmen eingeführt werden. Diese sollte – wie bereits existierende Unterstützungsleistungen – im Rahmen des SGB XI durch Leistungen der sozialen Pflegeversicherung erbracht werden.

# Literaturverzeichnis


| | |
|---|---|
| Appelt, Frank Dieter | Der Elternunterhalt – Aktueller Rechtszustand und Reformdiskussion, Dissertation, Tübingen, 2007 |
| Backes, Gertrud | Alter(n) als gesellschaftliches Problem? – Zur Vergesellschaftung des Alter(n)s im Kontext der Modernisierung, Springer Verlag Wiesbaden, 1997 |
| Backes, Gertrud | Zwischen Erwerbsarbeit und häuslicher Pflege. Perspektiven der Vereinbarkeit für Männer und Frauen in Deutschland, in: Gerhard Naegele und Monika Reichert (Hrsg.): Vereinbarkeit von Erwerbstätigkeit und Pflege. Nationale und internationale Perspektive, Band I, (1998), S. 107 ff. |
| Backes, Gertrud/Clemens, Wolfgang | Lebensphase Alter – Eine Einführung in die sozialwissenschaftliche Alternsforschung, Juventa Verlag Weinheim, 3. Auflage 2008 |
| Backes, Gertrud/Amrhein, Ludwig/ Wolfinger, Martina | Gender in der Pflege – Herausforderrungen für die Politik, Expertise im Auftrag der Friedrich-Ebert-Stiftung, Bonn, 2008 |
| Beck, Brigitte/Naegele, Gerhard/ Reichert, Monika/Dallinger, Ursula | Vereinbarkeit von Erwerbstätigkeit und Pflege Hrsg. Bundesministerium für Familie, Frauen, Senioren und Jugend Verlag W. Kohlhammer, Stuttgart, Berlin, Köln, 1997 |
| Bereiter-Hahn, Werner/Mehrtens, Gerhard | Gesetzliche Unfallversicherung – Siebtes Buch, Sozialgesetzbuch – Handkommentar, Erich Schmidt Verlag, Berlin, Loseblattsammlung, Nachlieferung Nr. 2/24 |

| | |
|---|---|
| Berger-Delhey, Ulf | Posteriores cogitationes, ut aiunt, sapientiores solent esse – Anmerkungen zum Entwurf eines Pflegezeitgesetzes, ZTR 2007, 604 f. |
| Berkemann, Jörg | Ist das Recht männlich? – Zum Frauenbild des BVerfG in seinen frühen Jahren, DVBl 2014, 137 ff. |
| Bieback, Karl-Jürgen | Neue Selbstständigkeit und soziale Sicherheit – Notwendigkeit einer Neuorientierung; Sozialer Fortschritt 1999, 166 ff. |
| Blinkert, Baldo Klie, Thomas | Solidarität in Gefahr, Pflegebereitschaft und Pflegebedarfsentwicklung im demografischen und sozialen Wandel – Die „Kasseler Studie“, Vincentz Network, Hannover 2004 |
| Boecken, Winfried/Joussen, Jacob | Handkommentar Teilzeit- und Befristungsgesetz Nomos Verlagsgesellschaft, Baden-Baden, 7. Auflage 2024, zitiert als: HK-TzBfG/*Bearbeiter* |
| Boecken, Winfried/Düwell, Franz Josef/Diller, Martin/Hanau, Hans | Gesamtes Arbeitsrecht Nomos Verlagsgesellschaft, Baden-Baden, 2016, zitiert als: NK-GA/*Bearbeiter* |
| Bölicke, Claus | Krank, einsam und arm durch Pflege – die Situation pflegender Angehöriger in Deutschland, NDV 2017, 471 ff. |
| Bold, Stefanie/Deußen, Maria | Vereinbarkeit von Pflege und Beruf, Rainer Hampp Verlag, München, 2013 |
| Breyer, Friedrich | Die Zukunft der Pflegeversicherung in Deutschland – Umlage und Kapitaldeckung, ZVersWiss 2016, S. 445 ff. |

| | |
|---|---|
| Brose, Wiebke | Die sozialversicherungsrechtlichen Nebenwirkungen von Pflegezeit und Familienpflegezeit; NZS 2012, S. 499 ff. |
| dies. | Vereinbarkeit von Familie und Beruf im Fokus der Familienpolitik: Ein sozialrechtlicher Rückblick auf die auslaufende Legislaturperiode, NZS 2017, S. 361 ff. |
| Brosius-Gersdorf, Frauke | Das neue Betreuungsgeldgesetz – Familienförderung wider das Grundgesetz, NJW 2013, S. 2316 ff. |
| dies. | Demografischer Wandel und Familienförderung, Mohr Siebeck, Tübingen, 2011 |
| Brügge, Philipp Christopher | Das Gesetz über Teilzeitarbeit, Verlag Peter Lang, Frankfurt am Main, 2004 |
| Bulla, Adolf/Buchner, Herbert | Mutterschutzgesetz C.H. Beck Verlag, München, 5. Auflage 1981, zitiert als: Bulla/Buchner |
| Bundesministerium für Familie, Senioren, Frauen und Jugend | Gerechtigkeit für Familien – Zur Begründung und Weiterentwicklung des Familienlasten- und Familienleistungsausgleichs, Kohlhammer Verlag, Stuttgart, 2001 |
| Classen, Claus Dieter | Dynamische Grundrechtsdogmatik von Ehe und Familie, DVBl 2013, S. 1086 ff. |
| Dalichau, Gerhard | Sozialgesetzbuch XI – Soziale Pflegeversicherung, Luchterhand Verlag, Köln, 2. Auflage 2019, zitiert als: *Dalichau*, SGB XI |
| Däubler, Wolfgang/Hjort, Jens Peter/Schubert, Michael/Wolmerath, Martin | Handkommentar Arbeitsrecht –Individualarbeitsrecht mit kollektivrechtlichen Bezügen Nomos Verlag, Baden-Baden, 5. Auflage 2022, zitiert als: HK-ArbR/*Bearbeiter* |

Deller, Christian — Evaluation flexibler Arbeitszeitmodelle am Beispiel einer Unternehmensberatung – Die motivationalen Auswirkungen verschiedener Sabbatical- und Teilzeitprogramme aus Teilnehmersicht, Rainer Hampp Verlag, München und Mering, 2004

Di Fabio, Udo — Der Schutz von Ehe und Familie: Verfassungsentscheidung für die vitale Gesellschaft, NJW 2003, S. 993 ff.

Diller, Martin — Das neue Altersteilzeitgesetz sowie die begleitenden Änderungen im Rentenrecht, NZA 1996, S. 847 ff.

Doering-Striening, Gudrun — Elternunterhalt und der Rückgriff des Sozialträgers, Deutscher Anwalt Verlag, Bonn, 2018, zitiert als: *Doering-Striening*, Elternunterhalt

Dose, Hans-Joachim — Elternunterhalt in der Rechtsprechung des Bundesgerichtshofs, FamRZ 2013, S. 993 ff.

Dudel, Christian — Vorausberechnung des Pflegepotentials von erwachsenen Kindern für ihre pflegebedürftigen Eltern, Sozialer Fortschritt 2015, S. 14 ff.

Dürig, Günter/Herzog, Roman/Scholz, Rupert — Grundgesetz Kommentar, Begründet von Theodor Maunz und Günter Dürig Hrsg. Roman Herzog, Rupert Scholz, Matthias Herdegen, Hans Klein, Verlag C.H. Beck, München, Loseblattsammlung, 98. Ergänzungslieferung, Stand: März 2022, zitiert als: Dürig/Herzog/Scholz/*Bearbeiter*

Erfurter Kommentar zum Arbeitsrecht — Hrsg. Rudi Müller-Glöge, Ulrich Preis, Ingrid Schmidt, Verlag C.H. Beck, München, 24. Auflage 2024, zitiert als: ErfK/*Bearbeiter*

Erman — Bürgerliches Gesetzbuch Hrsg. Peter Westermann, Barbara Grunewald, Georg Meier-Reimer Otto Schmidt Verlag, Köln, 17. Auflage 2023, zitiert als: Erman/*Bearbeiter*

Eylert, Mario/Sänger, Niki — Der Sonderkündigungsschutz im 21. Jahrhundert – Zur Entwicklung der Rechtsprechung des Bundesarbeitsgerichts zum Sonderkündigungsschutz, RdA 2010, S. 24 ff.

Fachinger, Uwe/Rothgang, Heinz — Die Wirkungen des Pflege-Versicherungsgesetzes Duncker & Humblot, Berlin, 1995

Franke, Anette/Reichert, Monika — Carers@Work – Zwischen Beruf und Pflege: Konflikt oder Chance? – Ein europäischer Vergleich – Analyse der interanationalen Forschungsliteratur, Technische Universität Dortmund, 2010

Franzen, Martin/Gallner, Inken/Oetker, Hartmut — Kommentar zum europäischen Arbeitsrecht-Verlag C.H. Beck, München, 5. Auflage 2024, zitiert als: EUArbRK/*Bearbeiter*

Fröhlich, Oliver — Das Pflegezeitgesetz – Neue Rechte für Arbeitnehmer, ArbRB 2008, S. 84 ff.

Geißler, Alexandra — Der Lohnanspruch des Arbeitnehmers bei Nichterbringung der Arbeit – Ein Vergleich des deutschen und polnischen Arbeitsrechts, Verlag Peter Lang, Frankfurt am Main, 2008

| | |
|---|---|
| Gemeinschaftskommentar zum Kündigungsschutzgesetz und zu sonstigen kündigungsschutzrechtlichen Vorschriften | Etzel, Gerhard, Bader Peter, u.a. (Hrsg.) Luchterhand Verlag, Köln, 13. Auflage 2022, zitiert als: KR/*Bearbeiter* |
| Gerlach, Irene | Familienpolitik, Lehrbuch Verlag für Sozialwissenschaften, Wiesbaden, 2. Auflage 2010 |
| Geyer, Johannes/Haan, Peter/Spieß, C. Katharina/Wrohlich, Katharina | Das Elterngeld und seine Wirkungen auf das Haushaltseinkommen junger Familien und die Erwerbstätigkeit von Müttern, ZfF 2013, S. 193 ff. |
| Gitter, Wolfgang | Der Versicherungsschutz der Pflegeperson in der Unfall- und Krankenversicherung; VSSR 1996, S. 1 ff. |
| Glatzel, Brigitte | Das neue Familienpflegezeitgesetz, NJW 2012, S. 1175 ff. |
| Göhle-Sander, Kristina | Pflege der Mutter als Arbeitsverhältnis – Anmerkung zum Beschluss des LAG Köln v. 11.9.2015 – 4 Ta 181/15; jurisPR-ArbR 50/2015 Anm. 5 |
| Görlich, Wolfgang | Das Gebot staatlicher Familienfürsorge im Steuerrecht, NJW 1979, S. 1575 ff. |
| Göttling, Wulfhard/Neumann, Michael | Das neue Familienpflegezeitgesetz, NZA 2012, S. 119 ff. |
| Günther-Nicolay, Elke | Zu den Voraussetzungen der Einbeziehung häuslicher Pflegepersonen in den Schutz der gesetzlichen Unfallversicherung; NZS 2006, S. 17 ff. |

Gröpl, Christoph/Georg, Yves — Der Begriff „Eltern“ und „Familie“ in der neueren Rechtsprechung des Bundesverfassungsgerichts aus methodischer und verfassungstheoretischer Sicht – Zu den Grenzen zwischen Verfassungsauslegung und Verfassungsrevision, AöR 2014, S. 125 ff.

Grube, Christian/Wahrendorf, Volker/Flint, Thomas — SGB XII – Sozialhilfe mit Asylbewerberleistungsgesetz C.H. Beck Verlag, München, 8. Auflage 2024, zitiert als: Grube/Wahrendorf/Flint/*Bearbeiter*

Gutzeit, Martin — Das arbeitsrechtliche System der Lohnfortzahlung – unter besonderer Berücksichtigung des Kausalitäts- und Zurechnungserfordernisses, Verlag Duncker & Humblot, Berlin, 2000

Haberkern, Klaus — Pflege in Europa – Familie und Wohlfahrtsstaat, VS Verlag für Sozialwissenschaften, Wiesbaden, 2009

Hahn, Claudia M. — Flexible Arbeitszeit – Der rechtliche Entscheidungsrahmen zur Variabilisierung von Dauer, Lage und Verteilung der betrieblichen Arbeitszeit, Dissertation, Saarbrücken, 2009

Hammer, Eckart — Unterschätzt: Männer in der Angehörigenpflege – Was sie leisten und welche Unterstützung sie brauchen, Kreuz Verlag, Freiburg im Breisgau, 2014

| | |
|---|---|
| Hanau, Peter/Veit, Annekatrin | Das neue Recht der Arbeitszeitkonten – Wertguthaben, Altersteilzeit und Flexikonten Verlag C.H. Beck, München, 2012 |
| Hanau, Peter/Veit, Annekatrin/Hoff, Peter | Recht und Praxis der Arbeitszeitkonten Verlag C.H. Beck, München, 2. Auflage, 2015 |
| Hauck, Karl/Noftz, Wolfgang | Sozialgesetzbuch – SGBIII,V,VI,VII,XI Arbeitsförderung, Gesetzliche Krankenversicherung, Gesetzliche Rentenversicherung, Gesetzliche Unfallversicherung, Soziale Pflegeversicherung Erich Schmidt Verlag, Berlin, Loseblattsammlung, Nachlieferung 6/2024, zitiert als: Hauck/Noftz/*Bearbeiter*, SGB ## |
| Hauß, Jörn | Elternunterhalt: Grundlagen und Strategien Verlag Ernst und Werner Gieseking, Bielefeld, 6. Auflage 2020 |
| Heinze, Meinhard | Maßnahmen zur besseren Vereinbarkeit von Berufstätigkeit und Familie; DVBl 1994, S. 908 ff. |
| Henssler, Martin/Willemsen, Heinz Josef/Kalb, Heinz-Jürgen | Arbeitsrecht Kommentar Verlag Otto Schmidt, Köln, 11. Auflage 2024, zitiert als: HWK/*Bearbeiter* |
| Henrici, Horst | Der rechtliche Schutz für Scheinselbstständige – Eine Untersuchung unter besonderer Berücksichtigung des Verlagsbereichs, Verlag Dr. H.H. Driesen, Taunusstein, 2002 |
| Hergenröder, Curt Wolfgang/Hesse, Konrad | Kündigung und Kündigungsschutz im Licht, Bestand und Bedeutung der Grundrechte in der Bundesrepublik Deutschland, EuGRZ 1978, S. 427 ff. |
| Hexel, Christoph/Lüders, Holger | Offene Fragen des neuen Pflegezeitrechts, NZS 2009, S. 264 ff. |

| | |
|---|---|
| Hlava, Daniel | Neues zum Arbeitsunfall in der Privatwohnung, jurisPR-SozR 14/2018 Anm. 4 |
| Höffner, Joseph | Zwölf Lehrsätze zum Ausgleich der Familienlasten Gesellschaftspolitik aus christlicher Weltverantwortung, 1966, S. 322 ff. |
| Hofmarcher, Maria M./Riedel, Monika/Röhrling, Gerald | Langzeitversorgung in der EU: Wenig Chancen für „ambulant vor stationär" – Schwerpunktthema: Internationale Reformen in der Langzeitversorgung, Soziale Sicherheit Österreich, Beilage zu Heft 10 2004, S. 1 ff. SozSich (Österreich) |
| von Hoyningen-Huene, Gerrick | Der Arbeitgeber zwischen Unternehmerfreiheit, Flexibilität und Arbeitnehmerschutz, in: Festschrift für Rolf Birk zum siebzigsten Geburtstag, 2008, zitiert als: *Hoyningen-Huene*, FS Birk 2008, S. 217 ff. |
| Huber, Johanna | Das Bundeserziehungsgeld nach neuem Recht – Rechtslage ab 2001, NZA 2000, 1319 ff. |
| Huebener, Mathias/Müller, Kai-Uwe/Spieß, C. Katharina/Wrohlich, Katharina | Zehn Jahre Elterngeld: Eine wichtige familienpolitische Maßnahme, DIW/Wochenbericht Nr. 49/2016, S. 1159 ff. |
| Idel, Sebastian Wolfgang | Der Familienbegriff grund- und einfachrechtlicher Normen, Verlag Peter Lang, Frankfurt am Main, 2005 |
| Igl, Gerhard | Entstehungsgeschichte der sozialen Pflegeversicherung – Eine Einführung, VSSR 1994, S. 261 ff. |

| | |
|---|---|
| Isengard, Bettina | „Der Apfel lebt nicht weit vom Stamm“: Wohnentfernungen zwischen Eltern und ihren erwachsenen Kindern in Europa, Zeitschrift für Bevölkerungswissenschaft 2013, S. 263 ff. |
| Joussen, Jacob | Streifragen aus dem Pflegezeitgesetz, NZA 2009, S. 69 ff. |
| Karb, Svenja | Das neue Familienpflegezeitgesetz, öAT 2012, S. 30 ff. |
| Kasseler Kommentar zum Sozialversicherungsrecht | SGB I; IV; V; VI; VII; X und XI Hrsg. Anne Körner, Stephan Reitherer, Bernd Mutschler, Christian Rolfs Verlag C.H. Beck, München, Loseblattssammlung, 119. Ergänzungslieferung, 1. Mai 2022, zitiert als: KassKomm/*Bearbeiter* |
| Kingreen, Thorsten | Das Grundrecht von Ehe und Familie (Art. 6 I GG), Jura 1997, S 401 ff. |
| Kirchhof, Paul | Die verfassungsrechtliche Garantie der Familie als Erziehungsgemeinschaft, In: Familienlastenausgleich? Plädoyers für eine gerechte Familienpolitik, Hrsg. Bernhard Jans/ Georg Zimmermann, S. 7 ff., Vektor-Verlag, Grafschaft 1996 |
| Ders. | Ehe und Familie im staatlichen und kirchlichen Steuerrecht, in: Heiner Maré/Johannes Stüting (Hrsg.), Essener Gespräche zum Thema Staat und Kirche (21), 1986, S. 141 ff. |
| Klein, Franz | Abgabenordnung, Verlag C.H. Beck, München, 17. Auflage, 2023, zitiert als: Klein/*Bearbeiter* |

Knöpfel, Gottfried — Die Gleichberechtigung von Mann und Frau, NJW 1960, S. 553 ff.

Koch, Elisabeth — Handbuch Unterhaltsrecht, Verlag C.H. Beck, München, 13. Auflage 2017, zitiert als: Koch/*Bearbeiter*

Köbl, Ursula — Welche Maßnahmen empfehlen sich, um die Vereinbarkeit von Beruf und Familie zu verbessern?, JZ 1994, S. 840 ff.

von Koppenfels-Spies, Katharina — Angehörigenpflege und Beschäftigung –Familienpflegezeit und Pflegezeit, Verlag C.H. Beck, München 2016

von Koppenfels-Spies, Katharina/ Wenner, Ulrich — Kommentar zum Sozialgesetzbuch IV, Luchterhand Verlag, Köln, 3. Auflage 2022, zitiert als: v. Koppenfels-Spies/Wenner, SGB IV/*Bearbeiter*

von Koppenfels-Spies, Katharina/ Wenner, Ulrich — Kommentar zum Sozialgesetzbuch VII Luchterhand Verlag, Köln, 3. Auflage, 2022, zitiert als: v. Koppenfels-Spies/Wenner, SGB VII/*Bearbeiter*

Kossens, Michael — Pflegezeitgesetz und Familienpflegezeitgesetz, Basiskommentar, Bund-Verlag, Frankfurt am Main, 4. Auflage, 2019, zitiert als: Kossens, § ## Rn. ##.

Ders. — Stärkung der häuslichen Pflege – Zum Novellierungsbedarf des Pflegezeitgesetzes, Ibidem-Verlag, Stuttgart 2015

Krause, Peter — Die Familie in der Rentenversicherung, DRV 1986, S. 280 ff.

| | |
|---|---|
| Kreikebohm, Ralf/Roßbach, Gundula | Sozialgesetzbuch – SGB VI Gesetzliche Rentenversicherung, Verlag C.H. Beck, München, 6. Auflage 2021, zitiert als: Kreikebohm/Roßbach-SGB VI/*Bearbeiter* |
| Kroll, Oliver | Arbeitszeitkonten und ihre Abwicklung, Duncker & Humblot, Berlin, 2004 |
| Kunstmann, Anne-Christin | Familiale Verbundenheit und Gerechtigkeit: Fehlende Perspektiven auf die Pflege von Angehörigen – Eine Diskursanalyse VS Verlag für Sozialwissenschaften, Wiesbaden, 2010 |
| Laux, Helga/Schlachter, Monika | Teilzeit- und Befristungsgesetz Verlag C.H. Beck, München, 2. Auflage 2011, zitiert als: Laux/Schlachter/*Bearbeiter* |
| Lehmann, Friedrich-Wilhelm | Familienpflegezeitgesetz – Leitfaden für die Praxis, Luchterhand Verlag, Köln, 2012 |
| Lehr- und Praxiskommentar Bundessozialhilfegesetz | Autorengruppe Nomos Verlagsgesellschaft, Baden-Baden, 3. Auflage 1990, zitiert als: LPK-BSHG/*Bearbeiter* |
| Lehr- und Praxiskommentar Sozialgesetzbuch III – Arbeitsförderung | Hrsg.: Walter Böttiger, Yasemin Körtek, Jürgen Kruse, Peter-Bernd Lüdtke, Hans-Joachim Reinhard Friso Ross, Torsten Schaumberg, Markus Schön, Jürgen Winkler, Nomos Verlagsgesellschaft, Baden-Baden, 3. Auflage, 2019, zitiert als: LPK-SGB III/*Bearbeiter* |
| Lehr- und Praxiskommentar Sozialgesetzbuch V – Gesetzliche Krankenversicherung | Hrsg.: Andreas Hänlein, Rolf Schuler Nomos Verlagsgesellschaft, Baden-Baden, 6. Auflage, 2022, zitiert als: LPK-SGB V/*Bearbeiter* |

| | |
|---|---|
| Lehr- und Praxiskommentar Sozialgesetzbuch VI – Gesetzliche Rentenversicherung | Hrsg. Helmut Reinhardt, Wolfgang Silber Nomos Verlagsgesellschaft, Baden-Baden, 5. Auflage 2021, zitiert als: LPK-SGB VI/*Bearbeiter* |
| Lehr- und Praxiskommentar Sozialegesetzbuch VII – Gesetzliche Unfallversicherung | Hrsg.: Harald Becker, Edgar Franke, Thomas Molkentin, Denis Hedermann Nomos Verlagsgesellschaft, Baden-Baden, 6. Auflage 2024, zitiert als: LPK-SGB VII/*Bearbeiter* |
| Lehr- und Praxis-Kommentar Sozialgesetzbuch XI – Soziale Pflegeversicherung | Hrsg.: Utz Krahmer, Markus Plantholz; Gabriele Kuhn-Zuber Nomos Verlagsgesellschaft, Baden-Baden, 6. Auflage 2024, zitiert als: LPK-SGB XI/*Bearbeiter* |
| Lehr- und Praxiskommetar Sozialgesetzbuch XII – Sozialhilfe | Hrsg. Renate Bierizt-Harder, Wolfgang Conradis, Ingo Palsherm Nomos Verlagsgesellschaft, Baden-Baden, 13. Auflage, 2024, zitiert als: LPK-SGB XII/*Bearbeiter* |
| Leube, Konrad | Neuordnung der Pflegeversicherung häuslicher Pflegepersonen durch das PNG II (§ 2 Abs. 1 Nr. 17 SGB VII), ZFSH SGB 2017, S. 204 ff. |
| Lilge, Werner/Gutzler, Stephan | SGB I – Sozialgesetzbuch I Allgemeiner Teil Kommentar, Erich Schmidt Verlag, Berlin, 5. Auflage 2019, zitiert als: Lilge/Gutzler/*Bearbeiter* |
| Lüders, Holger | Teilzeitarbeit nach § 8 TzBfG – Das Ablehnungsrecht des Arbeitgebers, Berliner Wissenschaftsverlag, Berlin, 2007 |
| Huber, Peter/Voßkuhle, Andreas | Grundgesetz Kommentar Verlag C.H. Beck, München, 8. Auflage 2024, zitiert als: Huber/Voßkuhle/*Bearbeiter* |

Marburger, Horst — Pflegezeitgesetz und Sozialversicherungsrecht; DIE BEITRÄGE 2008, S. 449 ff.

Merten, Detlef/Papier, Hans-Jürgen — Handbuch der Grundrechte – Band V: Grund rechte in Deutschland: Einzelgrundrechte II C.F. Müller Verlag, Heidelberg, 2013, zitiert als HGR V/*Bearbeiter*

Meinel, Gernod/Heyn, Judith/Herms, Sascha — Teilzeit- und Befristungsgesetz Verlag C.H. Beck, München, 4. Auflage, 2012, zitiert als: Meinel/Heyn/Herms/*Bearbeiter*

Moderegger, Martin — Der verfassungsrechtliche Familienschutz und das System des Einkommenssteuerrechts, Nomos Verlag, Baden Baden, 1991

Müller, Christoph J. — Die Berufsfreiheit des Arbeitgebers – Einwirkung des Art. 12 Abs. 1 GG auf Individual- und Kollektivarbeitsrecht, Verlag Dr. Otto Schmidt, Köln 1996

Müller, Rolf/Unger, Rainer/Rothgang, Heinz — Wie lange Angehörige zu Hause gepflegt werden. Reicht eine zweijährige Familien-Pflegezeit für Arbeitnehmer?, SozSich 2010, S. 230 ff.

Münchener Handbuch zum Arbeitsrecht — Hrsg. Heinrich Kiel, Stefan Lunk, Hartmut Oetker, Verlag C.H. Beck, München 5. Auflage 2021, zitiert als MüHdB-ArbR/*Bearbeiter*

Münchener Kommentar zum Bürgerlichen Gesetzbuch — Hrsg. Franz Jürgen Säcker, Roland Rixecker, Hartmut Oetker, Bettina Limperg Verlag C.H. Beck, München, 9. Auflage 2022, zitiert als: MüKo-BGB/*Bearbeiter*

von Münch, Ingo/Kunig, Philipp — Grundgesetz-Kommentar, Band I Verlag C.H. Beck, München, 7. Auflage 2021, zitiert als: v. Münch/Kunig/*Bearbeiter*

| | |
|---|---|
| Nebe, Katja | Häusliche Pflege gendergerecht? – eine Bestandsaufnahme, djbZ 2011, S. 57 ff. |
| Neumann, Dirk/Biebl, Josef | Arbeitszeitgesetz Verlag C.H. Beck, München, 16. Auflage 2013 |
| Neuvians, Nicole | Die arbeitnehmerähnliche Person, Duncker & Humblot, Berlin, 2002 |
| Nowossadeck, Sonja/Engstler, Heribert/Klaus, Daniela | Pflege und Unterstützung durch Angehörige Report Altersdaten 1/2016. Berlin: Deutsches Zentrum für Altersfragen. |
| Oberthür, Nathalie/Becker, Tanja | Streitfall „Pflege" – Ausgewählte Problemstellungen des Pflegezeitgesetzes, ArbRB 2009, S. 77 ff. |
| Oetker, Hartmut | Arbeitsrechtlicher Bestandsschutz und Grundrechtsordnung, RdA 1997, S. 9 ff. |
| Otte, Gerhard | Gilt noch der enge Familienbegriff?, FamRZ 2013, S. 585 ff. |
| Pechstein, Matthias | Familiengerechtigkeit als Gestaltungsgebot für die staatliche Ordnung – Zur Abgrenzung von Eingriff und Leistung bei Maßnahmen des sog. Familienlastenausgleichs, Nomos Verlag, Baden-Baden, 1994 |
| Pernice-Warnke, Silvia | Elterngeld und Betreuungsgeld im Spannungsfeld zwischen verfassungsrechtlichem Familienschutz und Gleichberechtigung, FamRZ 2014, S. 263 ff. |
| Peters, Horst | Die Geschichte der sozialen Versicherung, Asgard Verlag, Sankt Augustin, 3. Auflage 1978 |

| | |
|---|---|
| Petersen, Ulrich | Die soziale Sicherung der Pflegeperson in der gesetzlichen Rentenversicherung, DAngVers 1994, S. 260 ff. |
| Pfahl, Svenja/Reuyß, Stefan | Pflegesensible Arbeitszeiten – zwingende Voraussetzung für eine Gleichzeitigkeit von Pflegeverantwortung und Berufstätigkeit, Archiv für Wissenschaft und Praxis der sozialen Arbeit 2012, S. 28 ff. (ArchsozArb) |
| von Plettenberg, Clara | Die Arbeitsbefreiung nach dem Pflegezeitgesetz – Voraussetzungen und Rechtsfolgen, Nomos Verlagsgesellschaft, Baden-Baden, 2011 |
| Podlech, Adalbert | Gehalt und Funktionen des allgemeinen verfassungsrechtlichen Gleichheitssatzes, Verlag Duncker & Humblot, Berlin, 1971 |
| Preis, Ulrich/Nehring, Linda | Das Pflegezeitgesetz, NZA 2008, S. 729 ff. |
| Preis, Ulrich/Weber, Astrid | Der Regierungsentwurf eines Pflegezeitgesetzes, NZA 2008, S. 82 ff. |
| Pröbsting, Karl | Die Neunte Novelle zum Arbeitsförderungsgesetz – Änderungen im Leistungskatalog und Einführung einer Altersteilzeit – Teil II, DB 1989, S. 724 ff. |
| Rademacher, Sonja | Diskriminierungsverbot und „Gleichstellungsauftrag" – Zur Auslegung des Art. 3 Abs. 2 GG. Verlag Peter Lang, Frankfurt am Main, 2004 |
| Rancke, Friedbert/Pepping, Georg | Mutterschutz, Elterngeld, Elternzeit – Handkommentar. Nomos Verlag, Baden-Baden, 6. Auflage 2021, zitiert als: HK-MuschG/BEEG/*Bearbeiter* |

| | |
|---|---|
| Recht, Georg | Das Ende der Frühverrentung?, NZS 1996, S. 552 ff. |
| Renner, Yvonne | Familienlasten- oder Familienleistungsausgleich?, Duncker & Humblot, Berlin, 2000 |
| Reiserer, Kerstin/Penner, Andreas | Teilzeitarbeit in der Elternzeit – Ablehnung aus dringenden betrieblichen Gründen nach § 15 BErzGG, BB 2002, S. 1962 ff. |
| Reuyß, Stefan/Pfahl, Svenja/Rinderspacher, Jürgen/Menke, Katrin/Richter, Roland | Pflegesensible Arbeitszeiten – Perspektiven der Vereinbarkeit von Beruf und Pflege Hans-Böckler Stiftung, edition sigma, Berlin, 2012, Die neue soziale Pflegeversicherung – Ein Leistungsrechtlicher Überblick, NJW 2016, S. 598 ff. |
| Ricke, Wolfgang | Die Unfallversicherung in der Sozialgeschichtsschreibung, VSSR 2010, S. 425 ff. |
| Rittweger, Stephan | Altersteilzeit, C.H. Beck Verlag, München, 2. Auflage 2002, zitiert als: *Rittweger*, Altersteilzeit |
| Rolfs, Christian | Vereinbarkeit von Familie und Beruf – Deutsches Arbeitsrecht, NZA-Beilage 2014, S. 53 ff. |
| Rolfs, Christian/Witschen, Stefan/Veit, Annekatrin/Hoff, Andreas | Recht und Praxis der Arbeitszeitkonten – Wertguthaben, Flexikonten, Altersteilzeit und Flexirechte C.H. Beck Verlag, München, 3. Auflage 2017 |
| Rothgang, Heinz/Staber, Jeanine | Pflege durch Angehörige – aktueller Stand und Reformdiskussion, FPR 2012, S. 48 ff. |
| Rottke, Carolin | Das Modell der Altersteilzeitarbeit – Bedeutung, System und Auswirkungen, Dissertation, Bonn, 2003 |

Ruland, Franz — Das BVerfG und der Familienlastenausgleich in der Pflegeversicherung, NJW 2001, S. 1673 ff.

Ders. — Solidarität, NJW 2002, S. 3518 ff.

Ruland, Franz/Becker, Ulrich/Axer, Peter — Sozialrechtshandbuch (SRH) Begr. von Bernd Baron von Maydell und Franz Ruland, Nomos Verlagsgesellschaft, Baden-Baden, 7. Auflage 2022, zitiert als: SRH/*Bearbeiter*

Runkel, Sander — Die arbeitnehmerähnliche Person – Ein Überblick über den beratenden Rechtsanwalt, FA 2016, S. 260 ff.

Sachs, Michael — Grundgesetz-Kommentar, C.H. Beck Verlag, München, 9. Auflage 2021, zitiert als: Sachs/*Bearbeiter*

Sacksofsky, Ute — Das Grundrecht auf Gleichberechtigung, Nomos Verlagsgesellschaft, Baden-Baden, 2. Auflage 1996

Sander, Heiko — Pflegezeit und Familienpflegezeit aus arbeitsrechtlicher Sicht, Verlag Peter Lang, Frankfurt am Main, 2018

Sasse, Stefan — Bessere Vereinbarkeit von Familie, Pflege und Beruf – Änderungen im Pflegezeit- und Familienpflegegesetz, DB 2015, S. 310 ff.

Schaub, Günter — Arbeitsrechts-Handbuch, Verlag C.H. Beck, München, 20. Auflage 2023, zitiert als: Schaub/*Bearbeiter*

Schauß, Lena-Marie — Der Beitrag des Pflegezeitgesetzes zur besseren Vereinbarkeit von Angehörigenpflege und Beruf, Nomos Verlagsgesellschaft, Baden-Baden, 2017

Schiefer, Bernd/Hilgenfeld, Marc/Krogull, Jutta — Das Pflegezeitgesetz in der Praxis – arbeitsrechtliche und sozialversicherungsrechtliche Auswirkungen Düsseldorfer-Schriftenreihe, 2009

Schlaeger, Ludwig — Versicherungsschutz der häuslichen Pflegepersonen gemäß § 2 Abs. 1 Nr. 17 SGB VII, SGb 2013, S. 199 ff.

Schmelz, Theodor — Die Sozialversicherung der Hausgewerbetreibenden und Heimarbeiter, Asgard Verlag, Sankt Augustin, 4. Auflage 1998

Schmidt-Bleibtreu, Bruno/Hofmann, Hans — Henneke, Hans-Günter GG Kommentar zum Grundgesetz Verlag Wolters Kluver, Köln, 15. Auflage 2021, zitiert als: Schmidt-Bleibtreu/Hofmann/Henneke/*Bearbeiter*

Schmidt, Klaus/Koberski, Wolfgang/Tiemann, Barbara/Wascher, Barbara — Heimarbeitsgesetz – Kommentar C.H. Beck Verlag, München, 4. Auflage 1998, zitiert als: Schmidt/Koberski/Tiemann/Wascher

Schneekloth, Ulrich/Wahl, Hans-Werner — Möglichkeiten und Grenzen selbstständiger Lebensführung in privaten Haushalten (MuG III) – Repräsentativbefunde und Vertiefungsstudien zu häuslichen Pflegearrangements, Demenz und professionellen Versorgungsangeboten; München, 2005

Schneider, Daniel David — Entgeltfortzahlung und Konkurrenzen, Duncker & Humblot, Berlin, 2014

| | |
|---|---|
| Schneider, Thorsten/Drobnič, Sonja/ Blossfeld, Hans-Peter | Pflegebedürftige Personen im Haushalt und das Erwerbsverhalten verheirateter Frauen, Zeitschrift für Soziologie, Jg. 30, Heft 5, Oktober 2001, S. 383 ff. |
| Schneider, Ulrike | Informelle Pflege aus ökonomischer Sicht, ZSR 52 (2006), S. 493 ff. |
| Schöllkopf, Martin/Hoffer, Heike | Das Erste Pflegestärkungsgesetz (PSG I) –Inhalte und Bedeutung für die pflegerische Versorgung, NZS 2015, S. 521 ff. |
| Schraa, Joachim | Die lange Geschichte, Bundesarbeitsblatt, Heft 8–9 1994, S. 5 ff. |
| Schroeter, Klaus R./Rosenthal, Thomas (Hrsg.) | Soziologie der Pflege – Grundlagen, Wissensbestände und Perspektiven, Juventa Verlag, Weinheim und München, 2005 |
| Schulin, Bertram | Die Soziale Pflegeversicherung des SGB XI – Grundstrukturen und Probleme, NZS 1994, S. 433 ff. |
| von Schwanenflügel, | Pflege im demografischen Wandel, Matthias ZRP 2018, S. 114 ff. |
| Schwarzberg, Friederike | Arbeitnehmerähnliche Beschäftigung als „dritter Weg" ein Berufsleben lang – Die Bedeutung der Tarifverträge für arbeitnehmerähnliche Personen des öffentlich-rechtlichen Rundfunks für die Statusfeststellung, Verlag Peter Lang, Frankfurt am Main, 2008 |
| Schwerdle, Jutta | Die neue Familienpflegezeit – arbeits- und sozialrechtliche Auswirkungen, ZTR 2012, S. 3 ff. |
| Seiler, Christian | Familiengerechtigkeit, in: Kluth, Winfried (Hrsg.), Facetten der Gerechtigkeit, S. 40 ff., Nomos Verlags GmbH, Baden-Baden, 2010 |

Sievers, Jochen — TzBfG – Teilzeit- und Befristungsgesetz – Taschenkommentar, Wolters-Kluwer, Hürth, 7. Auflage 2021

Sperlich, S./Arnold-Kerri, S/Geyer, S. — Soziale Lebenssituation und Gesundheit von Müttern in Deutschland – Ergebnisse einer Bevölkerungsstudie Medizinische Soziologie, OE 5420, Medizinische Hochschule Hannover, Hannover. Bundesgesundheitsblatt, 2011, S. 735 ff.

Stern, Klaus/Becker, Florian — Grundrechte-Kommentar Carl Heymanns Verlag, Köln, 4. Auflage 2024, zitiert als: Stern/Becker/*Bearbeiter*

Sudhof, Clemens — Arbeitnehmerseitige Rechte auf Veränderung der Arbeitszeit – Systematik, Konvergenz, Divergenz, Nomos Verlag, Baden-Baden, 2016

Tettinger, Peter J. — Das Grundrecht der Berufsfreiheit in der Rechtsprechung des Bundesverfassungsgerichts, AöR 108 (1983), S. 92 ff.

Thüsing, Gregor — Elemente der Kapitaldeckung in der Pflegeversicherung, ZRP 2012, S. 145 ff.

Thüsing, Gregor/Pötters, Stephan — Das Gesetz zur besseren Vereinbarkeit von Familie, Pflege und Beruf, BB 2015, S. 181 ff.

| | |
|---|---|
| Tillmanns, Christoph/Mutschler, Bernd | Mutterschutzgesetz Bundeselterngeld- und Elternzeitgesetz – Praxiskommentar zum MuschG und BEEG sowie zu angrenzenden Vorschriften mit Gestaltungshinweisen und Beispielen, Verlag Haufe Gruppe, Freiburg, 3. Auflage 2021 |
| Treichel, Stefan | Zur Notwendigkeit einer Umsetzung der Vereinbarkeitsrichtlinie 2019/1158 vom 20. Juni 2019 in das geltende Arbeits- und Sozialrecht – Rechtsgutachten im Auftrag des Bundesvorstandes des Deutschen Gewerkschaftsbundes, Verlag Duncker & Humblot, Berlin, 2021 |
| Tschöpe, Ulrich | Arbeitsrecht Handbuch, Verlag Dr. Otto Schmidt, Köln, 13. Auflage 2023, zitiert als: Tschöpe/*Bearbeiter* |
| Tünnemann, Margit | Der verfassungsrechtliche Schutz der Familie und die Förderung der Kindererziehung im Rahmen des staatlichen Kinderleistungsausgleichs, Duncker & Humblot, Berlin 2002 |
| Udsching, Peter/Schütze, Bernd | SGB XI – Soziale Pflegeversicherung C.H. Beck Verlag, München, 6. Auflage 2024, zitiert als: Udsching/Schütze/*Bearbeiter* |
| Uhle, Arnd | Abschied vom engen Familienbegriff – Zur Rejustierung des bundesverfassungsgerichtlichen Familienverständnisses; NVwZ 2015, S. 272 ff. |

| | |
|---|---|
| Umbach, Dieter/Clemens, Thomas | Grundgesetz – Mitarbeiterkommentar und Handbuch, Band I, C.F. Müller Verlag, Heidelberg, 2002, zitiert als: Umbach/Clemens/*Bearbeiter* |
| Unger, Rainer/Rothgang, Heinz | Forschungsbericht zum FNA-Projekt „Auswirkungen einer informellen Pflegetätigkeit auf das Alterssicherungsniveau von Frauen", FNA-Journal, Heft 4/2013 |
| Unterhofer, Ulrike/Welteke, Clara/Wrohlich, Katharina | Elterngeld hat soziale Normen verändert; DIW Wochenbericht Nr. 34.2017, S. 659 ff. |
| Vedder, Günther | Die historische Entwicklung von Diversity Management in den USA und in Deutschland, in Krell, Gertraude/Wächter, Hartmut (Hrsg.), Diversity Management – Impulse aus der Personalforschung, Rainer Hampp Verlag, München und Mering, 2006, S. 1 ff. |
| Waas, Bernd | „Arbeitnehmerähnliche Personen" im Sinne des § 12a TVG, in: Die Sicherung der kollektiven Ordnung – Festschrift für Ingrid Schmidt, S. 609 ff., C.H. Beck Verlag, München, 2021 |
| Wapler, Friederike | Familie und Familienschutz im Wandel – zur Entwicklung des Familienbegriffs im öffentlichen Recht, RW 2014, S. 57 ff. |
| Weigand, Horst | Kleine Geschichte der Kleinbetriebsklausel im allgemeinen Kündigungsschutzrecht, in: Festschrift für Gerhard Etzel zum 75. Geburtstag, Bader, Peter; Lipke, Gerd-Albert; Rost, Friedhelm; Weigand, Horst (Hrsg.), S. 437 ff. |

Wernsmann, Rainer — Die Deutschengrundrechte des Grundgesetzes im Lichte des Europarechts, Jura 2000, S. 657 ff.

Westermeyer, Sebastian — Die Herausbildung des Subsidiaritätsverhältnisses zwischen Familie und Staat und seine heutige Bedeutung im Grundgesetz, Nomos Verlag, Baden-Baden, 2010

Wetzstein, Matthias/Rommel, Alexander/Lange, Cornelia — Pflegende Angehörige – Deutschlands größter Pflegedienst GBE kompakt Heft 3/2015, Hrsg. Robert Koch – Institut, Berlin.

von Wickede, René — Sonderkündigungsschutz im Arbeitsverhältnis, Duncker & Humblot, Berlin, 2009

Wiekenhagen, Ernst — Geschichte der gewerblichen Unfallversicherung, R. Oldenburg Verlag, München Wien, 1980

Wiese, Ursula Eva — Pflegeversicherung und Pflegepraxis – Auswirkungen rechtlicher Regulation auf die Pflege, Pflegequalität und Qualitätssicherung, Nomos Verlag, Baden-Baden, 2004

Wilz, Gabriele/Kalytta, Tanja/Küssner, Christine — Quantitative und qualitative Diagnostik von Belastungen und Belastungsverarbeitung bei pflegenden Angehörigen, ZfGP 2005, S. 259 ff.

Winkel, Rolf — Wirrwarr bei sozialer Absicherung für pflegende Angehörige – Unterschiedliche Regelungen für unterschiedliche Gruppen in unterschiedlichen Sozialversicherungszweigen, SozSich 2012, S. 165 ff.

Würdinger, Markus/Bergmeister, Felix — Analogie und Umkehrschluss, Jura 2007, 15 ff.

von Zarneck, Walburga — Der Einfluss der Pflegeversicherung auf die Entwicklung des familialen Pflegepotentials und das Erwerbsverhalten von Frauen, in: Fachinger, Uwe/Rothgang, Heinz, Die Wirkungen des Pflege-Versicherungsgesetzes, Duncker & Humblot, Berlin, 1995, S. 71 ff.

Zeppernick, Ralf — Alternative Konzeption eines rationalen Systems des Familienlastenausgleichs, Sozialer Fortschritt 1971, S. 297 ff.

Ders. — Kritische Bemerkungen zum Zusammenhang von Alterslastenausgleich und Kinderlastenausgleich, Finanzarchiv 1979, S. 293 ff.

Zerle, Claudia/Cornelißen, Waltraud/Bien, Walter — Das Timing der Familiengründung und dessen Folgen für Familien; ZfF 2012, S. 46 ff.

Zuleeg, Manfred — Verfassungsgarantie und sozialer Wandel – das Beispiel von Ehe und Familie; NVwZ 1986, S. 800 ff.

www.ingramcontent.com/pod-product-compliance
Ingram Content Group UK Ltd.
Pitfield, Milton Keynes, MK11 3LW, UK
UKHW021847290926
8980IPUK00005B/699

9 783631 920152